江苏第二师范学院学术著作出版资助项目

江苏省教育科学"十四五"规划重点项目"幼儿园教师关怀与培养路径研究"（B/2023/01/183）研究成果

幼儿园家庭教育指导原理与研究

贾 云 ◎ 著

河海大学出版社
·南京·

图书在版编目(CIP)数据

幼儿园家庭教育指导原理与研究 / 贾云著. -- 南京：河海大学出版社，2024.11. — ISBN 978-7-5630-9466-0

Ⅰ. G781

中国国家版本馆 CIP 数据核字第 20242R8F44 号

书　　名	幼儿园家庭教育指导原理与研究
	YOU'ERYUAN JIATING JIAOYU ZHIDAO YUANLI YU YANJIU
书　　号	ISBN 978-7-5630-9466-0
责任编辑	高晓珍
特约校对	曹　丽　张绍云
装帧设计	徐娟娟
出版发行	河海大学出版社
地　　址	南京市西康路 1 号(邮编:210098)
电　　话	(025)83737852(总编室)　(025)83722833(营销部)
经　　销	江苏省新华发行集团有限公司
排　　版	南京布克文化发展有限公司
印　　刷	广东虎彩云印刷有限公司
开　　本	710 毫米×1000 毫米　1/16
印　　张	16
字　　数	300 千字
版　　次	2024 年 11 月第 1 版
印　　次	2024 年 11 月第 1 次印刷
定　　价	78.00 元

序 Foreword

深秋一个温暖的午后,我收到了贾云老师寄来的书稿——《幼儿园家庭教育指导原理与研究》,并邀我作序,不由得想到过去和她一起做农村学前留守儿童项目的经历。共事6年多的时光里,贾云老师言语不多,总是默默地、认真踏实地工作,对省域项目的顺利有效推进做出了积极的贡献。我内心很笃定,这样的青年学者应该支持。而且,书名中的"指导"二字也让我觉得很特别,我因此也看得很认真,很用心。

书稿很厚重,仅从目录就能看出:有理论有实践,有原理有研究。我心想,如此踏实做学问的青年人不多了。为了了解这本书形成的前前后后,我们进行了多次沟通。特别是她讲到自己求学的经历,从本科到博士,涉及心理学专业、学前教育专业和社会工作专业,多专业的背景为这本书的原理阐释提供了坚实的理论基础和较为宽广的视角。她不仅是学前专业的大学教师,还具有心理咨询师和社会工作师的职业资格以及一定的工作经验,这些经历有助于她从实际需求和真实问题出发,开展家庭教育"指导"的相关研究和对策路径探寻;5年多教授学前教育专业的"儿童发展心理学"和"学前儿童家庭教育"经验,更使她能够从儿童的童年幸福和人生福祉出发,理性而又不失感性地思考和构建学前儿童家庭教育"指导"的体系框架。正是带着这样的思考和期待,我认真用心地读完了这本书。我的收获是多方面的,引发的思考也是多方面的。可以肯定地说,这本书值得推荐给同行参考借鉴。

第一,它提供了思考学前儿童家庭教育问题的新视角,"指导"家长成为幼儿园法定工作内容。中国学前儿童家庭教育的历史可以追溯到100多年以前。1904年颁布的《奏定学堂章程》之子法《奏定蒙养院章程及家庭教育法章程》,提出了"蒙养家教合一""蒙养院辅助家庭教育",可见,当时是以家庭教育为主的,表明了幼儿期家庭教育的重要性。"家"是当时学前儿童教育的主要场所。贾云老师在著作中指出了中华人民共和国成立70多年来,学前儿童教育经历了三个阶段:中华人民共和国成立初期和计划经济时期,把幼儿从家庭中"接出来"到幼儿园中进行照护和教育,甚至是在幼儿园全托;20世纪80年代之后,学前儿童教育以幼儿园为中心,采取家庭和幼儿园"合作共育"的方式,这一时期国家多项文件都指出幼儿园教育应和家庭教育紧密结合,共同为幼儿健康成长营造良好环境;近十几年来,幼儿园有责任"指导"家长科学育儿的观念日趋发展,特别是2021年颁布的《中华人民共和国家庭教育促进法》和2024年通过的《中华人民共和国学前教育法》,将幼儿园"指导"家庭科学育儿写入法规,幼儿园家庭教育指导成为法定工作内容。

第二,它系统阐释了家庭教育相关理论,提出了一些引人深思的家庭教育"指导"观点。理论的建构是学科发展的基础。贾云老师在著作中系统介绍了生态系统理论、家庭系统理论、家庭结构理论以及生活教育理论的主要观点、应用案例,还特别总结提炼与深入分析了相关理论对幼儿园家庭教育指导的启示。其中的一些观点引人深思,具有启发意义。如幼儿园对幼儿家庭的教育指导是发展性的而非补救性的,主要目的不是帮助家庭解决家庭教育问题,而是增能家庭,提高家长的家庭教育能力;采用"以家庭为中心"的指导方法,支持家长改变家庭氛围和家庭关系,创设适宜幼儿生活和发展的家庭生态环境;当今社会父母的压力很大,这不仅使父母自身产生焦虑情绪,还会影响他们对孩子的教育,甚至直接把焦虑传递给孩子,要避免家庭中消极情绪对孩子的伤害和无辜被卷入等情况的发生。总之,运用相关理论分析现象背后的深刻原因,找到最主要的问题,并应用相关理论探寻适宜有效的对策,是推动家庭教育理论发展和家庭教育指导实践变革的重要途径。

第三,它分析总结了家庭教育指导的实施方略,初步厘清了家庭教育指导的基本框架。根据《中华人民共和国家庭教育促进法》和《中华人民共和国学前教育法》的有关规定,幼儿园进行家庭教育指导的有关要求包括:幼儿园将家庭教育指导服务纳入工作计划,作为教师业务培训的内容;可以采取建立家长学校等方式,针对不同年龄儿童特点,根据家长需求,定期组织公益性家庭教育指导服务和实践活动等。根据国家政策的新要求和幼儿园工作的新需求,贾云老师基于自己的实践经验,对幼儿园家庭教育指导的基本原则、基本内容、基本形式进行了细致的阐释,对幼儿园家庭教育指导者应该具有的指导态度和应该具备的指导能力提出了具体的要求,对幼儿园家庭教育指导中常见的问题进行了剖析,并给出了解决的策略。这些内容对于幼儿园作为指导单位和教师作为指导者开展家庭教育指导工作,具有明显的理念引导性和很强的实践指导性。

第四,它清晰呈现了有关家庭教育的专题研究,从多个方面给相关研究以启发和借鉴。著作的第四章至第八章,分别介绍了作者和其他研究者近5年来共同开展的几项专题研究,包括学前儿童家庭功能的潜在分类及影响因素研究,学前儿童父母亲职压力的潜在分类与影响因素研究,家庭功能、亲职效能感对学前儿童父母亲职压力的影响研究,幼儿园家庭教育指导的契合度研究,乡村幼儿园教师家庭教育指导现状与提升需要研究。这些研究的视角具有一定的新颖性,也反映了当下存在的突出问题和现实需求;这些研究都具有明显的实证研究的特点,研究对象包括江苏多地几十所幼儿园,数据资料来源于一万六千多份调查问卷,确保了研究具有一定的代表性;研究的结果与分析也有一定的借鉴意义和参考价值。

总体而言,近年来对幼儿园家庭教育指导深入的理论研究和系统的实践研究成果并不多见,这本著作在这方面的贡献显而易见。不仅如此,这本著作在理论基础和研究视角上也能给同行开展幼儿家庭教育和家庭教育指导等相关研究很多启发。更可贵的是,作者的许多见解来源于自己的理论思考、实证研究和经验积累,甚至是成长经历、学习经历和工作经历中一些关键事件引发的深度思考、问题聚焦和路径探寻。透过这本有分量的书稿,我看到了一名青年学者关注幼儿园实践和家长需求的责任意识,善于思考、乐于研究、脚踏实地的良好学风。衷心期望这本著作能引发更多同行的关注分享和研究兴趣,祝愿贾云老师和其他学者取得更多研究成果,为幼儿园教师和幼儿家长的协同共育助力,为学前儿童的童年幸福和人生福祉赋能。

(中国教育科学研究院 研究员)

2024年11月

前言 Preface

家庭是孩子的第一个课堂,父母是孩子的第一任老师;家庭是社会的基本单位,孩子是国家的未来。家庭教育的质量关系亿万孩子的成长、亿万家庭的幸福和国家社会的发展质量。中国共产党和国家领导人高度重视家庭教育,多次发表重要讲话、作出重要指示:作为父母和家长,应该把美好的道德观念从小就传递给孩子,引导他们有做人的气节和骨气,帮助他们形成美好心灵,促使他们健康成长,长大后成为对国家和人民有用的人。家庭教育虽然是最古老的教育形态,我们国家还有悠久的家庭教育历史。但是,家庭教育既是一门科学又是一门艺术,父母并不会自然获得实施高质量家庭教育需要的科学和艺术知识,他们需要通过不断地学习、实践、反思才能获得这些知识。教育孩子不是一件简单的事情,国家进入高质量发展时代,对家庭教育质量的需求和要求更高了。父母需要政府和社会的支持来实施高质量的家庭教育,为亿万家庭提供家庭教育指导服务成为时代赋予政府和社会的新任务。

2022年1月1日起,《中华人民共和国家庭教育促进法》(以下简称《家庭教育促进法》)正式施行。这是我们国家首次针对家庭教育立法,自此,家庭教育在国家的教育法律体系中有了一席之地,家庭教育正式从"家事"上升为"国事"。《家庭教育促进法》所称的家庭教育,是指父母或者其他监护人为促进未成年人全面健康成长,对其实施的道德品质、身体素质、生活技能、文化修养、行为习惯等方面的培育、引导和影响。该法不仅明确规定了未成年人的父母或其他监护人负责实施家庭教育的主体责任,还明确规定了国家社会支持家庭教育的责任以及学校作为专门的教育机构为家庭提供家庭教育指导服务、协同育人的责任。

《家庭教育促进法》中有关幼儿园家庭教育指导服务的条文如下。第三十九条:中小学校、幼儿园应当将家庭教育指导服务纳入工作计划,作为教师业务培训的内容;第四十条:中小学校、幼儿园可以采取建立家长学校等方式,针对不同年龄段未成年人的特点,定期组织公益性家庭教育指导服务和实践活动,并及时联系、督促未成年人的父母或者其他监护人参加;第四十一条:中小学校、幼儿园应当根据家长的需求,邀请有关人员传授家庭教育理念、知识和方法,组织开展家庭教育指导服务和实践活动,促进家庭与学校共同教育;第四十二条:具备条件的中小学校、幼儿园应当在教育行政部门的指导下,为家庭教育指导服务站点开展公益性家庭教育指导服务活动提供支持。

家庭教育指导服务作为幼儿园的一项新增工作内容,不同于幼儿园已有的家园合作工作,幼儿园教师没有现成的经验可照搬,而且因为是新任务,现任幼儿园教师中很少有人在职前教育中接受过家庭教育指导内容的培养。如何进行高质量的家庭教育指导是当下困扰幼儿园的一个现实问题。本书正是为帮助幼儿园解决这个现实问题所进行研究的成果。本书以《家庭教育促进法》为依据,以处于高质量发展时代的中国家庭教育、学前教育为背景,以学前儿童身心发展规律和家庭教育规律为指导,借鉴和运用国内外相关领域的研究成果,总结提炼作者近三年来进行幼儿园家庭教育指导活动的实践经验,从基本原理和实证研究两个方面解答幼儿园家庭教育指导是什么、为什么、依据什么、怎样实施、怎样研究、常见问题如何解决等问题,具有科学与实用、理论与实践深度融合的特色。本著作可作为幼儿园、托育机构、社区或其他单位的学前儿童家庭教育指导工作的指导手册使用;也可用作学前教育专业、托育专业、家庭教育专业的教辅用书,培养学生对家庭教育指导的科学认知和态度、开展家庭教育指导的能力以及进行家庭教育和家庭教育指导研究的能力;也可为致力于家庭教育、学前教育等专业研究的研究者提供参考资料,为推进相关研究的深化和创新提供支持。

撰写本书的一个重要缘起是2016年参与中国教育科学研究院刘占兰老师主持的留守儿童心理健康促进项目,持续5年的项目活动坚定了我把家园社协作育人作为学习与研究方向的决心,本书内容的研究就是在此项目之后开始的。无论是在项目进行中还是在项目结束后,刘老师对参与项目的年轻人都关爱有加,不厌其烦地鼓励、指导年轻人成长。刘老师为给本书写序,在繁忙的会议间隙还跟我聊写作思路和内容细节,感谢刘老师一直以来的鼓励和指导。

本书在写作的过程中,得到了所在单位、实践幼儿园园长和教师、江苏省学前教育学会家庭教育专业委员会的关心和大力支持,谨此致谢。

本书在写作过程中,参考、引用、借鉴了许多国内外学者的研究成果,在书中均一一做了注明,在此一并表示衷心的感谢。

目录 Contents

第一章　幼儿园家庭教育指导的必要性与可行性 …………………… 001
　一、幼儿园家庭教育指导的必要性 ……………………………… 001
　二、幼儿园家庭教育指导的可行性 ……………………………… 012

第二章　幼儿园家庭教育指导的理论 ………………………………… 018
　一、生态系统理论 ………………………………………………… 018
　二、家庭系统理论 ………………………………………………… 027
　三、家庭结构理论 ………………………………………………… 041
　四、生活教育理论 ………………………………………………… 048

第三章　幼儿园家庭教育指导的实施 ………………………………… 061
　一、幼儿园家庭教育指导的基本原则 …………………………… 061
　二、幼儿园家庭教育指导的基本形式 …………………………… 065
　三、幼儿园家庭教育指导的内容 ………………………………… 074
　四、幼儿园家庭教育指导者的指导态度 ………………………… 080
　五、幼儿园家庭教育指导者的指导能力 ………………………… 086
　六、幼儿园家庭教育指导常见问题的解决策略 ………………… 098

第四章　学前儿童家庭功能的潜在分类及影响因素研究 …………… 112
　一、问题提出 ……………………………………………………… 112
　二、研究方法 ……………………………………………………… 113
　三、研究结果 ……………………………………………………… 115

四、研究结果分析 …………………………………………………… 137
　　五、教育建议 ………………………………………………………… 139
　　六、研究结论 ………………………………………………………… 140

第五章　学前儿童父母亲职压力的潜在分类与影响因素研究 ………… 142
　　一、问题提出 ………………………………………………………… 142
　　二、研究方法 ………………………………………………………… 144
　　三、研究结果 ………………………………………………………… 147
　　四、研究结果分析 …………………………………………………… 172
　　五、教育建议 ………………………………………………………… 175
　　六、研究结论 ………………………………………………………… 176

第六章　家庭功能、亲职效能感对学前儿童父母亲职压力的影响研究
　　……………………………………………………………………… 177
　　一、问题提出 ………………………………………………………… 177
　　二、研究方法 ………………………………………………………… 180
　　三、研究结果 ………………………………………………………… 183
　　四、研究结果分析 …………………………………………………… 189
　　五、教育建议 ………………………………………………………… 191
　　六、研究结论 ………………………………………………………… 192

第七章　幼儿园家庭教育指导的契合度研究 …………………………… 193
　　一、问题提出 ………………………………………………………… 193
　　二、研究方法 ………………………………………………………… 195
　　三、研究结果 ………………………………………………………… 197
　　四、研究结果分析 …………………………………………………… 216
　　五、教育建议 ………………………………………………………… 218
　　六、研究结论 ………………………………………………………… 219

第八章　乡村幼儿园教师家庭教育指导现状与提升需要研究 ………… 220
　　一、问题提出 ………………………………………………………… 220
　　二、研究方法 ………………………………………………………… 221
　　三、研究结果 ………………………………………………………… 222

四、乡村幼儿园教师家庭教育指导的提升需要 …………………… 234
五、满足乡村幼儿园教师家庭教育指导提升需要的建议 ………… 236
六、研究结论 ……………………………………………………… 237

参考文献 …………………………………………………………… 238

第一章

幼儿园家庭教育指导的必要性与可行性

依据《家庭教育促进法》的规定和精神,幼儿园家庭教育指导是指为实现促进幼儿全面发展、培养德智体美劳全面发展的社会主义建设者和接班人的教育目的,幼儿园教师或其他工作人员运用专业知识、技能和态度,支持幼儿父母或其他监护人(以下简称幼儿家长)端正儿童观和家庭教育观、提升家庭教育能力和效能感、改善家庭教育环境、改进家庭教育行为的行动。从过程视角看,幼儿园家庭教育指导的对象是幼儿家长,指导内容是改善幼儿家长的儿童观和家庭教育观以及家庭教育的能力与效能感,促进幼儿家庭教育的健康发展,这与传统意义上的以调动幼儿家长参与、配合幼儿园教育为主要内容的家园合作不同。从结果视角看,幼儿园家庭教育指导通过提高家庭教育质量,带来家庭和幼儿园教育合力的提升,为幼儿的发展提供了更好的教育生态环境,据此可以说,幼儿园家庭教育指导也属于家园共育的范畴。幼儿园已经开展家园合作工作,为什么还要进行家庭教育指导?幼儿园进行家庭教育指导有哪些可行性条件?这是幼儿园开始家庭教育指导前必须解开的两个疑惑。因此,本章的主要任务就是阐明幼儿园家庭教育指导的必要性和可行性,帮助幼儿园家庭教育指导者树立正确的家庭教育指导观,提升家庭教育指导的信心。

一、幼儿园家庭教育指导的必要性

(一)幼儿园家庭教育指导是儿童利益最大化原则的要求

1. 幸福家庭是儿童的最大利益

1989年11月20日第44届联合国大会通过的《儿童权利公约》第3条第1款规定:"关于儿童的一切行为,不论是由公私社会福利机构、法院、行政当局或立法机构执行,均应以儿童的最大利益为一种首要考虑"。这就是《儿童权利公约》确立的儿童权利保护的基本原则之一:"儿童利益最大化"原则。"儿童利益最大化"是所有涉及儿童的工作都必须遵守的首要原则,以促进儿童全面发展为最终目标的儿童教育工作自然要遵守此原则。《儿童权利公约》强调家庭是儿童成长和幸福的自然环境,应让儿童在家庭环境里,在幸福、亲爱和谅解的气氛中成长。研究和经验也均证明,儿童的最大利益就是在幸福的家庭中健康生活和快乐成长。

随着科学的发展,心理学、社会学和医学等领域的研究显示,人类生命的最初三年对其今后的发展和成功机遇具有决定性的影响。几乎所有的儿童都是在家庭中度过生命的最初三年。家庭是人出生后的第一个社会环境,父母是人生的第一任教师,家庭对人发展的作用是其他单位或团体不可替代的。大量的经验材料证明,良好的家庭环境,特别是父母的角色,不仅有助于儿童的身心健康、学业表现以及未来的发展,还会降低儿童出现各种不良行为的概率。无论是过去还是现在,作为人类社会最基本的社会单位,家庭在所有的国家中都是社会成员最重要的福利资源。家庭为每人提供的福利、友谊、自我价值、保险和爱多于任何一个其他方面的来源[①]。基于这些认识,人们逐渐懂得,对儿童最好的救助办法是为他们的父母提供帮助。换言之,儿童的需要与家庭的需要是不可分割的,帮助家庭即是帮助儿童,不能帮助家庭就不能有效地帮助儿童[②]。

2. 当代家庭处于压力增加能力下降的失衡状态

家庭虽然是儿童成长和幸福的自然环境,但并非所有家庭都能自然地实现儿童健康生活和快乐成长的功能。伴随社会发展,家庭的规模、结构、职能和民众的家庭观念也在改变,家庭能为家庭成员提供的资源也随之变化。一个世纪以来,中国家庭经受三次冲击:20 世纪初指向家庭制度的批判,1949—1976 年间指向家庭情感的政治运动,改革开放 40 年来指向家庭责任的经济理性入侵。在三次冲击和经济社会剧变背景下,中国家庭处于压力增加和能力下降的失衡状态,问题家庭与家庭问题突出[③]。21 世纪以来,在超低生育水平、快速的人口老龄化、剧烈的人口迁移和新型城镇化进程等因素的综合影响下,家庭成员在生命周期不同阶段从家庭中获取的可利用的资源正在减少[④]。家庭是社会的基本细

---

① 埃什尔曼.家庭导论[M].潘允康,张文宏,马志军,等译.北京:中国社会科学出版社,1991:77.
② 张秀兰,徐月宾.建构中国的发展型家庭政策[J].中国社会科学,2003(6):84-96.
③ 孟宪范.家庭:百年来的三次冲击及我们的选择[J].清华大学学报(哲学社会科学版),2008(3):133-145+160.
④ 彭希哲,胡湛.当代中国家庭变迁与家庭政策重构[J].中国社会科学,2015(12):113-132+207.

胞,家庭的前途命运同国家和民族的前途命运紧密相连。习近平总书记指出:"不论时代发生多大变化,不论生活格局发生多大变化,我们都要重视家庭建设,注重家庭、注重家教、注重家风"①。

3. 当代家庭教育面临诸多问题困扰

社会发展越快速,对人受教育水平的要求越高。家庭作为第一所学校,父母作为第一任教师,担负的教育压力越来越大、面对的教育要求越来越高。在家庭压力增加能力下降的失衡状态下,家庭教育遇到的困难、出现的问题越来越多。教育部关心下一代工作委员会组织专门的课题组对新时期我国家庭教育的现状、问题进行调查研究,发现当前我国家庭教育存在的主要问题如下②。

第一,家长自身存在的问题。相当多的家长教育观念滞后,又忽视自身学习,他们太爱孩子,但太不会爱孩子。有的对孩子期望值过高,急功近利,迷信"天才教育",希望"克隆"神童,对孩子强行塑造,想把自己的愿望强加给孩子;重教子轻自修,不能为孩子做出榜样;不尊重孩子的隐私;重智育、轻德育,不重视劳动教育;教育方式多训斥,少疏导,以及用溺爱或暴力等极端方式对待孩子等。孩子任性、厌学、自私、缺乏良好习惯等缺点,主要是家长错误的教育方法所导致的。有调查报告显示,30%左右的家长坦言自己是个"失败的父母"。今天大多数家长为孩子做得太多,但孩子们却感到空虚、迷惑和焦虑,甚至产生逆反和反抗的情绪。

第二,家庭及社会生活变化出现的新问题。一是现在的学生以及家长、老师大都是独生子女,孩子少,家长更容易对孩子期望值过高。二是生活条件改善,居住面积增大,电脑、电视普及,这些优越的物质条件为孩子学习提供了学习方便,但是也容易造成孩子与父母之间的沟通越来越少。三是部分家长遭受高养育压力所带来的问题。据调查,因为教育开支过大,对孩子期望值就越高,约有95%的家长觉得自己对孩子的付出不能如愿以偿,常常处于烦恼和焦虑之中。四是我国离婚率连续递增,单亲家庭子女比例越来越高。这些孩子在父母矛盾和闹离婚的冲突中受到不同程度的伤害。单亲家庭和重组家庭子女的教育问题也令人忧虑。五是改革开放以来,随着流动人口大量增加,留守儿童和流动儿童数量也大大增加,隔代教育也随之大量出现。为数不少的留守儿童和流动儿童

---

① 杨昊.绘就家和万事兴的幸福图景[EB/OL]. http://cpc.people.com.cn/n1/2022/0516/c64387-32422145.html.

② 教育部关心下一代工作委员会《新时期家庭教育的特点、理念、方法研究》课题组.我国家庭教育的现状、问题和政策建议[J].人民教育,2012(1):6-11.

往往缺乏良好的家庭教育。六是网络飞速发展,黄赌毒、网瘾对孩子的负面影响不容忽视。七是部分富裕家庭、社会名流对孩子疏于教育,其孩子的不良表现引起了社会的公愤,等等。总之,家庭和社会环境的变化带来的家庭教育缺位、错位、不到位现象相当普遍。

第三,闲暇教育问题没有引起高度重视。学校放假,家长上班,孩子无人管理。但孩子的头脑不会处于真空状态,积极思想不去占领,消极信息乘虚而入。对孩子进行闲暇教育,是当今家庭教育的一个重要任务。

第四,家庭教育"学校化"倾向严重。家庭教育应该主要对孩子进行道德人格教育,但许多家庭教育扬短避长、重点错位,成了"第二课堂""补课班",家长则成为学校老师的"助教"。孩子在家庭享受不到应有的温暖,对家长反感。家庭教育"学校化",成为学校教育的附庸或延伸,家庭教育的职能作用出现偏差而被削弱。

第五,家庭教育缺乏科学的理论指导。许多过时甚至错误的家教理论仍是家长的信条。如"三岁关键期""赢在起跑线上""右脑开发""脑只用了10%""早教越早越好",等等。许多正确的家教理论,包括我国传统家教理论精华以及国内外最新的科学家教理论,如20世纪90年代发展起来的脑科学研究成果等,否定了社会流行的那些错误观念,但绝大多数家长知之甚少。

家庭教育作为国民教育不可分割的组成部分,对个人发展的影响广泛且深远。在家庭教育遇到困难出现问题而影响儿童的生活和发展时,应遵循儿童权益最大化原则,家庭理应得到国家、社会和学校的家庭教育指导服务。

(二)幼儿园家庭教育指导是幼儿园教师职业发展的内在要求

现代幼儿园诞生发展的主要推动力量就是分担家庭的育儿任务。在我们国家,幼儿园分担家庭育儿任务的主要方式随社会发展转型对家庭要求和影响的变化,经历了从幼儿园"接出来"方式到幼儿园中心的"合作共育"方式再到幼儿园"走进家庭"方式的转变。

1. 中华人民共和国成立初期和计划经济时期的幼儿园"接出来"方式

中华人民共和国成立后,国家积极动员妇女参与社会主义建设。为了满足城镇女性就业带来的巨大的儿童照顾需要,兴办托幼服务事业被党和政府提到全党事业的高度,妇联和工会是主要的政策倡导者。1952年教育部颁发的《幼儿园暂行规程(草案)》规定:幼儿园的任务就是根据新民主主义教育方针教养幼儿，使他们的身心在入小学前获得健全的发育；同时减轻母亲的负担，以便母亲有时间参加政治生活、生产劳动、文化教育活动等。1953年，中央人民政府政务院修订了《中华人民共和国劳动保险条例》，在其实施细则中明确规定女职员学龄前子女人数达到一定规模的单位要设立托儿所和哺乳室，房屋设备、工作人员工资及一切经常性费用由单位负担。1955年颁布的《关于工矿、企业自办中、小学和幼儿园的规定》和1956年的《关于托儿所幼儿园几个问题的联合通知》都明确鼓励企业、机关、团体等兴办幼儿园和托儿所。到1957年，城镇幼儿园和托儿所的数量迅速增长，其中由工矿、企业和机关举办的增长最为显著。随着社会主义改造的完成，劳动者的"单位所有制"逐渐形成，单位成为提供儿童照顾服务的主体。同时，儿童照顾机构被分为托儿所和幼儿园两类：前者为2个月到3岁的儿童提供保育服务，由卫生部主管；后者为3岁到6岁儿童提供保育和教育服务，由教育部主管。两类机构均提供全日服务，和西方幼儿园多为半日制的传统有很大不同。很多单位还为有儿童照顾需要的职工提供调岗、灵活的上下班时间等额外帮助，缓解城镇职工的工作—照顾冲突[1]。

1979年10月，中共中央、国务院转发的《全国托幼工作会议纪要》指出，我国托幼工作"本着为培养社会主义新一代、为生产服务、为人民生活服务的目的……办起了多种形式的托儿所、幼儿园"。同年11月，教育部印发的《城市幼儿园工作条例（试行草案）》明确指出，幼儿园的工作任务是"根据党的教育方针和毛主席'好好的保育儿童'的教导，对幼儿进行初步的全面发展的教育"，"减轻家长在教育孩子方面的负担，使他们能够安心生产、工作和学习"，"幼儿园要注意同幼儿的家长经常保持联系"，并"帮助家长对幼儿进行正确的家庭教育"。虽然政策层面重视家园联系，但在文本中并未提及具体的联系方式，也未继承1952年教育部颁发的《幼儿园暂行规程（草案）》中提到的"家长代表会"这一联系形式[2]。

由以上政策法规可知，中华人民共和国成立初期和计划经济时期，幼儿园对家庭育儿任务的分担主要采用的是"接出去"方式，即把幼儿接到幼儿园中进行照顾和教育，幼儿园是负责幼儿教育的主体，家庭教育对幼儿发展的重要影响没有得到广泛重视。政策法规中虽然有"幼儿园要进行家园联系"的要求，但内容单薄，且缺乏相关细则。这一时期，家庭的角色主要是被照顾的对象，是被动的

---

[1] 岳经纶,范昕.中国儿童照顾政策体系：回顾、反思与重构[J].中国社会科学,2018(9):92-111+206.

[2] 李晓巍,刘倩倩,郭媛芳.改革开放40年我国幼儿园、家庭、社区协同共育的发展与展望[J].学前教育研究,2019(2):12-20.

"福利享受者"[1],家庭的教育主体身份地位没有得到制度的认可和重视。

2. 20世纪80年代至21世纪10年代的幼儿园中心的"合作共育"方式

20世纪80年代起,经验体制改革开始并逐渐全面铺开。一方面,国家开始强调学前班和幼儿园的教育功能,弱化其照顾功能和对妇女就业的支持作用。另一方面,学前教育市场化得到政府的认可和鼓励[2]。1992年,中共十四大报告提出"鼓励多渠道、多形式社会集体办学和民间办学"。在中央精神指引和当时教育、医疗服务市场化的大趋势下,企业办园大规模关闭或转制,民办幼儿园兴起并快速发展[3]。3~6岁儿童的幼儿园入学率有所下降,且托幼费用增长较快,母亲和祖父母成为学龄前儿童的主要照顾者[4]。这一时期,相关教育政策法规越来越强调家庭教育对儿童发展的重要影响、强调推进幼儿园与家庭的合作,家庭的教育主体身份角色越来越被国家重视。

1980年颁布的《托儿所、幼儿园卫生保健制度(草案)》提出幼儿园应与家长密切沟通,向家长宣传科学的保教知识,提升家长自身素养,正确履行监护责任,提高家庭教育质量,进一步确立了幼儿家长作为教育者的角色定位。

1981年中华人民共和国教育部制定的《幼儿园教育纲要(试行草案)》指出,在当下独生子女越来越多的情况下,必须使家长了解幼儿园对幼儿的教育情况,以确保双方教育取得一致,同时还强调为"共同培育好革命后代",幼儿园要主动争取社区、幼儿家长的支持,积极听取他们的意见。

1985年卫生部颁发的《托儿所、幼儿园卫生保健制度》再次强调,幼儿园要采取多种形式,同家长加强联系,定期召开家长会并向家长宣传婴幼儿卫生保健知识。

1988年国家教委等多部门联合颁布的《关于加强幼儿教育工作的意见》强调,幼儿园教育要同家庭教育密切配合,开启了幼儿园教育、家庭教育"齐头并进"的局面,从政策上进一步肯定了幼儿家长的家庭教育价值。同时指出,幼儿园应向家长开放,欢迎和吸收家长参加幼儿园的教育、管理工作。

---

[1] 蔡迎旗,邓和平. 我国家园合作中的幼儿家长角色变迁与展望——基于1949—2022年学前教育政策文本的分析[J]. 教育学术月刊,2022(7):60-66.
[2] 岳经纶,范昕. 中国儿童照顾政策体系:回顾、反思与重构[J]. 中国社会科学,2018(9):92-111+206.
[3] 世界银行. 中国:深化事业单位改革,改善公共服务提供[J]. 经济研究,2005(8):4-17+23.
[4] Chen F, Short S E, Entwisle B. The impact of grandparental proximity on maternal childcare in China[J]. Population Research & Policy Review, 2000,19(6):571-590.

1989年国家教委颁布的《幼儿园工作规程(试行)》提出,幼儿园要与家长保持经常联系,共同配合完成教育任务。同时,第一次以专章的形式详细阐述幼儿园与家庭的关系,充分体现出家长作为幼儿教育的参与主体地位。在具体内容上指出"应建立幼儿园与家长联系的制度"等。家园合作育人迈入制度化发展阶段[①]。

1992年,国务院在发布的《九十年代中国儿童发展规划纲要》中规定"发展社区教育,建立起学校(托幼园所)教育、社会教育、家庭教育相结合的育人机制,创造有利于儿童身心健康和谐发展的社会和家庭环境"。

1996年,国家教委在颁布的《幼儿园工作规程》中提出"幼儿园应主动与幼儿家庭配合,帮助家长创设良好的家庭教育环境,向家长宣传科学保育、教育幼儿的知识,共同担负教育幼儿的任务""幼儿园应密切同社区的联系和合作,宣传幼儿教育的知识,支持社区开展有益文化教育活动,争取社区支持与参与幼儿园建设"。

2001年,教育部在颁发的《幼儿园教育指导纲要(试行)》中指出"幼儿园应与家庭、社区密切合作""充分利用自然环境和社区的教育资源,扩展幼儿学习和生活的空间。幼儿园同时应为社区的早期教育提供服务"。

这一时期,家庭的儿童教育主体身份地位虽然得到制度认可和重视,政策法规非常强调家园合作,但此时的家园合作多多少少带有"幼儿园中心主义"的倾向,家长工作往往变成了"教育家长",配合变成了"支配",联系变成了单向的"信息输出"[②]。家园合作中存在的主要问题有:教师和家长的家园合作意识不明显,合作中家庭与幼儿园不能明确自己的职责;教师与家长在沟通上处于不平等的地位,老师始终处于权威地位,决策独断,而且家长接受沟通的机会不均等;家园合作表面化现象严重,合作内容过于单一,主要侧重幼儿的不足[③][④]。幼儿园与家庭虽然都是儿童教育的主体,但家庭的主体地位相对较弱。

3. 2010年开始的幼儿园"走进家庭"的分担方式

2010年是中国社会福利元年、儿童福利元年与家庭福利元年,标志着中国总体社会福利、儿童福利、家庭福利时代的来临,社会福利、儿童福利与家庭福利

---

① 蔡迎旗,邓和平.我国家园合作中的幼儿家长角色变迁与展望——基于1949—2022年学前教育政策文本的分析[J].教育学术月刊,2022(7):60-66.
② 冯晓霞,王冬梅.让家长成为教师的合作伙伴[J].学前教育,2000(2):4-5.
③ 曹丹丹.家园合作问题分析[J].学前教育研究,2003(Z1):97-98.
④ 周红.家园沟通存在的问题与对策[J].幼儿教育,2004(5):44.

成为国家发展的战略重点①。2010年颁布的《国务院关于当前发展学前教育的若干意见》中,我国政府首次使用"普惠性民办园"这一概念,自此学前教育开始走上普惠型发展道路,努力为所有学前儿童家庭提供普惠优质的教育服务。《"十四五"学前教育发展提升行动计划》的深入实施,推动学前教育全面普及、水平进一步提高,普惠性学前教育资源不断扩大。2022年,全国学前教育毛入园率为89.7%,比2021年提高1.6个百分点。全国共有普惠性幼儿园24.6万所,增加1 035所;占全部幼儿园的比例为85.0%。普惠性幼儿园覆盖率为89.6%,提高1.8个百分点②。

从2010年开始,国家对家庭教育的重视跨上了一个新台阶,陆续出台了多项政策法规。2010年,全国妇联、教育部等七部委通过《全国家庭教育指导大纲》,它是全国各级各类家庭教育指导服务机构和家庭教育指导者开展家庭教育指导的重要依据,是目前为止最重要的家庭教育政策读本,其主要内容是按照年龄段划分家庭教育的指导内容,规范家庭教育指导行为③。同年印发的《国务院关于当前发展学前教育的若干意见》指出:"要把幼儿园教育和家庭教育紧密结合,共同为幼儿的健康成长创造良好环境。"④

2011年,全国妇联、教育部等部委在《关于进一步加强家长学校工作的指导意见》中规定幼儿园、中小学校、中等职业学校要把家长学校工作纳入学校工作的总体部署⑤。2012年,教育部在《教育部关于建立中小学幼儿园家长委员会的指导意见》中要求地方各级教育部门要切实加强对家长委员会组建工作的领导,学校要为家长委员会开展工作提供必要的条件⑥。2012年,全国妇联、教育部等七部委通过《关于指导推进家庭教育的五年规划》(2011—2015年),在充分肯定"十一五"期间全国家庭教育工作成就的同时,指出了新的五年期间指导推进家

---

① 刘继同.中国儿童福利时代的战略构想[J].学海,2012(2):50-58.
② 国家统计局.2022年《中国儿童发展纲要(2021—2030年)》统计监测报告[N].中国信息报,2024-01-02(3).
③ 全国妇联 教育部 中央文明办 民政部 卫生部 国家人口计生委 中国关工委关于印发《全国家庭教育指导大纲》的通知[EB/OL]. http://www.moe.gov.cn/jyb_xxgk/moe_1777/moe_1779/201007/t20100714_92936.html.
④ 国务院关于当前发展学前教育的若干意见[EB/OL]. https://www.gov.cn/zhengce/zhengceku/2010-11/24/content_5421.htm.
⑤ 全国妇联 教育部 中央文明办关于进一步加强家长学校工作的指导意见[EB/OL]. http://www.moe.gov.cn/jyb_xxgk/moe_1777/moe_1779/201105/t20110516_119729.html.
⑥ 教育部关于建立中小学幼儿园家长委员会的指导意见[EB/OL]. http://www.moe.gov.cn/srcsite/A06/s7053/201202/t20120217_170639.html.

庭教育工作的总体目标①。

2015年，教育部在《教育部关于加强家庭教育工作的指导意见》中建议"明确家长在家庭教育中的主体责任；充分发挥学校在家庭教育中的重要作用；加快形成家庭教育社会支持网络；完善家庭教育工作保障措施"。②

2016年，全国妇联、教育部等九部委通过《关于指导推进家庭教育的五年规划》(2016—2020年)对家庭教育的重点任务做出指示，即准确把握家庭教育核心内容，辅以家庭教育新媒体服务平台，建立健全家庭教育公共服务网络，提升家庭教育指导服务专业化水平③。

2019年，全国妇联、教育部等九部委在《全国家庭教育指导大纲(修订)》中新加入了家庭道德教育、多子女养育及互联网时代的家庭媒介教育等具有鲜明时代特征的家庭教育内容④。2019年6月，中共中央、国务院颁布《关于深化教育教学改革全面提高义务教育质量的意见》，首次提出强化教师"家庭教育指导"能力建设⑤。

2021年，全国人大常委会通过的《中华人民共和国家庭教育促进法》，构建了青少年健康成长的重要法律保障。由总则、家庭责任、国家支持、社会协同、法律责任和附则共六章组成。它规定了家庭教育工作的基本原则，明确了家庭责任、国家支持措施和社会协同手段⑥。自此，学校的家庭教育指导工作实现了法定化。

2022年，全国妇联、教育部等11部门通过《关于指导推进家庭教育的五年规划(2021—2025年)》，把构建覆盖城乡的家庭教育指导服务体系、健全学校家庭社会协同育人机制、促进儿童健康成长确立为今后一个时期家庭教育发展的

---

① 全国妇联 教育部 中央文明办 民政部 卫生部 国家人口计生委 中国关工委关于印发《关于指导推进家庭教育的五年规划(2011—2015年)》的通知[EB/OL]. http://www.moe.gov.cn/jyb_xxgk/moe_1777/moe_1779/201206/t20120625_138245.html.

② 教育部关于加强家庭教育工作的指导意见[EB/OL]. http://www.moe.gov.cn/srcsite/A06/s7053/201510/t20151020_214366.html.

③ 全国妇联 教育部 中央文明办 民政部 文化部 国家卫生计生委 国家新闻出版广电总局 中国科协 中国关工委关于印发《关于指导推进家庭教育的五年规划(2016—2020年)》的通知[EB/OL]. http://www.moe.gov.cn/jyb_xxgk/moe_1777/moe_1779/201702/t20170220_296761.html.

④ 全国家庭教育指导大纲(修订)[EB/OL]. http://www.zgggw.gov.cn/zhengcefagui/gzzd/zgggw/13792.html.

⑤ 中共中央 国务院关于深化教育教学改革全面提高义务教育质量的意见[EB/OL]. https://www.gov.cn/gongbao/content/2019/content_5411564.htm.

⑥ 中华人民共和国家庭教育促进法[EB/OL]. http://www.moe.gov.cn/jyb_sjzl/sjzl_zcfg/zcfg_qtxgfl/202110/t20211025_574749.html.

根本目标,推动"十四五"时期家庭教育高质量发展①。

2023年1月,教育部等十三部门共同印发《关于健全学校家庭社会协同育人机制的意见》,意见中提出了及时沟通学生情况、加强家庭教育指导、用好社会育人资源、提高家庭教育水平、主动协同学校教育、引导子女体验社会、完善社会家庭教育服务体系、推进社会资源开放共享、净化社会育人环境等9条核心的意见②。

2021年实施的《中国儿童发展纲要(2021—2030年)》将"儿童与家庭"作为一个新领域单独提出,国家开始发展覆盖城乡的家庭教育指导服务体系。2022年《家庭教育促进法》正式施行,明确规定推进家庭教育指导服务体系建设,将家庭教育指导服务纳入城乡公共服务体系和政府购买服务目录,制定实施家庭教育工作规划。2021年,全国共有家长学校41.8万个,培训6 959.4万人次③。2022年,深入实施《家庭教育促进法》,印发《关于指导推进家庭教育的五年规划(2021—2025年)》,加快推进覆盖城乡的家庭教育指导服务阵地建设。妇联组织参与建设的城市社区家长学校或家庭教育指导服务站点数为9.5万个,妇联组织参与建设的农村社区(村)家长学校或家庭教育指导服务站点数为39.9万个④。

苏霍姆林斯基曾把孩子比作一块大理石,他说把这块大理石塑造成一座雕像需要六位雕塑家:一是家庭,二是学校,三是儿童所在的集体,四是儿童本人,五是书籍,六是偶然出现的因素。家庭不仅直接形塑儿童本人,而且在很大程度上能够决定儿童能接受的学校教育、归属的集体和接触到的书籍。如《科尔曼报告》发现,造成儿童教育获得差异的主要原因不是学校的物资和师资的差异,而是不平等的家庭背景及所构建的社会闭合,即教育不平等的根源首先在家庭及其家长对教育的参与,其次才是学校⑤。可以说家庭不仅是人生的第一所学校,而且是对人一生影响最广泛、最深远的学校。在学校教育、家庭教育和社会教育的合作共育中,家庭教育应处于中心地位,学校是众多支持家庭教育的机构之

---

① 全国妇联 教育部等11部门印发《关于指导推进家庭教育的五年规划(2021—2025年)》[EB/OL]. http://www.moe.gov.cn/jyb_xwfb/s5147/202204/t20220413_616321.html.

② 教育部等十三部门关于健全学校家庭社会协同育人机制的意见[EB/OL]. http://www.moe.gov.cn/srcsite/A06/s3325/202301/t20230119_1039746.html.

③ 国家统计局. 2021年《中国儿童发展纲要(2021—2030年)》统计监测报告[N]. 中国信息报,2023-04-21(2).

④ 国家统计局. 2022年《中国儿童发展纲要(2021—2030年)》统计监测报告[N]. 中国信息报,2024-01-02(3).

⑤ 吴重涵,张俊,王梅雾. 家长参与的力量——家庭资本、家园校合作与儿童成长[J]. 教育学术月刊,2014(3):15-27.

一。2010年进入儿童福利、家庭福利时代以后,国家对家庭教育的重视程度与日俱增,在政策法规中越来越突显家庭的儿童教育主体地位,强调国家、社会、学校等组织或个人对家庭教育的支持,以家庭教育为中心的共育模式初具雏形。国家对幼儿园教师职业发展的要求是要持续提升幼儿园保教质量,同时要走进家庭内部,与其他单位、组织或个人联合起来指导幼儿家长提升家庭教育质量。

(三) 幼儿园家庭教育指导是幼儿园教师专业性提升的内在要求

1966年联合国教科文组织在《关于教师地位的建议》中就指出"教育工作应被视为专业。这种专业要求教师具备经过严格且持续不断地研究,才能获得并维持的专业知识和专门技能,从而提供公共服务。教育工作还要求教师对其教导之学生的教育和福祉具有个人的和共同的责任感"。儿童的教育包括学校教育、家庭教育和社会教育三种形式,儿童的最大福祉就是幸福家庭,幼儿园教师对儿童的教育和福祉负责任,其内在地包含进行家庭教育指导的责任。

莫里森在《当今美国儿童早期教育》一书中提出了考察幼儿园教师专业性的四个角度。一是个人的角度,其中最重要的四个方面是个人品格、情感特征、身体健康和心理健康。二是教育的角度,要具有关于职业与职业实践的基本知识,其中包括了解职业发展史与职业道德、理解儿童发育与学习的方式,及时觉察到影响早期儿童发展以及这一职业的大众性问题。三是职业实践的角度,职业实践包括专业人员所完成的任务——教育与养护儿童,与儿童的父母、家庭、社区合作者协同工作,承担从事这一职业肩负的角色与责任。它具体包括以下内容:了解儿童,领悟相关的教育哲学,制定计划,评定,报告,反思与思考,教学,与儿童的父母、家庭、社区合作者协同工作,从事道德实践,连续不断地追求职业人员的发展机会。四是公众的角度,这个角度包括大力倡导,倡导是一种恳求儿童与家庭的目标融入职业实践与公众活动中的行为;清楚陈述,清晰地说出你完成的任务与这门职业要完成的任务,并对儿童的父母与公众进行演说,对帮助儿童与他们的家庭获得成功具有根本性的作用;行为表现,行为表现是通过尽可能完善的方式代表儿童与家庭展现自己的行动过程[①]。由此可知,幼儿园教师的专业性不仅体现在接受相关教育、掌握一定程度的专业知识上,还体现在良好的个性品质、身心健康的个人特性上,体现在与父母、家庭、社区合作教育和养护儿童的职业实践特性上,体现在追求儿童和家庭利益最大化的公众活动上。为家庭提供优质教育服务、维护和发展家庭是幼儿园教师专业性的内在要求。

---

① 莫里森.当今美国儿童早期教育[M].王全志,等译.北京:北京大学出版社,2004:5-22.

幼儿教育作为一个专业，是符合专业基本特征的，幼儿园教师作为该专业的从业人员也是符合专业人员基本要求的。但是，目前在大众意识层面上，幼儿园教师的专业性还没有充分确立。幼儿园教师的专业化水平和准入门槛确实还有待提高，幼儿园教师的专业化还需要教师个人和全社会的努力。幼儿园教师个人努力的关键方面就是努力实现专业转变。不断专业化就是不断转变，不断适应新的思想和新的实践。没有转变就没有专业化。为了避免幼儿承受教育和个人失败的风险，教师的改变是不可避免的。教师拒绝改变就是教师让幼儿接受风险，就是教师甘于低质量教育[①]。一位职业人士从来也不是一个"被完成的"产品，而是被放入学习、研究、改变以及变得更加职业化的过程之中[②]。幼儿园教师面对儿童的变化、儿童家庭的变化和社会环境的变化，只有转变教育思想和教育实践，才能为儿童和他们的家庭提供需要的教育服务，从而实现自身专业性的发展。当下儿童家庭教育性质和地位的变化，要求幼儿园教师转变以前站在家庭之外、以幼儿园为中心的家园合作方式，适应新的走进家庭内部、以家庭为中心的家园合作方式，实现从"输血扶贫式"家庭教育支持到"造血致富式"家庭教育支持实践的转变。

二、幼儿园家庭教育指导的可行性

（一）幼儿园教师的专业知识为家庭教育指导奠定了知识基础

在传统上，教师的职业就是一个关于知识和为了知识的职业，教师的最大优势就是知识优势，今天人们对教师的要求不再仅仅是教师拥有知识量的多少，而更关注教师对知识的获取能力、更新能力、综合能力和建构能力。幼儿园教师除具备所有教育阶段的教师都具备的教育知识和知识获取、更新、综合和建构的能力外，还具备一些特殊的专业知识。幼儿园教师是对3～6岁幼儿进行教育的专业人员，承担着幼儿的保育和教育工作，因此，幼儿生理学、幼儿卫生学、幼儿营养学、幼儿运动学等是幼儿园教师具备的重要知识；幼儿园教师还承担着对幼儿进行全面发展教育的任务，促使幼儿在德、智、体、美等方面全面发展是幼儿园教师的职责，因此，音乐、美术、体育、语言、数学、自然、科技、社会、健康等方面的内容均是幼儿园教师的必备知识。幼儿的身心发展特点决定了幼儿园教师对他们的保育和教育不能有差错，不然就有可能危及他们的身体、心理甚至生命，因此

[①][③] 虞永平.《幼儿园教师专业标准》的专业化理论基础[J].学前教育研究,2012(7):7-11.
[②] 莫里森.当今美国儿童早期教育[M].王全志,等译.北京:北京大学出版社,2004:18.

需要特别细心；他们的自理、自律能力较弱，需要教师有更大的耐心，有更多的爱心③。幼儿园教师具备的儿童发展知识和教育幼儿的知识、技能和情感态度正是幼儿家长进行家庭教育需要的技能、方法和情感态度，而具备的一般教育学知识、技能和态度则可以直接用来作为指导幼儿家长的基础知识、技能和态度。

幼儿园历来重视与家庭的合作，家庭教育的相关知识也被纳入幼儿园教师专业知识的范畴，并且明确落实在幼儿园教师教育的培养方案中。20世纪80年代初，为适应社会发展需要，调动学生学习的主动性和积极性，开始开设与学前教育实践相关的选修课程，其中就有家庭教育课程①。21世纪以来，随着对家庭教育重视程度的提升，家庭教育学、家园合作的相关课程被越来越多的师范院校纳入学前教育专业师范生的培养方案中。最近几年，有部分院校将学前教育专业课程细化至不同专业方向，其中就有家庭教育指导师方向，并设置了该方向的必修课程和选修课程②。幼儿园教师具备的家庭教育和家园合作的相关知识技能为幼儿园教师家庭教育指导的科学性提供了知识保障。

做好家庭教育指导服务工作需要专业化的家庭教育指导服务人员③，《中华人民共和国家庭教育促进法》要求各级人民政府及有关部门组织建立家庭教育指导服务专业队伍，加强对专业人员的培养。《中国儿童发展纲要（2021—2030年）》也明确提出要"加强对家庭教育服务机构和从业人员的管理，规范家庭教育服务市场。加强家庭教育服务行业自律，研究制定服务质量标准，建立行业认证体系"。建设一支素质过硬、育人能力精湛、指导水平高超的家庭教育指导服务队伍被党和国家放在了突出位置，专业化的家庭教育指导服务人员是家庭教育指导工作规范运行的基础和重要人力保障④。

目前家庭教育指导者在我国还不属于专业技术人员，家庭教育指导实践还未完全形成统一、系统、科学的专业标准和行业规范，这导致家庭教育指导者在资格认证、培训和考核等方面乱象横生，家庭教育指导者专业化欠缺、持续性发展动力不足已成为制约我国家庭教育事业发展的关键问题。从事家庭教育指导服务工作的人员主要有专职开展家庭教育指导服务工作的人员、中小学校及幼儿园教师、社会工作者、高校或研究机构专家，以及包括"五老"队伍、优秀家长、心理咨询师等各行业相关人士在内的志愿者。中小学校、幼儿园和社区是向家长提供家庭教育指导服务的两大主要渠道，中小学及幼儿园教师和面向社区开

---

① 刘天娥.高校本科学前教师教育课程设置的研究[D].武汉：华中师范大学，2015：50.
② 刘天娥.高校本科学前教师教育课程设置的研究[D].武汉：华中师范大学，2015：73.
③ 陈博.新时期家庭教育指导服务人才的培养[J].人力资源开发，2022(17)：84-85.
④ 喻辰捷，王林艳.近三十年来我国社区家庭教育指导研究述评[J].中国成人教育，2019(16)：71-75.

展相关工作的人员也毋庸置疑地成为家庭教育指导服务的主要提供者①。在我国家庭教育指导服务专业标准和行业规范出台之前，中小学及幼儿园教师应当充分发挥专业责任感和专业知识优势，积极参与家庭教育指导服务活动，为更多儿童家庭提供科学的家庭教育指导服务。

（二）幼儿园家园合作工作为家庭教育指导提供了经验参考

幼儿园家庭教育指导能够通过提高家庭教育水平提升家园共育水平，从这个角度看，家庭教育指导和已有的家园合作都属于广义的家园共育范畴。家园合作一直是幼儿园的一项工作内容和工作方式，积累了丰富的工作经验，这些经验可以作为开展家庭教育指导的经验参考。比如，幼儿园较为完备的家园合作制度、家长委员会和其他合作平台可以作为家庭教育指导工作制度、组织安排和指导平台建设的基础；家长会、家长开放日、家访、亲子游戏、家园联系栏、联系手册、个别约谈、家园互动式研讨会、家长助教、家园共同进行课程创建等多样的家园合作形式可以灵活地转变为家庭教育指导形式；幼儿园教师获得的家庭背景、家庭教育特征、家长的个性特征等信息以及与家长互动的经验都是家庭教育指导开展的必需条件。另外，家庭教育指导的开展不仅能提高家庭教育的质量，还能增进家庭与幼儿园的关系，从而推动家园共育工作上升到新的高度。

（三）幼儿家长的指导需要为家庭教育指导提供了现实支撑

满足社会和家庭的教育需要是学校的使命与担当。幼儿家长对家庭教育指导的迫切需要是幼儿园进行家庭教育指导的原因，也为家庭教育指导提供了现实支撑。家庭教育不仅仅是家庭内部的事务，也是事关公共福祉的公共事务，家庭教育问题不仅是家庭问题，也是严重的社会问题，需要公权力干预和引导②。现实中有些家长因自身教育理念偏差、教育能力不足，或溺爱放任孩子或一味追求智力培养，忽视对孩子良好个性品质和行为习惯的培养，妨碍了孩子的健康生活和全面发展、危害了社会公益，存在迫切的家庭教育指导规范性需要。如在陕西省进行的一项调查显示，69.7%的家庭亲子关系紧张与不足，76.3%的家长认为迫切需要接受科学的培训与指导，以提高家庭教育能力；67%的家长认为只要孩子学习好，其他都不是问题；91%的家长了解孩子学习情况的主要方式是看考

---

① 边玉芳.我国家庭教育指导者队伍专业化的现状分析与提升策略[J].南京师大学报(社会科学版)，2023(4):5-15.

② 李健,薛二勇,张志萍.家庭教育法的立法议程、价值、原理与实施[J].北京师范大学学报(社会科学版)，2022(1):62-71.

试成绩,73%的孩子认为父母在自己心中的形象最接近保姆或教官;88%的家长与孩子交流的最大困难是不知道和孩子沟通的最佳方式[①]。

有些家长则明确表达出对家庭教育指导的感觉性需求。如在广西壮族自治区进行的一项调查发现,88.21%的家长愿意参与幼儿园家庭教育指导活动,85.44%的家长表示幼儿园家庭教育指导活动可以有效帮助其改善自身教育行为,家长参与幼儿园家庭教育指导活动意愿强烈[②]。综合相关研究发现,儿童家庭对家庭教育指导的需求可概述为:不同类别儿童家长接受家庭教育指导的需求都比较强烈,在不同地区比较下,最少也有70%以上的儿童家长有接受家庭教育指导的需求。而且,不同类别儿童家长还有积极参与家庭教育指导的意愿。家长对家庭教育指导需求是比较全面的,既有家庭教育具体知识与技能的需求,也有家长自身教育能力提升的需求[③]。满足家庭的教育需求是教师的专业使命,面对如此迫切的教育指导需求,幼儿园教师准备好开始新的教育实践了。

(四) 国外家庭教育指导项目为家庭教育指导提供了他山之石

教育是一种通过共同探索而进行的社群活动和文化分享[④],国外成功的家庭教育指导项目可供我们借鉴和参考。欧美国家的现代幼儿园教育发展较早,在与家庭合作、指导家庭教育方面有许多效果显著的项目。以美国为例,1815年缅因州实行了第一个家长教育项目,以指导家长进行适当的儿童教养实践。19世纪末20世纪初,城市中一些儿童的困境成了部分早期儿童教育者关注的焦点,良好的养育和适宜性的教育在儿童发展中有重要作用,对于这些新知识的了解,使得儿童养育中心以及一些家庭里的儿童养育项目得以成立,作为幼儿园的延伸形式存在着。早期的家长参与是指教育家长并鼓励他们去支持学校教育活动。国家家长教师联盟(The National Association of Parents and Teachers),后更名为家长教育联盟(PTA),就是为了这一目的于1897年创立的。社区在家长教育方面的参与是以"妇女组织"的形式呈现的,比如儿童性格研究社团、美国大学女性联盟、美国黑人妇女联盟。这些组织开展讲座、举行会议、发行杂志以促进家长的教育能力发展,并强调家长在儿童教育中扮演积极角色的重要性。

[①] 孙海华.陕西:76.3%家长迫切希望提高家庭教育能力[N].中国青年报,2019-12-25(1).
[②] 刘辰,曾志飞,李晓巍.幼儿园家庭教育指导活动家长参与的现状、评价与需求[J].幼儿教育,2020(30):44-48.
[③] 李海云,魏衍.我国家庭教育指导需求研究:回顾与反思[J].教育探索,2019(3):6-11.
[④] 爱德华兹,甘第尼,福尔曼.儿童的一百种语言[M].3版.尹坚勤,王坚红,沈尹婧,译.南京:南京师范大学出版社,2014:62.

美国家长参与早期教育的顶峰大概出现在1916年,以芝加哥大学建立家长合作社为标志,这一合作社由12个教员的妻子组成,为她们的孩子提供高质量的照料,也为她们自己提供家长教育。托儿所和家长合作社被美国中产阶级接纳,家长对教育的参与也在美国社会文化中扎根下来。20世纪上半叶,家长教育开始被看作是社会福利的一项重要指标,专业教育工作者开始感到有责任提供这种服务。一些用来帮助家长提高他们与他们的孩子一起合作的技巧的方案取得了显著的效果,如波平的"积极的教养讨论小组"、狄克梅尔和麦凯的"有效教养的系统训练"和戈登的"父母有效性训练"[1]。

1965年美国联邦政府实施的开端计划第一次明确提出,要让家长与幼儿一起参加活动,并为其提供适当的社会服务。在开端计划中,家长参与的主要形式、享有的社会服务主要包括:家长作为雇员、观察员或者志愿者参与课堂活动和教育活动;家长参与开端计划项目的决策与实施;家长接受开端计划项目成员的家庭访问、参加每年至少组织两次的"教职工-家长会议";家长参加开端计划提供的各种教育活动,包括家长教育班、识字项目、工作培训项目等等,通过参加各种教育活动,家长的受教育水平得到了相应的提升。开端计划对弱势家庭的支持主要体现在以下三个方面:一是为参与开端计划项目的家长解决就业问题;二是创建"基于家庭的开端计划"(Home-Based Start Program),实施"家庭服务模式",以适应不同家庭的需要,目的是通过对家长,尤其是居住在农村以及交通不便的社区的家长进行辅助,促进家庭教育质量的提高;三是实施"儿童与家庭资源计划"(the Child and Family Resource Program),为家庭提供各种综合服务。作为联邦政府资助的第一个家庭辅助计划,该计划涉及的范围相当广泛,包括产前护理、精神健康、幼小衔接以及家庭服务等。其目的是通过让幼儿与家庭享受到这些服务,使弱势家庭的幼儿长期保持一种良好的、持续性发展的状态[2]。

与美国开端计划主要面向处境不利的儿童及家庭不同,英国的确保开端计划面向全体幼儿及家长,注重为家庭提供服务和支持。确保开端计划是布莱尔政府为消除贫困,防止社会排斥以及改善处境不利幼儿的生活环境,大力发展学前教育,自1998年起推行的一项教育改革。该计划以家庭为主要突破口,注重对幼儿及其家庭的支持,鼓励家长的广泛参与,旨在实现幼儿及家庭的全面发

---

[1] 巴伯C,巴伯N H,史高利.家庭、学校与社区:建立儿童教育的合作关系[M].丁安睿,王磊,译.南京:江苏教育出版社,2013:50-51,399.

[2] 邵明星,杨晓萍.从"开端计划"到"确保开端计划":美英两国促进幼儿教育家长参与[J].现代中小学教育,2013(8):68-72.

展,提高学前教育的质量。确保开端计划项目与家长广泛合作,并形成一种合作伙伴关系。为了保障家长的广泛参与,确保开端计划采取了一系列措施,主要包括:吸收家长参与管理和决策、组织家长座谈会、通过建立"父亲学习小组"等措施,鼓励男性积极参与幼儿的保育和教育活动。该计划对家庭的支持和服务主要包括:为家长提供就业信息,帮助家长就业;实行"家庭访问计划",对家庭进行咨询;开展"健康饮食计划",定期开展烹调讨论会,让家长相互交流经验和信息,探讨幼儿营养科学问题,提高其烹调水平;向家长提供工作税贷款,帮助家庭支付幼儿教育、保育以及家庭医疗等方面的费用[①]。

幼儿园的家庭教育指导可以从国外的这些家园合作与家庭教育指导项目中吸取积极因素。比如,面向全体幼儿与家庭、关注到家庭所有方面皆影响儿童成长、尊重家长的主体性等,用以丰富和提升自己的家庭教育指导活动。

---

① 邵明星,杨晓萍.从"开端计划"到"确保开端计划":美英两国促进幼儿教育家长参与[J].现代中小学教育,2013(8):68-72.

第二章

幼儿园家庭教育指导的理论

高质量的实践工作离不开理论的指导。幼儿园家庭教育指导是一项专业的实践工作,需要指导者运用专业的理论、知识、方法和态度进行。理论能为指导者提供思考和组织繁乱的家庭教育问题和需求的框架以及指导的基本模式。虽然一个框架换个角度讲也是一种限制,但是根据无影灯原理,框架的增加会拓展、深化我们对问题和需求的理解而不是压缩理解。空洞的头脑与开放的头脑是有区别的,而且机会总是偏爱有准备的头脑。本章的主要任务是介绍四种家庭教育指导理论:生态系统理论、家庭治疗领域的家庭系统理论和家庭结构理论、生活教育理论。四种理论提供了理解个体发展、家庭、家庭教育和家庭教育指导的四个框架,四个框架的灵活、综合运用能有效指导幼儿园家庭教育指导的实践。

一、生态系统理论

(一) 人类发展理论范式:从决定论到系统论

教育的根本任务就是帮助个体从出生时的生物人转化为合格的社会人,这个任务的完成方式受制于对人类发展的理论认识,即人类发展理论。从历史的视角来看,人们对个体如何从生物人转化为社会人的理论认识是不断变化的,发展理论层出不穷。

从中世纪开始到 20 世纪末出现的多种人类发展理论,虽然在具体内容上差异很大,但是这些理论都围绕着一个共同的主题进行争论,即遗传和环境在人类发展中的作用。这种争论有时又称为"先天与后天"之争、"成熟与学习"之争或"生物因素与社会因素"之争。"先天"指个体的生物遗传因素,是个体天生具备的某些禀赋和特质。"后天"指环境因素,是受胎儿期和出生后环境影响所获得的素质和经验。环境既包括生物环境,如营养、药物、身体意外等,也包括社会环境,如家庭、学校、同伴群体、媒体和文化等。这场历时几百年的争论大致可分为三个阶段。

第一阶段:绝对决定论阶段。在这一阶段,争论的双方把遗传与环境完全对立起来,一方强调遗传决定发展,完全否定环境的作用,称为遗传决定论,以优生学创始者高尔顿(F. Galton)为代表;另一方认为环境决定发展,完全否定遗传的作用,称为环境决定论,以行为主义创始人华生(J. Watson)为代表。

第二阶段:共同决定论阶段。极端的遗传决定论和极端的环境决定论在儿童发展的事实面前逐渐失去了影响力。于是,既承认环境影响,又承认遗传影响的共同决定论出现了,代表人物是"辐合论"的倡导者斯腾(W. Stern)。辐合论认为,人类心理的发展既非仅由遗传的天生素质决定,也非只是环境影响的结果,而是两者相辅相成所造就的,这是一种折中主义的发展观。格赛尔(A. Gesell)也是共同决定论的代表人物。他提出成熟势力论,认为儿童的发展有一定的生物内在进度表,与一定的年龄相对应;支配发展的因素有两个,成熟和学习。学习与生理上的"准备状态"有关,在未达到准备状态时,学习不会发生,一旦准备好了,学习就会生效,这就是成熟-学习原则。

第三阶段:相互作用论阶段。以皮亚杰(J. Piaget)、阿纳斯塔西(A. Anastasi)、沃纳(H. Werner)、瓦龙(H. Wallon)、苏联的维列鲁学派的心理学家等为代表的学者,在共同决定论的基础上,进一步分析遗传与环境两个因素的关系,提出了相互作用论。相互作用论打破了是遗传决定发展还是环境决定发展的长期的、简单化的机械争论的局面,它的基本观点包括:遗传与环境的作用相互制约、互相依存,一个因素作用的大小、性质依赖于另一因素;遗传与环境的作用互相渗透、互相转化,有时遗传可以影响或改变环境,而环境也可以影响或改变遗传;遗传与环境、成就与学习对发展的作用是动态的,对不同的心理或行为,在不同年龄阶段,遗传和环境的作用大小也不同。[1]

20世纪末,对人类发展的理论认识发生了重大变化,主要表现为以下三个方面:一,关于遗传-环境问题的两分法概念,以及关于遗传的理论表述(如社会生物学或行为遗传学)或环境的理论表述(如S-R模型或功能分析法)的还原论,主导地位悄然淡出。二,力图系统融合人类发展生态环境不同组织水平(从生物学和生理学到文化和历史)的发展系统模型、概念,逐渐处于支配地位。三,强调不同组织水平之间的关系(而非任何单一水平本身的主效应),构成了发展分析

---

[1] 邓赐平. 儿童发展心理学[M]. 4版. 上海:华东师范大学出版社,2023:9-10.

的基本分析单位。[①] 发展系统的理论框架在发展科学研究中占据支配地位,是范式或科学哲学转换的产物,也是这种转换的制造者。[②] 自此,系统论思想成为人类发展研究的主导思潮。

发展系统论具有以下九个界定性特征[③]:

第一,关系元理论。基于某种超越了笛卡尔二元论的后现代哲学观点,发展系统理论是以某种人类发展的关系元理论为理论框架的。因此,它拒绝所有将人类发展的生态系统成分(比如遗传和环境)、连续性与间断性、稳定性与不稳定性加以分离的做法,而是以系统综合或整合取代将发展系统进行两分或还原论式划分的做法。

第二,多水平组织的整合。基于关系论的思考及拒绝笛卡尔的两分法,认为人类发展生态环境内的所有组织水平是整合或融合为一体的,这些组织水平可分为生物和生理水平、文化和历史水平两个层级。

第三,个体发展中的发展调节涉及个体↔情境之间的相互影响关系。作为多水平组织整合的结果之一,发展调节是通过发展系统的所有水平(从基因和细胞生理学水平到个体心理和行为机能,再到社会、文化、设计或自然的生态环境,最后是历史水平)之间相互影响的联系而发生作用。这些相互影响的关系通常可表示为水平 1↔水平 2(例如家庭↔社区),在个体发展水平上可以表示为个体↔情境。

第四,个体↔情境关系是人类发展的基本分析单元。发展调节的特征意味着行动整合,即个体对情境的行动和多水平情境对个体的行动之间的整合(个体↔情境)构成了人类发展基本过程研究中的基本分析单元。

第五,人类发展的历时性和可塑性。由于在构成人类发展生态环境的组织水平分析中融入了历史水平,因此,发展系统表现出了系统变化倾向和可塑性等基本特征。由于这种可塑性的存在,观察到的个体的变化轨迹可能随时间和地点的不同而不同。

第六,相对可塑性。发展调节既可能促进也可能制约变化的机会。因此,个体↔情境关系的变化并非无限的,可塑性幅度可能因毕生发展的不同时期和历

[①] Lerner R M. 儿童心理学手册:第 1 卷 人类发展的理论模型[M]. 6 版. 林崇德,李其维,董奇,译. 上海:华东师范大学出版社,2015:4.

[②] Lerner R M. 儿童心理学手册:第 1 卷 人类发展的理论模型[M]. 6 版. 林崇德,李其维,董奇,译. 上海:华东师范大学出版社,2015:6.

[③] Lerner R M. 儿童心理学手册:第 1 卷 人类发展的理论模型[M]. 6 版. 林崇德,李其维,董奇,译. 上海:华东师范大学出版社,2015:2-3.

史而异。不过,个体和情境两个水平上的潜在可塑性构成了人类发展的一种基本势力。

第七,个体变化、个体变化的差异及多样性均有实质意义,不是意外更不是异常。在为发展过程提供基础支撑的发展系统中,不同组织水平变量之间的结合(如生物水平上精神疾病遗传概率变量与家庭水平上收入变量的结合),至少在一定程度上依不同个体或群体而不同,造成变化的差异性、多样性。这种多样性是系统性的,是由个体独特的、群体差异的,以及普遍性的现象自然造就的。这种在任何时候均可观察到的个体变化存在的差异,是发展系统可塑性的证据,它表明多样性研究在关于人类发展的描绘、解释和优化中具有奠基性的意义。

第八,乐观主义、发展科学的应用及促进人类的积极发展。人类发展的可塑性及其体现方式,证明以下做法的合理性,即应该乐观、主动地寻找可被合理部署以促进人类积极发展的个体特质及其生态环境特征。通过将发展科学的成果运用于旨在促进人类发展的实践计划,例如通过社会政策或基于社区的方案,就可能联合个体和情境的优势力量促进人类的积极发展。

第九,多学科性且需要敏感于变化的方法。这种对发展系统各个组织水平进行整合的做法,需要来自多个学科的学者进行合作分析。研究需要多学科的知识,以及思想上跨学科的认识。发展系统的时间根植性以及由此造就的可塑性,要求相应的研究设计、观察和测量方法及数据分析程序均应敏感于变化,并能够在多个分析水平上整合变化的轨迹。

发展系统观使我们认识到,如果我们希望拥有一门恰当而胜任的人类发展科学,我们必须综合研究个体与情境各组织水平之间的关系和时间根植性。如果我们希望通过我们的科学,服务于个体、家庭和社区,如果我们希望我们的学术努力有助于形成成功的政策和社会计划,我们必须不折不扣地接受这种根植于发展系统观的,关于多样性和积极个体的历时性、关系性的整合模型。[①]

(二) 生态系统理论的主要观点

尤里·布朗芬布伦纳(Urie Bronfenbrenner)在 1979 年提出的生态系统理论(ecological systems theory),是系统论思想主导的一个人类发展理论,是发展系统论的一个具体表现。该理论模型有四个界定性特征:过程、个人、情境和时间,它的特殊之处在于跨学科性和综合关注儿童期和青少年期的年龄阶段,以及

---

① Lerner R M. 儿童心理学手册:第 1 卷 人类发展的理论模型[M].6 版. 林崇德,李其维,董奇,译. 上海:华东师范大学出版社,2015:16-17.

它对运用与加强青年和家庭发展有关的方法和计划的明显的兴趣。[1] 该理论认为,在生命全程尤其是生命的早期阶段,人类的发展通过日渐复杂的相互作用过程而发生。这种活跃的、演进中的生物心理学的人类有机体与他人、物体和象征之间的相互作用发生在即时的外部环境中。要想有效,相互作用必须经过很长的时间、发生在相当有规律的基础之上。在即时环境中,如此持久的相互使用的形式,指的就是最近过程。最近过程持久方式的例子在下列活动中被发现:喂养或者安慰婴儿,与幼儿玩耍,儿童与儿童的活动,群体或者独自的游戏,阅读,学习新技能,体育活动,问题解决,照顾悲痛中的他人,制订计划,完成复杂任务,以及获取新知识与技能。[2]

对于影响儿童发展的环境的理解经历了一个发展的过程。早期的行为主义心理学家华生(J. Watson)和斯金纳(B. Skinner)把环境看作是推动人发展的任何一种或多种外界影响力,后来的社会学习论者如班杜拉(A. Bandura)提出,不仅环境影响人的发展,人也能影响环境,从而驳斥了早期行为主义极端机械化的观点,但他们对环境的描述还是有些模糊。生态系统理论首次对环境影响作了精细的分析。

布朗芬布伦纳首先提出,自然环境是一个人发展的主要影响源,然后,他继续把环境定义为"一套嵌套结构,一层套一层,像一组俄罗斯套娃"。发展中的个人处于中心,被几层环境系统包围,从直接环境(如家庭),到间接环境(如宽泛的文化)。这些系统,层与层、层与个体之间相互作用,最终影响人的发展(见图2-1)[3]。

布朗芬布伦纳生态环境模型的最里层是微观系统(microsystem),指个体活动和交往的直接环境。对大多数婴儿来说,微观系统仅限于家庭。随着儿童进入托儿所、幼儿园,以及与同伴群体和社区伙伴的交往,此系统变得越来越复杂。儿童不仅受微观系统中那些人的影响,而且他们的生物性和社会性特征——习惯、气质、生理特征和能力——也同样影响着人们的行为。例如,困难型婴儿可能会疏远父母,甚至会导致父母间出现矛盾,这足以破坏婚姻关系。微观系统中任何两个个体的交往都有可能受第三者的影响。因此,微观系统是一个动态的发展背景,生活于其中的每个人既影响着他人,同时也受他人的影响。

第二个环境层是中间系统(mesosystem),指的是微观系统中,如家庭、学校

---

[1] Lerner R M. 儿童心理学手册:第1卷 人类发展的理论模型[M]. 6版. 林崇德,李其维,董奇,译. 上海:华东师范大学出版社,2015:908.
[2] Lerner R M. 儿童心理学手册:第1卷 人类发展的理论模型[M]. 6版. 林崇德,李其维,董奇,译. 上海:华东师范大学出版社,2015:912-913.
[3] 谢弗. 社会性与人格发展[M]. 陈会昌,等译. 北京:人民邮电出版社,2012:93.

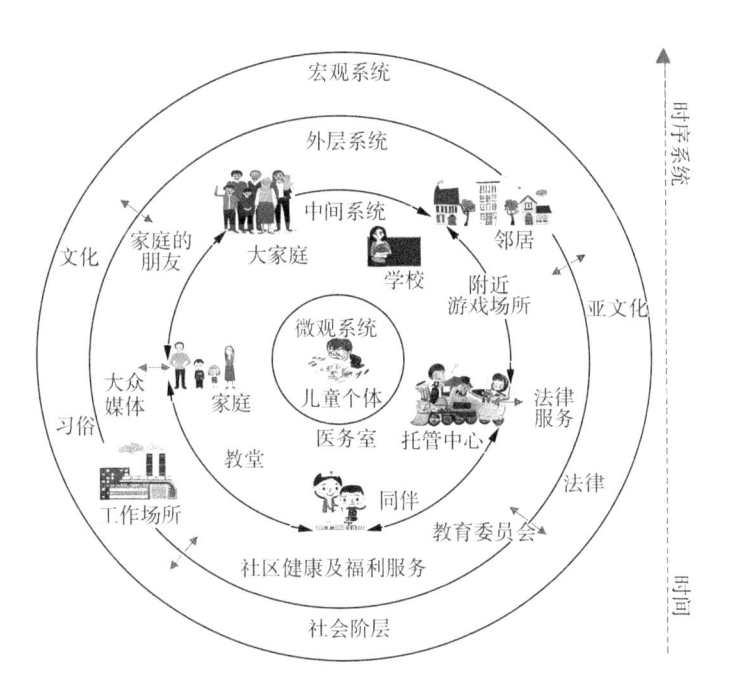

图 2-1　布朗芬布伦纳提出的由不同层次系统组成的生态环境模型

和同伴群体之间的联系或相互关系。布朗芬布伦纳认为，如果微观系统之间有较强的支持性关系，发展可能实现最优化。例如，儿童的学习能力不仅取决于教师的指导质量，也取决于父母对学习活动的重视程度，以及与教师协商合作的程度。相反，微观系统间的非支持性关系则会导致不良后果。例如，如果同伴群体不重视学习，他们暗中拖垮青少年的学业成绩，尽管父母做出最大努力，教师也鼓励学业成就，儿童却不会取得最优的学业成绩。

第三个环境层是外层系统（exosystem），指那些儿童并未直接参与，却对他们的发展产生影响的系统。例如，父母的工作环境就是一个外层系统影响因素，儿童在家庭中的情感关系可能会受到父母工作固定时间以及是否喜欢其工作的影响。同样，儿童的在校经历也会受到外层系统的影响，如学校的整体计划或者社区工厂的关闭导致学校收入的下降等因素都会影响到学生。

最外面的环境层是宏观系统（macrosystem），指微观系统、中间系统和外层系统嵌套于其中的文化、亚文化和社会阶层背景。宏观系统实际上是一个广阔的意识形态，它规定如何对待儿童、教给儿童什么以及儿童应该为之努力的目标。在不同的文化（或亚文化和社会阶层）中，这些观念是不同的，但是它们都在很大程度上影响着儿童在家庭、学校、社区以及其他直接或间接影响儿童的机构中获得的经验。例如,在反对体罚儿童,提倡以非暴力方式解决人际冲突的文化(宏观系统)中的家庭里,虐待儿童(一种微观系统中的经历)的比率很低。

布朗芬布伦纳的模型还包括了时间维度,称作时序系统(chronosystem),指个体或环境随时间发生的变化。生态环境任何变化都影响着个体发展的方向。例如,青春期的认知和生理变化似乎增加了父母与青少年的冲突。环境变化带来的影响也取决于儿童的年龄。例如,即使离婚对所有年龄的儿童都会有很大打击,但是和幼儿相比,青少年体验到的因自己导致父母关系破裂的负罪感要小一些。[1]

布朗芬布伦纳对环境影响的深入分析向我们展示了儿童可以通过多种方式获得发展。假设一位职业母亲很难与其气质困难型的孩子建立一种愉快的关系。从微观系统水平来看,成功的干预可能是父亲成为一个更敏感的合作者,多承担一些照顾孩子的琐碎事务,鼓励母亲对孩子更敏感、更有耐心。从外层系统来看,如果社区在成人教育课中安排父母如何抚养孩子的课程,或者,如果社区中遇到麻烦的父母可以表达他们的想法,得到别人的情感支持,从别人那里学会如何引发孩子的愉快反应等,这些都有助于母亲和父亲改善同孩子之间的关系。在宏观系统水平上,父母在产假期间能否得到薪酬等类似的社会政策可能是一个重要的干预因素,不仅能使职业父母花更多时间解决抚养孩子的问题,而且也传达了这样一种态度,即整个社会认为,家庭问题的解决和孩子的健康幸福同样重要[2]。

(三) 生态系统理论的应用案例

梁启超在《少年中国说》中明确提出,国家发展的责任和希望全在少年,少年强则国强。心理健康是强的基石,青少年心理健康是健康中国的基础。因此,青少年的心理健康问题应始终得到家长、教师、研究者、教育政策制定者等各相关人士和组织部门的重视。相关理论研究和实证研究均发现诸多影响青少年心理健康的因素,在现实生活中,这些因素是同时或暴露或潜伏在青少年身边的,它们中有的起保护性作用,有的起危害性作用,也有些因素的作用具有不确定性。如何在这些因素的综合影响下保护和促进青少年的心理健康是个亟待解决的重大实践问题。

---

[1] Shaffer D R, Kipp K. 发展心理学:儿童与青少年[M]. 9版. 邹泓,等译. 北京:中国轻工业出版社,2016:536-538.

[2] 谢弗. 社会性与人格发展[M]. 陈会昌,等译. 北京:人民邮电出版社,2012:95.

俞国良等研究者认为,人不能脱离环境独立存在,个体的心理过程必须在一定的生活场景中展开,社会环境无时无刻不塑造着个体的心理与行为。因此,社会时代背景是影响青少年心理健康的不可或缺的因素,梳理社会转型对青少年心理健康的影响与影响机制,是开展青少年心理健康教育的前提条件。然而,他们对相关研究梳理后发现,以往研究缺乏对社会转型时代背景与青少年心理健康关系的考察,缺少对社会转型影响青少年心理健康的中介变量的理论总结以及对相关影响机制的深入探索,这些缺失阻碍了青少年心理健康教育的研究进展,也造成一些研究结果的不一致。他们认为,生态系统理论为分析社会转型对青少年心理健康的影响提供了很好的理论框架:社会转型对青少年心理健康的影响,依赖于生态系统的传导;社会转型与青少年心理健康关系的中介变量隶属于不同的生态系统,它们单独或共同影响着青少年的心理健康,系统间的互动可能是造成现有研究结果不一致的主要原因。于是在此基础上,他们依据生态系统理论提出了一个分析社会转型与青少年心理健康的理论框架:社会转型影响青少年心理健康的社会生态系统模型[①](见图2-2)。

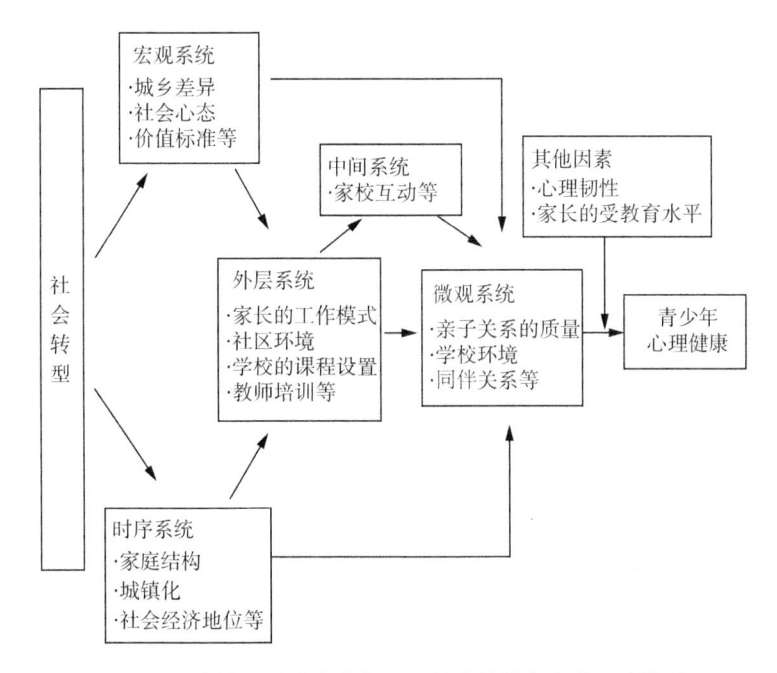

图2-2 社会转型影响青少年心理健康的社会生态系统模型图

---

① 俞国良,李建良,王勍.生态系统理论与青少年心理健康教育[J].教育研究,2018,39(3):110-117.

首先,基于对以往研究的分析,依据生态系统理论各系统的定义,他们将社会转型影响青少年心理健康的代表性中介变量归纳在相应的系统中。例如,将亲子关系质量、学校环境、同伴关系等中介变量纳入微观系统中;将家校互动质量中介变量纳入中间系统中;将家长的工作模式、社区环境、学校的课程设置与教师培训等中介变量纳入外层系统中;将城乡差异、社会心态、价值标准等中介变量纳入宏观系统;将家庭结构、城镇化、社会经济地位等中介变量纳入时序系统中。

然后,他们提出社会转型影响青少年心理健康的机制:社会转型对青少年心理健康的影响依赖于不同子系统中中介变量的互动与传导。社会转型首先影响宏观系统、时序系统中的相关因素,进而对外层系统、中间系统、微观系统产生一系列的影响,最终影响青少年的心理健康水平。某一子系统中某些要素的改变,可能抵消其他子系统中某些要素对青少年心理健康的消极影响,青少年心理健康教育要注意各子系统的组成要素,要注重优化合力影响机制。

(四) 生态系统理论对幼儿园家庭教育指导的启示

生态系统理论的主要观点可概括为,每个人都生活在特定的微观系统中,这些微观系统和中间系统相联系,并与更大的外层系统和宏观系统紧密联系,人和环境系统都处在变化中。处于不同年龄阶段的同一个人,对环境的需求、影响环境的特质和力量都不一样。环境系统自身的变化,如家庭结构与关系的变化、邻里关系与家园关系的变化、职业环境的改善、教育政策的调整、社会家庭观念与儿童观念的变迁等,都会改变对个人的影响。只有观察发展中的人与不断变化的环境间的相互作用,才能理解人怎么影响环境并被环境所影响。从生态系统理论对人与环境关系的分析中,我们可以得到如下四点对幼儿园家庭教育指导工作的启示和建议。

第一,儿童生活在层层嵌套的环境系统中,促进儿童的全面健康发展是国家和全社会的责任。无论儿童具体生活在哪里,他的生活和成长都受到来自国家、社会、学校、家庭等各方面的影响,促进儿童的全面健康成长是国家和社会成员的共同责任,幼儿园需要和政府、社会力量联合起来为儿童服务,为儿童家庭提供教育指导服务。

第二,家庭是影响幼儿发展的最重要的微观系统,家庭的幸福程度直接决定幼儿的幸福程度,幼儿园要重视对幼儿家庭教育的指导工作,帮助幼儿创设一个幸福的生活和发展的直接环境。同时,家庭也是环境生态系统的一个要素,受环境生态系统和其他系统要素的影响。因此,幼儿园要以系统的视角看待幼儿家庭,了解影响幼儿家庭的文化、亚文化和意识形态,关注幼儿家庭的社会经济地位、社会关系以及与家庭相关的政策法规,帮助家庭开发利用环境生态系统中的资源,指导家庭提高应对环境生态系统压力的能力。

第三,每个儿童的环境生态系统都是独特的,里层系统较外层系统有更多的独特性,因此居住在同一社区的儿童的环境生态系统又具有共性。幼儿园的家庭教育指导既要看到幼儿家庭独特的需要、资源和问题,又要看到幼儿家庭相似的需要、资源和问题,把个别指导和集体指导结合起来,精准又高效地指导、促进每个幼儿家庭的家庭教育。

第四,儿童和其生态环境系统都处在变化中,幼儿园的家庭教育指导既要关注幼儿家庭"此时此地"的现实情况,又要以发展的眼光看待幼儿家庭。一方面,幼儿园对幼儿家庭的教育指导是发展性的而非补救性的,主要目的不是代替家庭教育幼儿、不是帮助家庭解决家庭教育的问题,而是增能家庭、提高家长的家庭教育能力;另一方面,幼儿园要相信每一个幼儿家庭都有发展的动力、能力和资源,家庭当下面临的问题和困难也许很严峻,但终究是暂时性的,在适宜的指导和支持下,家庭能够改变现状向前发展。

二、家庭系统理论

(一) 从个体治疗到家庭治疗

在很长一段时间里,心理治疗一直将个体视为工作对象,采用个体治疗方式。经过专门训练的治疗师以慎重细致的态度与被治疗者建立起一种职业上的私密性关系,通过影响被治疗者的认知、情绪和行为,调动其积极性、调整其异常行为模式,以促进被治疗者的人格积极地成长和发展。此时,咨询室既是一个疗伤的地方,也是一个庇护所[1]。但是,治疗师们越来越意识到这种个体治疗所具有的局限性。例如,精神分析治疗师开始注意到,当病人开始好转的时候,家庭中其他人就会变糟,就好像这个家庭需要一个有症状的人。就像玩捉迷藏的游戏,谁生病并不重要,只要有人扮演这个角色就可以。虽然病人的改善对家庭的影响也并不总是负面的。然而,无论对病人或对家庭的影响是良性的还是恶性的,都不是问题的关键,关键在于,改变了一个人,就改变了一个系统[2]。

---

[1] 王娜娜,汪新建.Bowen 家庭治疗模式评析[J].医学与哲学,2005(8):61-63.
[2] Nichols M P, Schwartz R C. 家庭治疗:理论与方法[M].王曦影,胡赤怡,译.上海:华东理工大学出版社,2005:16-18.

因此，一些治疗师开始了对个人与家庭关系方面的探索，为后来家庭治疗的出现奠定了基础。在这个过程中，美国儿童指导运动团队做出了显著的贡献。精神分析学派创始人西格蒙德·弗洛伊德(Sigmund Freud)认为，心理障碍是未解决的童年期问题的后果。阿尔弗雷德·阿德勒(Alfred Adler)是弗洛伊德最早的追随者之一，他推动了这一观点的应用，认为治疗成长中的儿童可能是预防神经症的最有效方法。于是阿德勒在维也纳成立了一家儿童指导诊所，给孩子、家庭和老师提供心理辅导。1909年，精神科医生威廉·希利(William Healy)在芝加哥成立了青少年精神病中心，这是美国众多儿童指导诊所的先驱。到了1920年，儿童指导运动大规模推广，在联邦基金的资助下，阿德勒的学生鲁道夫·德雷克斯(Rudolf Dreikurs)成为最有效的推动者。1924年，美国精神卫生联合会组织共同预防儿童的情绪障碍。治疗大多由关注孩子的家庭环境的精神科医生、心理治疗师和社会工作者团队来进行。随着指导工作经验的积累，儿童指导工作者得出结论，真正的问题并不是那些明显的儿童的症状，家庭的张力才是症状的来源。儿童指导运动的重点从视父母为有害的动因转变为视疾病扎根在病人、父母和其他重要人物的关系之中。这一转变有着深远的影响。心理治疗不再集中在个人身上，父母不再是坏人，病人也不再是受害者，而是他们之间的互动出了问题。1938年，内森·阿克曼(Nathan Ackerman)提出将家庭视为整体去治疗其成员病症的价值。随后，他建议将研究家庭作为一种理解孩子的方法，而不是相反的通过研究孩子来理解家庭。一旦了解到需要理解家庭来诊断问题，阿克曼立即采取了下一步——家庭治疗[1]。

社会工作的发展也推动了家庭治疗的出现。自从专业社会工作者诞生，他们就开始关注家庭，无论是将其作为一个重要的社会单位，还是将其作为干预的重点。社会工作的核心范式——治疗环境中的个人——在系统理论引进之前就已经采取家庭治疗的生态方法[2]。社会工作的家庭工作模式，给家庭治疗的实现提供了借鉴[3]。家庭治疗诞生于1950年，成长于1960年，成熟于1970年。虽然发展至今，家庭治疗的派系众多，但它们都遵循最基本的假设：家庭是人类问题的情境，和所有的人类团体一样，家庭有自然的特征——整体大于部分的总

---

[1] Nichols M P, Schwartz R C. 家庭治疗：理论与方法[M]. 王曦影，胡赤怡，译. 上海：华东理工大学出版社，2005：23-25.
[2] Nichols M P, Schwartz R C. 家庭治疗：理论与方法[M]. 王曦影，胡赤怡，译. 上海：华东理工大学出版社，2005：25.
[3] 周月清. 家庭社会工作：理论与方法[M]. 台北：五南图书出版公司，2001：53-88.

和①。个体只有在互动和系统(家庭)中才能被说明、被理解,个体的困扰实际上是关系的困扰,是个体所在的系统出现了问题,因此,实施心理干预的对象应当是关系和系统,而不是个体本身②。

(二) 家庭系统

家庭是人类社会最古老、最基本、最普遍的生活组织形式。一般的参考文献总是把家庭当作一切制度中最基本的制度,包括婚姻制度在内的家庭制度是十分密切的链条和社会的基石。社会学中的家庭组织就好像物理学家所说的太阳系和生物学家所说的生物系那样。所有的组织,无论它是有生命的或是无生命的,都有特殊的结构和典型的功能。所有大系统都有子系统,子系统是大系统的组成部分。把家庭说成是一种社会组织,这是强调它的社会组织形式和社会功能方面。家庭是一个相互关系状态中的组织形式。它具有各种十分确定的基本功能。它是大社会系统中的子系统,和社会中的其他子系统相互联系又相互依赖。它履行一定的社会义务,具有很高的典型性、周期性和组织性。在家庭系统中有许多子系统(婚姻系统、配偶选择系统、性系统、孩子培养系统),也有同样的典型性、周期性和组织性,以便去完成各种社会任务。尽管人是家庭组织中的一部分,但是他们的各种状况、角色、规范、序列、社会控制含义和价值(抽象观念)都被社会组织所决定③。

家庭作为一个社会系统,是一个整体结构,它由相互关联的部分组成,其中每一部分都会影响其他部分,也会受到其他部分的影响,而且每一部分都有助于总体功能的发挥,同样每一部分都会受到总体功能发挥水平的影响。例如,由一对夫妻和一个未婚子女组成的最简单的核心家庭,是由夫妻关系、母子关系和父子关系组成的家庭系统,任何两个家庭成员之间的互动都会受到第三个家庭成员的态度和行为的影响。以父亲对母子关系的影响为例,与那些体验到婚姻关系紧张且觉得自己是在独自养育孩子的母亲相比,婚姻幸福且与丈夫有亲密的支持性关系的母亲通常能够更为耐心、更为敏感地照顾孩子,即母子关系更亲密。母亲婚姻幸福的婴儿也更有可能形成安全依恋。同时,母亲会影响父子关系:当与妻子的关系和谐时,父亲会更多参与对孩子的养育且会支持孩子。总

---

① Nichols M P, Schwartz R C. 家庭治疗:理论与方法[M]. 王曦影,胡赤怡,译. 上海:华东理工大学出版社,2005:64.

② 汪新建. 关系的探究与调整:西方家庭治疗的新视角[J]. 南京师大学报(社会科学版),2004(1):88-92.

③ 埃什尔曼. 家庭导论[M]. 潘允康,张文宏,马志军,等译. 北京:中国社会科学出版社,1991:73-75.

之,当夫妻双方能够合作养育,也就是相互支持对方的教养活动,以合作而非敌对的方式发挥作用时,儿童能够获得最好的发展。当然,儿童也会对父母产生影响。一个发脾气且较少服从要求的高冲动性婴儿会促使母亲采取惩罚性、强制性措施。反过来,母亲的这种教养方式会促使儿童比以往更加具有挑衅性。在教养孩子的过程中经受挫折、易被激怒的母亲可能会抱怨丈夫没有积极参与,然后就会陷入关于父母责任和义务的不愉快争论之中。

家庭不仅是一个复杂的社会系统,也是一个动态的或变化的系统。每个家庭成员都是一个发展中的个体,同时夫妻关系、亲子关系及兄弟姐妹之间的关系都会以一定的方式发生变化,从而影响每一个家庭成员的发展。许多这样的变化是常规发展的变化,比如为鼓励个体自主性和主动性的发展,父母允许孩子自己做更多的事情。然而,有许多非既定的或不可预见的变化,如夫妻关系的恶化,会极大地影响家庭的交互作用和孩子的发展。同时,所有的家庭都嵌套于较大的文化、亚文化社会背景中,这些社会背景影响家庭的交互作用以及家庭中儿童的发展,这些社会背景是不断变化和发展的[①],它们的变化会推动家庭系统的变化。

(三) 家庭系统理论的主要观点

家庭系统理论是一种关于人类情绪活动与交往行为的理论,它是由美国著名的心理治疗专家默里·鲍温(Murray Bowen)提出并由他和助手米切尔·科尔(Michael Kerr)以及众多学生一起完善的。Bowen 从 20 世纪 40 年代末 50 年代初开始研究家庭内的交往和情绪活动,通过对精神分裂症患者家庭活动的观察,鲍温认为,可以将家庭准确地看成一个情绪单位,家庭成员的活动是相互作用的。这种相互作用的模式如下:家庭中的某一成员对他认为有问题或有潜在问题的另一个成员感到焦虑,当这位"焦虑者"关注他认为的"问题者"的外表和行为时,"问题者"将夸大"焦虑者"所担忧的那种行为、态度和外表。这便增加了"焦虑者"的焦虑,他反而更加关注、挑剔"问题者"的行为,焦虑和问题行为逐渐循环加剧,结果"焦虑者"越发挑剔,"问题者"的问题行为也越来越严重。在这一过程中,双方都成了自己情绪的俘虏,都不能冷静地调适自己的行为以结束这种紧张的关系。后来,鲍温发现,从精神病分裂症患者的家庭中所观察到的关系过程,存在于所有家庭之中,不过前者更严重而已,二者只是量的不同,没有质的差异。

自 20 世纪 50 年代以来,鲍温不断地坚持建构家庭系统理论。1963 年他总

---

① Shaffer D R, Kipp K. 发展心理学:儿童与青少年[M]. 9 版. 邹泓,等译. 北京:中国轻工业出版社,2016:539-541.

结了自己过去十年的研究成果,首次用"家庭系统理论"一词来阐述他的理论概念。20世纪70年代他先后出版多部专著阐述他的理论在心理治疗中的应用。20世纪70年代后期,科尔发展了鲍温提出的个性化和团结、自我分化、慢性焦虑、情感三角、核心家庭的情绪系统以及症状发展等理论概念,进一步丰富、完善了家庭系统理论。1988年,两人合著的《家庭评估》(*Family Evaluation*)出版,该书全面总结、介绍了两人多年来的探索,详尽地阐述了家庭系统理论及其在心理治疗中的实际应用。目前,家庭系统理论的研究仍在继续[①]。

1. 自我分化

鲍温认为,我们情感生活的自主性要小于我们的想象,大多数人比我们想象的更加依赖、更加关注关系之间的互动。人类关系受到两种相反作用力的影响:个性化(individuality)和团结(togetherness)。我们每个人既需要独立,也需要别人的关心和陪伴。鲍温认为,试图平衡两种力量的努力是所有人类问题的核心[②]。人们能否成功协调这两种力量,取决于他们是否知道怎么控制自己的情绪,即他们的自我分化(differentiation of self)程度。

自我分化是鲍温理论的核心,它既是心灵的也是人际的概念。分化具有思考和反思的能力,而不是对内在和外在的情感压力自发地做出反应,即使面对焦虑,也能很灵活和行动自如。鲍温的学生菲利普·盖林(Philip Guerin)将分化定义为将个人从家庭的情绪混乱中部分解放出来的过程。分析自己的角色,积极参与关系系统,而不是将所有问题都怪罪到其他人身上或从不反省自己,才能真正从关系中解放出来。分化的自我可以平衡想法和感受,既有强烈的情感和自发性,也有抵制外来情绪推动力的自我控制,面对事件有自己明确的立场,决定自己相信什么并按照信念去做。与此相反,不自我分化的人们非常容易变得情绪化、失去自我控制。他们的生活完全受周围人对其反应所驱使,对其他人不是顺从,就是逆反。他们没有独立的自我,相反容易将自己的感受与其他人融合(fusion)。他们发现很难保持自己的自主性,尤其是面对令人焦虑的事件时。如果问他们是怎么想的,他们会说自己的感受;问他们相信什么,他们可能会说那些他们听到的。他们不是同意你所说的一切,就是每件事情都要和你争论[③]。

---

① 张志学.家庭系统理论的发展与现状[J].心理学探新,1990(1):31-34+20.
② 袁芮.家庭治疗在本土情境中的运用——以鲍温家庭系统理论为例[J].社会工作与管理,2018,18(2):36-43.
③ Nichols M P, Schwartz R C.家庭治疗:理论与方法[M].王曦影,胡赤怡,译.上海:华东理工大学出版社,2005:148.

个体的自我分化过程就是在家庭中的成长过程,本质就是建构自我与他人关系的过程。家庭是一个跨代关系网络,不管我们去到哪里,家庭总是不离不弃,对父母没有完结的情绪反应永远是一生最重要的未完成之事[①]。个体自我分化的程度取决于两个因素,一是父母与其长辈在情绪上的分离程度,二是个体与其父母和兄弟姐妹及其他亲戚之间的关系。在一个分化良好的家庭中,即父母的情绪独立性较好,孩子的自我分化程度就较高,他们可以独立地思考和行动,具有自己的信念和价值观,而深受父母溺爱的孩子会卷入家庭的情绪关系之中,自我分化程度较低,这种孩子的独立性很差,自我意识不能得到很好的发展[②]。

2. 情感三角

生活中最为困难的关系绝大多数涉及一个或多个第三方,实际上,所有非常重要的关系都笼罩着第三方的阴影:亲戚、朋友甚至是记忆。当两个人遇到自己不能解决的问题时,渐渐明白有些事情是不能谈、不能碰的。一谈一碰准保会发脾气、伤感情。可是,他们要怎样才能解决这个难题呢?通常最后,一方或者双方都会寻求其他人的同情,于是,两人的关系中开始卷入一个或多个第三方,开始了关系三角化的过程。第三方卷入了冲突,要不试图解决问题,要不偏袒某一方。如果第三方只是暂时卷入或迫使双方迅速解决问题,那么三角化不会固定,但是,如果第三方长期卷入,原来直线型的关系结构就会变成三角形。

第三方的卷入,将一条直线变成一个三角形,自然降低了原来两人间的焦虑,但如果三角形稳固了,不但会恶化原来的关系,还会造成更多的新问题。例如,妻子因为丈夫的疏远而难过,可能转而将关注力都倾注在孩子身上,于是,三角形成了。妻子将本该投注到婚姻中的能量都转移到孩子那里,但这种能量倾注不同于爱心的关注,它是焦虑的、缠结的关注。既然妻子花很多时间和孩子在一起,丈夫自然不需要去做那些他不想做的事情,因此丈夫也接受妻子将过多能量倾注给孩子,这又加强了母子之间的纠缠和夫妻之间的疏远。久而久之,丈夫和妻子就很少有机会去学习发展他们可以分享的兴趣,也会降低孩子的独立性。许多家庭问题是三角的,从二元角度看问题的效果有限[③]。教育妈妈如何约束

---

① Nichols M P, Schwartz R C. 家庭治疗:理论与方法[M]. 王曦影,胡赤怡,译. 上海:华东理工大学出版社,2005:148-150.

② 张志学. 家庭系统理论的发展与现状[J]. 心理学探新,1990(1):31-34+20.

③ Nichols M P, Schwartz R C. 家庭治疗:理论与方法[M]. 王曦影,胡赤怡,译. 上海:华东理工大学出版社,2005:149-150.

孩子并不能解决根本问题,因为丈夫的情感疏远,她投入过多的精力在孩子上面,孩子成为她缓解焦虑的第三方,她依赖与孩子的紧密互动和关系。

3. 焦虑

三角化行为的主要影响就是焦虑(anxiety)[①]。一旦焦虑上升,人们就更需要情感的紧密,希望别人给予心理上的安慰,如果他人做不到这一点,焦虑者便十分恼火,不能控制自己的情绪。同时,一个人越是焦虑,他越不能容忍别人同自己的差异,越希望别人干什么都听他的,这常常使双方关系更加紧张。

焦虑分为急性焦虑和慢性焦虑。急性焦虑一般指对于真实威胁的反应,是由于害怕什么而引起的。慢性焦虑指人对于想象中的威胁的一种反应,是人由于害怕可能是什么而产生的。急性焦虑持续时间较短,多数人能够适应,但慢性焦虑却没完没了,许多人尽力摆脱,但仍受其折磨。研究表明,两种焦虑都受先天遗传和后天学习的影响,但慢性焦虑主要是人后天习得的。慢性焦虑产生的主要原因在于人所处的关系系统受到干扰。生活中某一件事(如退休或孩子离家出走)的发生使家庭气氛紧张起来,家庭关系的平衡受到威胁,家庭成员就可能产生慢性焦虑。这种焦虑并不是由引发家庭关系紧张的某件具体事情引起的,而是人们对于紧张的关系所产生的反应。它反过来又严重地影响家庭生活。例如,一对夫妇本来很和睦,但妻子怀孕使这种平衡的关系受到干扰,妻子也许想到孩子将给她带来更多的负担而产生焦虑。于是她便希望丈夫在情绪上给予她更多的支持和关心。但丈夫对妻子这种过度依恋的行为非常反感,他不断地挑剔、埋怨妻子,这更增加了妻子的焦虑,她更渴望得到丈夫的爱,这种状态直到孩子出生后才可能消失。

许多因素都可能导致整个家庭的焦虑不断上升,在一个人身上产生的焦虑终究可以感染整个家庭。例如母亲因为家庭中发生的某事而痛苦起来,她的女儿平常与她的情绪联系非常紧密,即两人的分化水平很低,女儿看到母亲的痛苦自己也痛苦起来,她认为母亲使她难受,因此以一种折磨母亲的方式去制造矛盾,这使母亲更加焦虑。她不再为先前家里所发生的事情而焦虑,而是为女儿的痛苦而焦虑。丈夫感到自己有责任减少女儿和妻子的痛苦,但他没有冷静地分析妻子究竟为什么产生焦虑,更多是感情用事(如感到气愤、与妻子争吵等),这使得他自己也焦虑起来。不久,即使分化较好的另一个孩子也卷入进来,不能很

---

① Nichols M P, Schwartz R C. 家庭治疗:理论与方法[M]. 王曦影,胡赤怡,译. 上海:华东理工大学出版社,2005:149.

好地控制自己。他可能指责父母过分宠爱姐姐、或指责姐姐造成了父母的痛苦,他的做法使问题更加恶化[1]。家庭中最脆弱的个人最容易吸收系统的焦虑并体现为症状。例如,一个有行为障碍的孩子通常最为家庭的三角关系所困,长期情绪受困于父母之间的冲突且最受父母一方压力的影响[2]。

4. 正常的家庭发展

最理想的家庭发展应该具有这样几个特征:成员有很好的自我分化、焦虑度比较低、夫妻都还和原生家庭保持很好的情感交流。大多数人离家时,既进入了由青少年到成年的改变期,也进入了与父母关系的转变期。鲍温的学生贝蒂·卡特(Betty Carter)和莫妮卡·麦戈德里克(Monica McGoldrick)用家庭生命周期(family life cycle)来形容关系系统的扩张、收缩以及重新调整的过程以支持家庭成员的加入、离开和成长。

离家阶段年轻人的主要任务是离开家庭,不是剪断与家庭之间的关系,也不是逃离到另一代替品。在谈恋爱、结婚,建立自己的小家庭之前,这是建立独立自我的最好时机。在通过结婚建立新家庭的阶段,主要任务是新夫妻间的相互承诺,这不仅仅是两个人的结合,也是两个系统的转变。如果前一阶段的问题没有解决,两个年轻人不能与原生家庭分离,就会给夫妻带来很多的压力。

有婴儿的家庭必须做出调整,给新生儿留出空间,夫妻合作照顾新生儿,不让父母的角色淹没夫妻角色,重新定位与延伸家庭的关系。年轻的父母要满足孩子的养育和控制需要,要合作成一个团队。这是一个压力极大的阶段,特别对新手母亲而言,这个生命阶段拥有最高的离婚率。

如果父母安全度过上个阶段,孩子会成长为青少年。青春期是孩子不愿意成为父亲或母亲的阶段,他们要成为自己。他们努力挣扎要成为独立的自我并且打破家庭界限,即使代价很大也在所不惜。那些还将青少年看成小孩子、竭力控制他们的父母,会使得这一阶段的孩子的逆反心理日益高涨。

在孩子离家闯天下的阶段,父母必须让孩子离开自己并学会掌握自己的生活。对父母而言,这既可能是很有成就感的阶段,也可能是中年危机的阶段。父母不仅要处理孩子们的变化和自己的生活,也要改变与其日益年长的父母的关系,他们会需要越来越多的照顾,行动做事也不会再那么像父母了,反而越来越

---

[1] 张志学. 家庭系统理论的发展与现状[J]. 心理学探新,1990(1):31-34+20.
[2] Nichols M P, Schwartz R C. 家庭治疗:理论与方法[M]. 王曦影,胡赤怡,译. 上海:华东理工大学出版社,2005:156.

像需要照顾的孩子。

晚年的家庭必须适应退休,这不仅意味着每天都是假期,且夫妻之间突然变得朝夕相处。晚年的生活必须面对健康状况变差、生病、死亡以及一切趋于均衡。家庭生命周期的转变不包括一些偏差,如离婚。有孩子的离婚夫妇的主要任务是婚姻结束但依旧要合作当好父母[1]。

(四)家庭系统理论的应用案例[2]

J 女士和 W 先生是夫妻,他们有一个 15 岁的儿子 M。因为 J 女士在儿子 M 放衣服的抽屉底层发现了一个放着大麻的塑料袋,他们来寻求家庭治疗师的帮助。治疗师为获得更多的信息,提出要一起会见他们一家三口,他们没有反对。通过与 J 女士一家三口的面谈,治疗师得知 J 女士和儿子常年争吵,因为发现大麻争吵只是一个近期事件。在美国许多 15 岁的孩子偷吸大麻,但没有人将证据放在像衣服抽屉底层这样母亲能轻易找到的地方。

在会见 J 女士一家后,治疗师分别会见 M 和他的父母,然后得出结论:M 并没有严重的吸毒问题,更大的问题是他与母亲之间的冲突以及在学校和交友过程中的不适应。治疗师对 J 女士一家说,她关注的不仅是大麻问题,也关注家庭中其他不快乐的因素,所以她需要分别单独见几次 M 和他的父母。虽然没什么热情和期盼,但 J 女士一家三口都同意了接下来的会面。

治疗师通过会谈了解到 J 女士和 W 先生的成长背景。J 女士来自一个紧密的大家庭,她有四个姐姐,并且彼此之间非常依赖,而且一直是最好的朋友。高中毕业之后,J 女士宣布要去上大学。这和她们的家庭规范背道而驰,因为在她们家,女孩应该留在家中直到嫁人,然后为人妻为人母。于是,J 女士与父母之间发生了激烈的冲突,他们努力要将她拴在家中,她则努力为自由抗争。最后,她去上大学了,但是自此就和父母疏远了。

W 先生在单亲家庭长大。自父亲去世后,W 先生和姐姐就由母亲一人养大,他们是母亲的一切,母亲也倾注所有精力去塑造他们姐弟的生活。母亲要求很多也很挑剔,对他们姐弟想做家庭之外的任何事情都表示厌恶。在青春期后期,年轻的 W 先生再也不能容忍他的母亲,下定决心要保持独立,最后,在二十四五岁时,他义无反顾地离开了家。他的姐姐却始终没有逃脱获得自由,一直和

---

① Nichols M P,Schwartz R C.家庭治疗:理论与方法[M].王曦影,胡赤怡,译.上海:华东理工大学出版社,2005:154-155.

② Nichols M P,Schwartz R C.家庭治疗:理论与方法[M].王曦影,胡赤怡,译.上海:华东理工大学出版社,2005:156-158.

母亲住在一起,单身至今。

当J女士和W先生相遇,他们立刻被对方所吸引,他们俩都很孤独,都与家庭断绝了联系。在短暂的热恋后,他们迅速结婚了。然而,幸福没有维持很久。没有和独裁的母亲做好自我分化的W先生对于批评和控制极端敏感,即使J女士有一点点意图想改变他的习惯,他都会变得狂怒不止。然而,J女士非常希望在自己的新家庭中重建原生家庭的亲密。新家庭如果想变得紧密,夫妻应该分享兴趣并一起参加活动。但是,当J女士提议一起做一些事情时,W先生就觉得厌恶而且愤怒,进而认为J女士是在侵犯他的独立。在几个月的冲突之后,家庭进入了相对平静期。W先生将所有的精力都放在工作上,让J女士自己去调整他们之间的距离。

一年后,儿子M出生了。夫妻俩都很高兴有了孩子。但是对W先生来说,尤其高兴的是孩子变成了J女士无止境寻求亲密关系的一条出路,因为孩子成了J女士的一切。当M是一个婴儿的时候,她是个完美的母亲,温柔地爱护他,照顾他的一切需要。当W先生想插手照顾儿子的时候,J女士总是在旁边监督着,确保他不会做错什么。这打消了W先生的积极性,经过几次不愉快之后,他渐渐让J女士一人负责照顾儿子。

在学习走路和说话的时期,M和其他孩子一样调皮捣蛋。他乱抓东西,不愿意待在自己的游戏栏里,一不顺心就又哭又闹。J女士根本听不得他哭,更做不到对自己的宝贝制定规则。M在母亲的溺爱下长大,认为自己是宇宙的中心。只要他得不到自己想要的,就会发脾气。他的要求得到满足了,家庭也就会恢复平静。W先生被妻子和儿子排除在外,有的只是工作。M开始上学后,问题出现了。由于一向为所欲为,他发现自己很难和其他孩子相处,也很难遵守规则。乱发脾气当然不会赢得老师和同学的喜爱,孩子们都离他远远的,所以他从小就没什么朋友。与老师相处时,他则搬出父亲W先生"谁也别想控制我"那一套,因此,与老师的相处也不融洽。当J女士听到别人对M的批评时,她总是袒护儿子,认为"那些人不知道应该怎样与有创意的孩子相处"。

M和J女士的关系一直很亲密,直到M到了青春期,危机开始发生了。M开始努力尝试发展家庭之外的独立兴趣,然而,这些都遭到来自J女士的阻力,结果就造成了M和J女士之间的长期冲突。但即使又吵又闹,他们还是彼此的中心。M在与母亲作斗争上花费的心力超过了生命中的其他任何事情。

M的故事说明了鲍温的理论。当代际的焦虑以及有害的家庭议题等"垂直问题"与家庭生命周期转换的"平行压力"一交汇,问题就容易大爆发。对M来说,从母亲J女士那里继承来的未解决的情感融合遇到青春期强烈的要求独立的愿望,冲突便被点燃了。

在孩子时代,我们是父母的孩子,依靠他们照顾我们,没有批判能力地接受他们大多数态度和信仰,也按照他们要求的方式去做事。这通常意味着表现好就会被奖励,或者达不到父母的要求就很沮丧。这些孩子气的行为在成人社会却行不通。然而,大多数人在离家之前并没有和父母建立成人与成人之间的关系。我们和他们只有到要离开的时候才刚刚开始要求改变。一个温顺的、有耐心的孩子在青春期的时候可能会变得自负苛刻,父母会因此失望和愤怒,冲突会爆发。暴风雨过后,很多人受到伤害并开始退缩,这就是情感阻断。和父母建立一种成人之间的关系要花费很多时间和心力,所以很多人认为对付父母的唯一办法是离得远远的,不幸的是,这只是造成独立的假象。

根据鲍温的说法,人们倾向选择一个与自己同等分化程度的伴侣。当冲突发生时,他们都注意到对方情感不成熟的地方。每个人都希望对方发生改变。他会发现:她好像将自己作为爸爸的替身,不仅非常依赖,还将他作为絮叨和发脾气的出气筒。她发现:只要提出什么要求,他就退缩,她找不到热恋中的那种亲密感。他从父母身边逃开,就是因为虽然需要亲密但是又不擅长处理。面对冲突,他开始退缩。那些曾经让他们惺惺相惜的因素,又成为他们逐渐疏离的原因。接着就是婚姻冲突、配偶一方的功能失常、情不自禁地过于关注孩子,或者三者都有。当家庭来寻求帮助时,他们可能会讲述其中的一个问题。不管讲述的问题是什么,其中的动力是类似的,原生家庭中的未分化因素会传递到新家庭中,结果就是出现症状明显的配偶或孩子。

(五)家庭系统理论对幼儿园家庭教育指导的启示

家庭系统理论将家庭看成一个完整的单位,看成一个系统,家庭成员是系统的组成成分,其思维、情感和行为都受到家庭系统的影响。每个成员之间都是交互作用的,如果脱离了家庭中的其他成员,就不可能对某个单独成员进行充分的了解。家庭系统理论可以帮助人们透视家庭和社会中的人际交往,该理论认为人际交往实质上是人们为了某种情绪需要而发生的互动行为,因此人的情绪和动机对交往具有很大的影响作用。家庭系统理论从家庭的情绪气氛入手来探讨个体自我分化的发展,认为个体在情绪上是否独立将决定他以后的自我分化水平,而自我分化的水平又可以决定人的思想和行为[①]。家庭系统理论对家庭功能、个体与家庭关系、情感与行为关系的论述,对幼儿园家庭教育指导的主要启

---

① 张志学.家庭系统理论的发展与现状[J].心理学探新,1990(1):31-34+20.

示如下。

一是幼儿园家庭教育指导要坚持系统观念,采用"以家庭为中心"(family-centered)的指导方法。虽然家庭教育指导的主要对象是幼儿的家长,核心目标是提升家长的家庭教育能力,改善家长的家庭教育行为。但是,家长的家庭教育行为不是孤立发生的,它不是由家长自身因素单独决定的,而是与家庭中的每个人、家庭生活的方方面面都息息相关。家长的教育行为要放在家庭关系、家庭生活的全局中才能被理解、被改善。另外,儿童在家庭中生活,不只是受家长有意识的教育行为的影响,还深受家庭生活方式、家庭的物理环境、媒介环境和心理环境、家庭的社会关系等家庭系统因素的影响。幼儿园家庭教育指导要避免囿于头痛医头脚痛医脚的片面化、表面化做法,坚持系统观念,把家庭系统全局作为分析和处理问题的出发点和落脚点。采用"以家庭为中心"的指导方法,即指导者坚持系统观念,在整个家庭关系和家庭生活中理解家庭教育行为,通过支持幼儿家长改变家庭氛围和家庭关系,改善幼儿家长的家庭教育行为,提高幼儿家长的家庭教育能力以及家庭对幼儿发展的整体影响力,创建适宜幼儿生活与发展的家庭教育生态环境。

"以家庭为中心"指的是一系列特殊的信念、原则、价值观和实践,目的是支持和增强家庭的能力,最终促进儿童的发展和学习[1]。"以家庭为中心"的方法不再将儿童个体或群体作为关注的焦点,而是将焦点集中于家庭中的儿童身上。这意味着,家长参与不是幼儿教育机构常规工作之外的一件事情,而是要求幼儿教育机构必须将家长参与当作儿童教育和社会化过程中一项不可或缺、不可分割的组成部分。幼儿教育机构的工作对象就是家庭和儿童[2]。

"以家庭为中心"包含以下三个基本假设,每个假设包括了相应的指导原则,还包括相应的构成专业人员主要行为框架的元素。第一个基本假设是,家长最熟悉自己的孩子,并期望孩子有良好的发展。其蕴含的基本原则是,每个家庭都有为孩子做决定的权力,每个家庭在看护儿童方面负有最终的责任。相应的专业人员的行为框架是,鼓励家长做出决定,帮助识别家庭的优势和需求,提供信息给家长,与家长合作,为家庭提供可能的服务,与儿童分享信息等。第二个基本假设是,家庭之间存在差异。其基本原则为,要尊重每个家庭及其所有成员。相应地,其专业人员的基本行为框架是,尊重家庭、支持家庭、倾听、提供个性化

---

[1] Dunst C J. Family-Centered Practices: Birth through High School[J]. The Journal of Special Education,2002,36(3):139-147.

[2] Gonzalez-Mena J. 儿童、家庭和社区:家庭中心的早期教育[M]. 5版. 郑福明,冯夏婷,等译. 北京:高等教育出版社,2012:5.

服务、接受多样性、信任家长、与家长清晰的沟通等。第三个基本假设是,支持性的家庭和社区环境最利于孩子的发展。其基本原则是,考虑所有家庭成员的需求,支持和鼓励所有家庭成员参与。相应的专业人员的基本行为框架是,考虑所有成员的心理社会需求,鼓励所有家庭成员参与,尊重家庭的处理方式,鼓励家庭利用社区的支持,建立家庭的优势等[①]。

以家庭为中心的幼儿教育机构会提供多种支持服务,服务内容会根据幼儿家长个体的需要或整体的需要而调整。这些机构不仅仅是提供服务,还包括建立与维护幼儿教育专业工作者与家庭之间的伙伴关系。在这种关系中,协作(collaboration)是关键词。其中的要点是幼儿教育专业工作者与家庭要建立一种联盟,分享权力。在这种伙伴关系中,各方都贡献出自己独特的能力和技能,使得整体能得到互助的发展。通过建立关系和持续的沟通,在双方分享资源和信息的过程中,合作双方都发挥着引领的作用。无论是幼儿园教师还是家庭和孩子,各方都能从伙伴关系中受益[②]。幼儿教育机构当然欢迎家长参与到班级活动中来,但家长不是非做不可。支持服务的重点在于无论家长需要什么,都设法给家庭提供帮助,而不在于告诉家长怎样参与到孩子的教育过程中,或者告诉家长必须承担起教师的责任。有些家庭发现,在得到教师和其他家庭的支持和帮助之后,他们使自己的生活变得更为有条有理,这样,不但能从情感上帮助孩子,又能够满足孩子们在营养、休息和锻炼方面的基本生理需要[③]。

美国"以家庭为中心"的实践最早出现在儿童早期干预和早期儿童特殊教育中,进而发展到儿童健康看护、治疗服务、早期干预、早期儿童教育、特殊教育和普通教育等领域。近几十年来,"以家庭为中心"的实践和方法指导着儿童服务计划的实施和教师的专业发展。了解美国"以家庭为中心"的早期教育实践对我们实施幼儿园家庭教育指导有借鉴意义。下面简要介绍三个儿童中心实施的"以家庭为中心"实践的途径和成功要素。

第一个是沃喀莎开端计划儿童和家庭中心(Waukesha County Head Start Child and Family Center)。该中心重视教师和父母建立善解人意的合作关系,其核心是教师和父母之间是开放、尊重、经常沟通的。每个教师在入职后要接受一系列培训,如学会如何倾听,如何避免不必要的儿童发展问题,如何避免不尊

---

① 扶跃辉,李燕.美国"以家庭为中心"的早期教育[J].外国中小学教育,2015(5):22-27.
② Gonzalez-Mena J.儿童、家庭和社区:家庭中心的早期教育[M].5版.郑福明,冯夏婷,等译.北京:高等教育出版社,2012:5.
③ Gonzalez-Mena J.儿童、家庭和社区:家庭中心的早期教育[M].5版.郑福明,冯夏婷,等译.北京:高等教育出版社,2012:9.

重父母能力、知识或者文化实践的态度。重要岗位的教师还需接受额外培训,如理解家庭系统和优势、家庭的目标和计划、如何与多样化的家庭沟通等。每个学年开学时,教师都要进行家访。教师和父母讨论家园合作的步骤,计划儿童在园和在家的活动。父母被邀请到幼儿园参与教育研讨会,教师关注并满足家庭成员的需求。学年结束时,教师再次去家访,为家庭提供暑假活动的建议,以及寻找可获得的社区服务的机会。

第二个是茵康派斯儿童中心(Encompass Child Care)。该中心鼓励父母经常参加关于儿童教养的工作坊。工作坊的话题由父母决定,涉及儿童营养、金钱管理、爱是有限的教育、暴力的改变等。该中心还组织每月一次的"家庭支持小组"以及定期娱乐聚会等。该中心还与地方家庭资源中心、家庭服务协会、男孩和女孩俱乐部、青少年父母协会、教师学院等其他社会服务机构合作。该中心成功的关键是,仔细倾听父母的特殊需求,重视与家庭沟通理解的相关活动。

第三个是格雷的儿童发展中心(Gray's Child Development Center)。该中心的主要途径是"父母聚会","父母聚会"的主题主要来自国家黑人孩子发展研究所的父母权利项目"成功教养课程"。最成功的主题聚焦于家庭预算、信用问题、婴儿大脑发展和家庭学习活动、游戏对幼儿学习的重要性、健康看护、家庭中的营养、基本的电脑技能。其他成功技巧包括:尽可能多开展动手活动,引导家庭非正式的聚会,理解父母,教师使用非判断性的沟通,教师尊重父母,理解他们繁忙的日程安排。许多工作坊在傍晚或者晚上进行。虽然一些父母很难参加晚上的活动,父母联络小组和教师依然寻找各种方式让父母觉得他们是受欢迎的,愿意参加尽可能多的活动[1]。

二是重视情绪情感因素对家庭教育质量的影响,帮助幼儿父母营造积极的家庭情感氛围。在当今的风险社会,来自四面八方的压力催生出弥漫性的社会焦虑情绪。父母的焦虑情绪不仅影响他们对孩子的教育行为,还会直接传递给孩子。在这种消极的情绪情感氛围中,孩子当下的价值和兴趣需求常常被忽视和压抑,正常发展和心理健康都受到危害。幼儿园家庭教育指导要帮助父母认识自己的情绪状态,警醒焦虑等消极情绪造成的破坏,努力营造一种温暖的积极向上的家庭情感氛围。

三是自主和合作是儿童需要发展的一对基本的生活能力和品质,幼儿园家庭教育指导要支持幼儿父母通过建立亲而有间的家庭关系特别是亲子关系,培养孩子独立自主又乐于且善于合作。自主不是自我中心式的一意孤行,而是在

---

[1] 扶跃辉,李燕.美国"以家庭为中心"的早期教育[J].外国中小学教育,2015(5):22-27.

群体中有自己的想法并为自己的行为负责,是合作式自我的表现;合作不是不平等地服从或操控,而是独立自主的人为了共同的目标各尽其能地奋斗,是不同自我间的合作。个性化和社会化是个体发展的基本需要,而且两者同步进行,如同地球围绕太阳公转的同时也在自转一样,个性化是形成合作式自我的过程,社会化是形成自我间的合作的过程。父母子女是亲人同时又是独立的个体,有自己独立的发展道路和人生价值,父母子女之间的亲密关系,应是平等主体之间相互尊重、合而不同的积极关系。父母不需要为子女发展放弃自我发展,也不应该把子女作为实现自我发展的工具。父母注重自我发展又关心支持子女发展的表现是儿童发展合作式自我的最重要的榜样。

四是孩子是家庭中的弱势成员,最容易受家庭中消极情绪的伤害、最容易被动地卷入关系三角,扮演原本不属于他的角色,承担不应该承担的责任,因此容易表现出问题行为。幼儿园家庭教育指导要帮助幼儿家长认识到家长的情绪对孩子的情绪和心理健康有决定性的影响,孩子的问题行为往往根源于不适当的环境和关系。家长之间的冲突需要控制在家长子系统中解决或寻求其他成年人的帮助,家长不应该把孩子作为回避夫妻冲突的替罪羊,也不应该把孩子作为对抗配偶的枪手。家长应该有共同的生活和各自的自我发展,孩子是家长生活的核心,但不应该是家长生活的全部。

五是幼儿园家庭教育指导者在与幼儿家长建立、维持积极的指导关系时,需要特别注意避免成为卷入家长关系、亲子关系的第三方,不做家长之间的调停者或家长的代言人,而是致力于通过推进家长之间、亲子之间的合作去解决他们面临的家庭教育困难,提升他们直接解决两个人之间冲突的能力。幼儿园家庭教育指导者是家庭系统之外的人,他的介入能够引起家庭系统的变化,但介入是暂时性的,要想家庭系统的积极变化持续下去,需要依靠家庭系统自身的力量。指导者介入家庭系统,要做的是通过提升父母的家庭教育能力增能家长,而不是代替家长解决家庭教育问题或进行家庭教育,指导者角色是家庭教育改善的推动者,而不是家庭教育责任主体的替代者。

三、家庭结构理论

家庭治疗的初学者如果没有理论帮助他们看到家庭动力的模式,很容易迷失在错综复杂的家庭问题表现中。结构式家庭治疗为分析家庭互动过程提供了一个蓝图,能帮助家庭治疗者透过问题现象找到问题的本质和根源。结构式家庭治疗是由生长于阿根廷的美国著名家庭治疗大师萨尔瓦多·米纽庆(Salvador Minuchin)创建的。在1970年,结构式方法如此成功,几乎震撼了整个家庭治疗领域。米纽庆任职费城儿童指导诊所主任期间,将这个规模不大的诊所变成了举世闻名的综合机构,有成千上万的治疗师在此接受结构式家庭治疗的培训。米纽庆影响力最深远的贡献在于其家庭结构的理论和一整套组织治疗技术的指南[1]。他提出的家庭结构理论由三个重要的概念构成。

(一) 家庭结构理论的主要观点

1. 家庭结构

家庭结构(family structure)指家庭成员间互动的组织模式,是一个决定论概念,但并不指定或限定行为,而是描述可预测的先后顺序。家庭行为的不断重复,催生了对下一个行为的预期,而预期的被证实则帮助建立稳定的模式。一旦家庭成员间的互动模式建立了,家庭角色也因此分配了,事情就会按照相同且可以预测的方式发生,家庭结构就形成了。

家庭结构的形成,部分是因为普遍的限制,部分是因为特定的限制。普遍的限制,如所有家庭都有一定的等级结构,成人和儿童拥有不同数量的权威。家庭成员也倾向于进行功能弥补或互补。所有这些常常变得如此根深蒂固,以致其来源已被遗忘,它们本身也成为必需,而不是具有可选择性。特定的限制,如如果一位年轻的母亲,因为抚育婴儿的负担过重,变得心烦意乱并向丈夫抱怨,其丈夫有可能做出各种各样的反应。他也许会靠近妻子,并分担抚养孩子的责任,这样就形成了一个联合的父母式的小分队家庭结构。另一方面,如果他真的认为他妻子"抑郁",她最终也许会接受心理治疗以获得她所需要的情绪支持,这样就形成了一个母亲远离其丈夫而且学习转向家庭外面寻求同情的家庭结构。一旦选择了某一模式,家庭结构形成,尽管存在多种行为选择,但家庭成员不大可能予以考虑,只会使用对他们来说"总是如此"的行为,除非环境的改变导致了家庭系统出现紧张[2]。

家庭结构得到期望在家庭内建立规则的强化。例如,如果一个家庭期望在家庭内建立"家庭成员应该总是相互保护"的规则,那么,儿子与邻居的男孩打架,母亲将会向邻居投诉;女儿需要早起避免错过考试,母亲便会叫醒她;丈夫因醉酒不能去工作,妻子便会为他请病假;父母发生争吵,孩子便会干预……家庭

---

[1] Nichols M P, Schwartz R C. 家庭治疗:理论与方法[M]. 王曦影,胡赤怡,译. 上海:华东理工大学出版社,2005:214.

[2] Nichols M P, Schwartz R C. 家庭治疗:理论与方法[M]. 王曦影,胡赤怡,译. 上海:华东理工大学出版社,2005:216-217.

成员相互保护的互动模式便会越来越稳固,家庭结构因此得到强化。家庭成员间互动的行为序列被结构化了(如果你……,他将……,我就……),形成一个稳定的基本结构。改变序列中的某部分未必影响基本结构,但改变基本结构将对所有家庭事物造成涟漪式的效应[①]。

一个家庭的家庭结构虽然稳固,但它不像家庭的装修风格,进入家庭一眼就能被识别出,而是只有通过对家庭成员实际互动的仔细观察和分析,才能发现一个家庭的家庭结构是什么。另外,家庭结构虽然稳固,但家庭可以而且应该改变结构以适应家庭内外环境的变化,如新成员的增减或搬家等环境变化,这样才能保障家庭的稳定和发展。不同的家庭形态要求家庭成员行使的功能不同,因此,对某一家庭形态很适用的某一家庭结构,可能就无法适用于另一家庭形态。例如,在一个双亲核心家庭中,祖父母的某些行为或许会被视为对父母权威的破坏,但是,同样的行为如果放在单亲家庭或延伸家庭中,则很可能就变得十分必要且有效了[②]。

2. 子系统

基于代际、性别和共同兴趣的不同,家庭系统分化为不同的子系统(subsystem),如父母子系统、母子/父子子系统、兄弟姐妹子系统等,具体表现为家庭成员组成或明或暗的小组。一个家庭可能被分成两个阵营,妈妈和男孩子在一边,爸爸和女孩子在另一边。虽然某些分组模式很普遍,但分组的可能性是无穷尽的。明显的分组,如父母子系统,有时未必有隐藏的联盟(隐藏的子系统)有意义。如母亲和最年幼的孩子可能形成一个紧密结合的子系统,并将其他人排除在外。

每个家庭成员都可能在几个不同的小组中扮演角色,如母亲可能同时扮演母亲、妻子、女儿、姐姐等角色。每一个角色对她的行为方式都有不同的要求,她会经常面临不同的人际选择。如果她成熟而且灵活,就有能力改变其行为,以适应不同的角色要求,反之,则会陷入角色冲突之中。

3. 界限

界限(boundaries)指调节相互接触的看不见的屏障,如制度、习俗、规则等。

[①] Nichols M P, Schwartz R C. 家庭治疗:理论与方法[M]. 王曦影,胡赤怡,译. 上海:华东理工大学出版社,2005:217-218.

[②] 米纽庆,李维榕,西蒙. 掌握家庭治疗:家庭的成长与转变之路[M]. 高隽,译. 北京:世界图书出版公司,2010:47-48.

个体、子系统和整个家庭系统借助界限得以区分。例如,家庭就餐时禁止接听或拨出电话的规则,可保护家庭免受外界侵入,从而建立了家庭与外界的界限。当孩子可以随意打断父母的交谈时,代际之间的界限便模糊甚至消融了。未能受到界限足够保护的子系统,将会制约子系统内的人际技巧的发展。例如,如果父母经常调停孩子之间的争执,那么孩子们将难以学会在自己的战场上战斗。

界限的可渗透性程度从僵化到弥散有所不同(见图2-3)。僵化的界限具有明显的约束力,限制与外部子系统的接触,这样就导致了疏离(disengagement):隔离且不相互联系。疏离的个体或子系统虽然独立,但却被孤立。从积极的角度来看,这样促进了自立。而从另外的角度来看,疏离限制了情感和互助。疏离的家庭如果不能相互支持,必定面临严重的应激。弥散的界限导致缠结(enmeshed):嘈杂而又紧密联系。缠结的子系统虽然能予以很大程度上的相互支持,但却是以牺牲独立和自主为代价的。缠结的父母爱意浓浓且殷勤周到,他们为孩子奉献了大量的时间和精力。不过,孩子会变得依赖性很强,他们独处时便不舒服,而且在与家庭外的人建立关系时也会遇到麻烦。与孩子缠结的父母倾向于与他们争论谁应当负责,而且错误地分享或者回避做出父母式决定的责任。清晰的界限是理想状态,既能保护独立性和自主性,同时也允许相互支持和情感的表露。父母与孩子之间清晰的界限既能维持孩子与父母之间的互动,又能将他们排除在夫妻的子系统之外,有助于建立父母能起领导作用的等级结构[①]。

僵化的界限	清晰的界限	弥散的界限
疏离	正常范围	缠结

图 2-3　界限的可渗透性程度变化

4. 正常的家庭发展

米纽庆认为家庭的根本任务是为家庭成员提供一个发展的母体,让他们在其中能够发展为成熟的人、心理健康的人[②]。正常的家庭并非没有问题,而是有处理问题的功能结构。当两个人结合组成一对夫妻时,对这个新联盟的结构要

---

① Nichols M P, Schwartz R C. 家庭治疗:理论与方法[M]. 王曦影,胡赤怡,译. 上海:华东理工大学出版社,2005:219-220.

② 米纽庆,李维榕,西蒙. 掌握家庭治疗:家庭的成长与转变之路[M]. 高隽,译. 北京:世界图书出版公司,2010:28.

求就是适应和界限制定。首要的是相互适应以处理应接不暇的日常琐事。他们必须在大问题上取得一致,也必须在日常仪式方面予以合作。为了相互适应,夫妻必须在他们之间的界限,以及他们与外部世界界限的特征方面进行协商。夫妻也必须设置一个界限,以便他们与其原生家庭分开,他们的原生家庭也必须迅速对他们的新婚姻予以调适。孩子的加入使得新家庭的结构发生变化,成为父母子系统和孩子子系统。即使在正常家庭,孩子也会给父母带来潜在的压力和冲突,通常对母亲的影响比对父亲的影响大。孩子在不同的年龄阶段需要不同的养育方式,正常的父母能够适应这些发展过程中的挑战,调整家庭结构。正常的家庭在适应成长和变化时,也会经历焦虑和混乱,许多家庭会在转变阶段寻求帮助。所有家庭都将面临导致系统紧张的情况,那些能够灵活调整他们的结构,使其适应变化了的环境的家庭就是健康的家庭,那些不能做出灵活调整,反而增加无效结构的僵化程度的家庭,问题便出现了[①]。

(二)家庭结构理论的应用案例[②]

L先生有两个儿子,大儿子B虽然只有10岁,但已经先后被两所学校开除了,小儿子K 7岁,看不出有行为问题。因为大儿子B的"无法无天",L先生一家寻求米纽庆博士的帮助。B的行为问题十分显眼:他踢打着叫喊着,被父亲拽着进入咨询室。与此同时,K静静地坐着,面带可爱的微笑,看起来就是一个好孩子。为了将焦点从"无可救药的孩子"拓展到父母控制和合作的问题,米纽庆开始与K交谈,他曾经在浴室的地板上撒尿,不过,L先生声称K在地板上撒尿是因为"疏忽大意"。当米纽庆说"没有人会瞄准如此糟糕的目标"时,K的妈妈笑了。

米纽庆与K谈到狼是如何标记它们的疆域的,暗示他是通过将尿撒在家里房间内的所有四个角落来扩充他的疆域。

米纽庆:你有狗吗?

K:没有。

米纽庆:噢,所以你便是你们家的狗。

在讨论撒尿的男孩以及他父母的反应的过程中,米纽庆戏剧性地揭示了父母是如何相互两极分化的。

[①] Nichols M P, Schwartz R C. 家庭治疗:理论与方法[M]. 王曦影,胡赤怡,译. 上海:华东理工大学出版社,2005:220-222.

[②] Nichols M P, Schwartz R C. 家庭治疗:理论与方法[M]. 王曦影,胡赤怡,译. 上海:华东理工大学出版社,2005:242-243.

米纽庆：为什么他会做那种事情？

父亲：我不知道他是不是故意这样做的。

米纽庆：也许他是处在一种恍惚状态中？

父亲：不，我认为是疏忽大意。

米纽庆：他的目标一定恐怖。

父亲认为孩子的行为是意外，母亲则认为是挑衅。父母回避直面两人在教育孩子方面的差异会影响他们对孩子的教育效果。存在差异是很正常的，但如果父母一方贬低或者削弱另一方对孩子的教育行为，差异则会变得有害。

米纽庆没有将焦点放在孩子的行为上，而是柔和但坚定地对 L 先生夫妇施以压力，让他们谈论如何做出反应，让他们谈出积压已久但从未言明的怨恨。为了避免父母出现尴尬，也为了让孩子避免承受负担，米纽庆让两个男孩离开了咨询室。暂时抛开父母的角色，L 先生夫妇可以作为男人和女人，面对面讨论他们的伤害和不满。一个孤独、疏离的悲伤故事便渐渐地显现出来。

母亲：L 为孩子的行为找借口，因为他不愿意参与进来帮助我找到解决问题的办法。

父亲：是的，不过，我曾经尝试过给予帮助，但你总是批评我，所以我就放弃了。

米纽庆：你们两个有没有一致的地方？

他说有，她说没有。他是一个大事化小的人，她却是一个爱挑剔的人。

米纽庆问母亲：你什么时候与 L 先生"离婚"，"嫁"给了孩子？

她变得沉默，他则环顾左右。

她轻轻地说，大约十年前。

接下来便是一个痛苦但熟悉的故事，一段婚姻陷入了为人父母及其冲突之中。冲突永远也不可能解决，因为它从来没有被真正谈论过。真正的冲突不是对待孩子的具体行为的不同，而是夫妇之间的差异。不能直面差异，裂隙就永远无法弥补，而且还在逐渐扩大。

在米纽庆的帮助下，这对夫妇轮流说出他们的痛苦，而且学习倾听。通过告诉父亲他做得不够，告诉母亲她不知不觉地排斥了丈夫，米纽庆帮助这对夫妇突破他们的差异，相互开放，为他们共同的愿望努力，最后他们终于走到一起，既作为夫妻，也作为父母。

（三）家庭结构理论对幼儿园家庭教育指导的启示

家庭结构理论与家庭系统理论有一些共同点：两者都强调家庭是一个系统，

家庭成员之间相互影响,要以系统的思维帮助家庭。两者显著的不同是,家庭系统理论强调把家庭作为一个情绪单位,强调情绪特别是慢性焦虑对家庭成员的行为和关系的影响;家庭结构理论强调家庭成员之间互动的组织模式,强调家庭系统、各子系统之间保持清晰的界限。家庭结构理论关于家庭的论述对幼儿园家庭教育指导有以下启示。

一是夫妻系统、亲子系统、兄弟姐妹系统是家庭系统的三个核心子系统,三个子系统具有不同的功能结构,应该有清晰的边界,家庭成员特别是家长要有边界感。夫妻角色不同于父母角色,夫妻关系不同于亲子关系、亲子关系不同于兄弟姐妹关系,正常的家庭关系亲密但有界限。米纽庆发现有问题的家庭要么是关系缠结的、要么是关系疏离的。缠结的亲子关系过于亲密,父母失去了权威,无法合理规范孩子的行为;疏离的亲子关系过于冷漠,父母高高在上,不理解或不在意孩子的感受和想法,不能为孩子的发展提供足够的支持和引导。幼儿园家庭教育指导者要熟知这两种普遍的家庭教育问题模式,提前准备一些改善缠结关系、僵化关系的具体策略,作为指导具体家庭的家庭教育的切入口。

二是每个家庭都有自己的家庭结构,家庭结构虽然是由家庭成员之间的互动习惯形成,但家庭结构一旦形成就预定了家庭成员的行为和关系。边界清晰、能解决问题的家庭结构保障家庭的稳定和正常发展,边界僵化或模糊、不能解决问题的家庭结构则使家庭陷入麻烦之中。只有通过对家庭成员实际互动的观察和分析才能发现一个家庭的家庭结构是什么,因此,幼儿园家庭教育指导者要对幼儿家庭的家庭教育实景进行观察分析,才能发现幼儿家庭在家庭教育上的互动模式,真正理解家庭教育。父母提出的家庭教育问题、要求解决的孩子的问题行为可能并非"真问题",家庭教育指导者不能仅仅依据父母的"一面之词"就直接提出指导建议,只有经过对家庭教育实践的评估,才能发现应该解决的真问题是什么,造成真问题的原因是什么,解决真问题的方法是什么。

三是只有改变造成家庭教育问题的家庭结构,才能真正改善家庭教育。但是,家庭结构一旦形成便具有较强的稳固性,无论它是一个界限清晰的家庭结构还是界限僵化的或弥散的家庭结构。如果幼儿园家庭教育指导者开始就直接挑战幼儿家庭的家庭结构,必然会激起家庭的自我保护,引起家庭的抵抗,因为如果他们觉得对方根本不了解他们,没有人愿意接纳别人的意见。因此,幼儿园家庭教育指导者要从理解和接纳家庭开始,要先参与家庭;一旦参与成功,可以通过强化弥散界限、放松僵化界限的策略,帮助家庭重构新的适宜的家庭结构①。

四是为缓解年轻父母的养育压力,许多祖辈参与到孙辈的教养活动中,于是家庭的子系统增多,家庭结构更加复杂化了。对祖辈和父母联合养育幼儿的家庭进行家庭教育指导时,指导者要观察分析上行的亲子系统、下行的亲子系统、中间的夫妻系统、跨代的祖孙系统之间的界限是否清晰,家庭关系是否亲密而有间,家庭结构是能有效解决问题还是制造问题。在扩展的家庭系统中,中间的夫妻系统是核心子系统,夫妻关系是家庭中的第一关系,夫妻间的亲密合作是家庭正常运作的基础。年轻父母是家庭教育的主要责任人,在联合教养中应该承担主要任务,通过积极沟通和协商与祖辈保持家庭教育的一致性,感恩祖辈给予的支持。祖辈参与教养活动是分担年轻父母的养育压力,既不宜过多干预年轻父母的其他事情,也不是承担的教养任务越多越好,祖辈是年轻父母的教养帮手,不能我行我素也不能越俎代庖。

四、生活教育理论

生活教育理论是陶行知先生的教育贡献之一。陶行知(1891—1946)是伟大的人民教育家、教育思想家和教育改革实践家,是伟大的爱国主义者、伟大的民主主义战士和共产主义战士。陶行知先生毕生致力于兴民强国的人民教育事业,他在批判、继承中国传统教育,改造、发展杜威民主教育思想的基础上,提出了符合中国国情、易被国民理解的生活教育理论。生活教育理论不仅具有伟大的历史意义,而且在教育现代化的新征程中依然发挥着重要的指导作用,是陶行知先生奉献给中华民族的一份宝贵的教育财富。在生活教育理论视域下理解家庭教育的内涵和实施方法,能帮助父母或其他监护人更轻松地承担起实施家庭教育的责任,能帮助幼儿园教师更高效地进行家庭教育指导。

(一) 生活教育理论的发展脉络②

陶行知1891年10月18日出生于安徽省歙县西乡黄潭源村,学名陶文濬。1909年,18岁的陶行知考入南京美以美会所办的汇文书院博习馆(即预科),19岁从汇文书院直接升入金陵大学文科。1911年辛亥革命爆发,陶行知的思想发生变化,信仰孙中山,主张民主共和、读书要与国家大事结合。在金陵大学期间,

---

① Nichols M P, Schwartz R C. 家庭治疗:理论与方法[M]. 王曦影,胡赤怡,译. 上海:华东理工大学出版社,2005:54.

② 陶行知. 陶行知文集[M]. 南京:江苏凤凰教育出版社,2008:984-1009.

陶行知热心爱国社会活动,组织爱国演讲,举办爱车募捐,热心宣传民族、民主革命思想。研究明代哲学家王阳明的"知行合一"学说,取笔名"知行"。1914年,金陵大学毕业,获得文科学士文凭,在金陵大学校长及亲友帮助下,到美国伊利诺大学留学,攻读市政专业。1915年秋,转入哥伦比亚大学师范学院专攻教育行政,学习领域有教育行政、比较教育、教育哲学、教育史、教育社会学等,指导教授有孟禄、斯特雷耶、克伯屈、杜威、斯列丁、康德尔等著名教授。

1917年,哥伦比亚大学师范学院院长孟禄致函学位审查委员会主任,建议为陶行知获得博士学位安排一场考试,等其回国后搜集有关资料再完成博士论文。因应南京师范学校教务主任郭秉文之聘,陶行知提前于8月回国,取得哥伦比亚大学"都市学务总监"资格证。9月任南京高等师范学院教育学教授。

1918年3月,陶行知代理南京高等师范学校教务主任,5月,南京高等师范学校成立教育专修科,陶行知被聘为该科主任。他发表《生利主义之职业教育》一文,率先提出生活与教育不能分离的相互关系。1919年2月,发表《教学合一》一文,提出对教学改革的思想。4月,发表《第一流的教育家》一文,在中国最先提出创造精神的教育思想。五四运动后,把全校各学科的"教授法"改为"教学法",不久为全国教育办所采用。10月,任南京高等师范学校教务主任。

1922年南京高等师范并入东南大学,陶行知任东南大学教授、教育科主任和教育系主任。1923年8月,辞任教育科主任、教育系主任职务,以后专任中华教育改进社总干事。他与朱其慧、晏阳初、朱经农、黄炎培等发起成立中华平民教育促进会,与朱经农合编《平民千字课本》,到南京、安庆等多地推广平民教育运动。他拒绝北洋政府任命他为武昌高等师范学院(武汉大学前身)校长,又谢绝母校金陵大学聘他为校长,专心致志于中华教育改进社及促进平民教育运动。遗憾的是,同年12月,南京高等师范学校口字房失火,陶行知放在办公室内的博士论文《中国教育哲学与新教育》被焚毁。此后,陶行知一直致力于教育改进和平民教育运动,无暇再次整理博士论文。陶行知把整个身心都放在民族命运和平民幸福上,并不关心个人的名誉得失。后来,由于领导晓庄科学社,在生物研究方面取得了优异成绩,1929年12月14日,上海圣约翰大学授予陶行知科学博士荣誉学位,以表彰他对科学教育事业的贡献。

1925年,在南开大学作题为《教学合一》的演讲,张伯苓校长建议改为"学做合一"。陶行知受此启发豁然贯通,将"教学合一"发展为"教学做合一"。从此,"教学做合一"之名正式出现。

1926年,陶行知倡导乡村教育运动,发表多篇关于乡村教育的文章,筹设试验乡村师范学校。同年12月,江苏省教育厅赞助中华教育改进社设立试验乡村师范学校。1927年1月,陶行知决定试验乡村师范学校,校址在南京神策门外老山脚下的小庄,2月,主持乡村师范立础礼,同时举行城乡平民团拜,宣布改"小庄"为"晓庄",取日出而作之意。3月15日,南京试验乡村师范(即晓庄师范)正式开学,第一期学生共13人。陶行知提出"晓庄精神——乐观精神、革命精神和团结精神"。他指出:我们要办好乡村教育,要改造乡村社会,总须有宽阔的胸怀、奉献精神,要"捧着一颗心来,不带半根草去"。6月,开办晓庄小学、乡村医院。在晓庄每天的寅会上,陶行知发表演讲,逐步阐述"生活即教育""社会即学校""教学做合一"等理论。他提出"行是知之始,知是行之成""在劳力上劳心""以教人者教己"等。11月11日,他与陈鹤琴、张宗麟等合力创办的中国第一所乡村幼稚园开学,发起组织中国幼稚教育研究会,出版幼稚教育刊物。

1928年4月,陶行知出版《中国教育改造》一书。南京试验乡村师范学校改名为晓庄学校。陶行知先后派学生到附近农村创办中心小学、幼稚园、民众夜校、中心茶园、救火会等,成立联村自卫团,自任团长。11月,陶行知亲自到湘湖师范指导师生讨论"教学做合一"和"生活教育"。

1930年1月,陶行知在晓庄主持召开全国乡村教师讨论会,邀请各地乡村教师和地方教育行政人员130余人参加,研究乡村教育问题。他讲《生活即教育》,系统阐述"生活即教育""社会即学校""教学做合一"的理论。2月1日,《乡村教师》周刊创刊,陶行知发表宣言。4月,蒋介石密令停办晓庄学校,国民党武装军警强行解散晓庄学校,蒋介石以国民政府名义通缉陶行知。10月,陶行知被迫到日本暂避。在日本期间,陶行知常设法到文教机关参观,访问结识进步朋友,阅读大量书籍。1931年春,回国返沪,为商务印书馆译书。同年秋,作诗《三代》:"行动是老子。知识是儿子。创造是孙子。"其为思想之精华。1932年2月,国民政府宣布取消对陶行知的通缉令,陶行知又开始进行公开活动。

1934年2月,陶行知主编的《生活教育》半月刊创刊,他发表《生活教育》《普及什么教育》《小先生》三篇文章。7月16日,陶行知在《生活教育》上发表《行知行》一文,正式改名为陶行知。

1936年11月,发生救国会"七君子之狱",陶行知再次遭通缉。1937年,"七七事变"后,抗战全面爆发,"七君子"获释。国内"战时教育运动"开始,出版《战时教育》。12月13日,陶行知草拟《杜威宣言》即"四学者之正义电"(指杜威、罗素、罗曼·罗兰、爱因斯坦四位世界著名学者),正式发表。印度圣雄甘地于22日来电,谴责日本侵略中国。陶行知在美国和加拿大多次演讲《禁运和抵制日货》,发动华侨献金救国,得到广大人民的同情和支持。

1938年12月,在桂林正式成立生活教育社,陶行知当选为理事长。1940年

4月,陶行知参加国民参政会第一届第五次会议,提出政府应规定教育为人民之义务和权利。1945年5月,在《战时教育》上发表《实施民主教育的提纲》,10月18日,发表英文论著《全民教育》,提出民主第一、全民教育、全面教育、终身教育等指导原则。

1946年7月,民主战士李公朴、闻一多先后被害。陶行知说:"我等着第三枪!"他面对敌人威胁,无私无畏,视死如归。在上海最后三个月里作了百余次演讲,充分表达了广大人民反内战、反独裁、要民主、要和平的意志。7月25日,陶行知突患脑出血逝世,终年55岁。临终前,周恩来、邓颖超等赶来看望。周恩来握着陶行知的手说:"朋友们都要学习你的精神,尽瘁民主事业直到最后一息。"8月11日,延安各界代表二千余人举行"陶行知先生追悼大会"。毛泽东亲笔题写悼词:"痛悼伟大的人民教育家陶行知先生千古。"10月27日,上海各界追悼陶行知大会在震旦大学礼堂举行,到会有工人、农民、学生、文化界及外国友人五千余人。宋庆龄题词:"万世师表。"何香凝题词:"行知先生精神不死。"12月9日,美国教育界名流和中国留美人士二百余人,在纽约举行追悼大会。杜威和冯玉祥担任大会名誉主席。杜威、克伯屈等介绍陶行知的生平。新加坡、菲律宾、马来西亚等地的华侨及香港同胞也都举行了追悼会。杜威、克伯屈、罗格等发来唁电:"陶博士致力于中国大众教育建设的功勋与贡献是无与伦比的,我们后死者必定永远纪念他,并贯彻他的事业。"12月1日,陶行知安葬在南京北郊晓庄的劳山脚下。全国53个人民团体代表及二千余人参加了葬礼。

(二) 生活教育理论的主要观点

1. 生活教育的内涵

生活教育是以生活为中心的教育,它不是要求教育与生活联络,因为生活与教育是一个东西,不是两个东西。在生活教育的观点看来,它们是一个现象的两个名称,好比一个人的小名与学名。生活即教育,是生活便是教育;不是生活便不是教育。分开来说,过什么生活便是受什么教育。没有生活做中心的教育是死教育,没有生活做中心的学校是死学校,没有生活做中心的书本是死书本。在死教育、死学校、死书本里鬼混的人是死人[①]。

生活教育是生活所原有,生活所自营,生活所必需的教育(Life education means an education of life, by life and for life)。教育的根本意义是生活之变

---

① 陶行知.陶行知文集[M].南京:江苏凤凰教育出版社,2008:404-405.

化。生活无时不变,即生活无时不含有教育的意义。因此,我们可以说:"生活即教育"。到处是生活,即到处是教育;整个的社会是生活的场所,亦即是教育之场所。因此,我们又可以说:"社会即学校"。在这个理论指导之下,我们承认过什么生活便是受什么教育;我们要想受什么教育,便须过什么生活。

生活教育与生俱来,与死同去。出世便是破蒙,进棺材才算毕业。在社会的伟大的学校里,人人可以做我们的先生,人人可以做我们的同学,人人可以做我们的学生。随手抓来都是活书,都是学问,都是本领。自有人类以来,社会即是学校,生活即是教育。

生活教育是下层建筑。我们有吃饭的生活,便有吃饭的教育;有穿衣的生活,便有穿衣的教育;有男女的生活,便有男女的教育。

生活与生活摩擦才能起教育的作用。我们把自己放在社会的生活中,即社会的磁力线里转动,便能通出教育的电流,射出光,放出热,发出力。

时代继续不断地前进,我们要参加现代生活,与时代俱进,才能做一个长久的现代人。我们必须拿着现代文明的钥匙才能继续不断地去开发现代文明的宝库,保证川流不息的现代化。这个钥匙便是活用的文字符号和求进步的科学方法。①

生活教育是给生活以教育,用生活来教育,为生活向前向上的需要而教育。从生活与教育的关系上说,是生活决定教育。从效力上说,教育要通过生活才能发出力量而成为真正的教育。"教学做合一"是生活法亦即教育法。为要避开瞎做、瞎学、瞎教,所以提出在"劳力上劳心",以期理论与实践之统一。"社会即学校"这一原则是要把教育从鸟笼里解放出来。"即知即传"这一原则是要把学问从私人的荷包里解放出来。"行是知之始,知是行之成"是教人从源头上去追求真理。②

2. 生活教育的特质③

1936年,陶行知在《生活教育》第3卷第2期上发表《生活教育之特质》一文,明确提出生活教育的六个特质,解释了生活教育与传统教育、真的生活教育与假的生活教育的区别。

第一个特质是生活的。受过某种教育的生活与没有受过某种教育的生活,摩擦起来,便发出生活的火花,即教育的火花;发出生活的变化,即教育的变化。

---

① 陶行知.陶行知文集[M].南京:江苏凤凰教育出版社,2008:588-589.
② 陶行知.陶行知文集[M].南京:江苏凤凰教育出版社,2008:820.
③ 陶行知.陶行知文集[M].南京:江苏凤凰教育出版社,2008:662-665.

摩擦者与被摩擦者都起了变化,便都受了教育。

第二个特质是行动的。生活与生活摩擦,便包含了行动的主导地位。行是知之始,即行即知,书和书中的知识都是著书人从行动中得来的。行动产生理论,发展理论。行动所产生发展的理论,还是为了要指导行动,引着整个生活冲入更高的境界。为了争取生活之满足与存在,这行动必须是有理论、有组织、有计划的战斗的行动。

第三个特质是大众的。从真正的生活教育看来,大众都是先生,大众都是同学,大众都是学生。教学做合一,即知即传是大众的生活法,即是大众的教育法。生活教育是大众的教育,大众自己办的教育,大众为生活解放而办的教育。

第四个特质是前进的。我们要用前进的生活来引导落后的生活,要大家一起来过前进的生活,受前进的教育。前进的意识要通过生活才算教人真正地向前去。

第五个特质是世界的。凡是生活的场所,都是我们教育自己的场所。为着要过有意义的生活,我们的生活力是必然地冲开校门,冲开村门,冲开城门,冲开国门,冲开无论什么自私自利的人所造的铁门。整个中国和整个世界,才是我们真正的学校。

第六个特质是有历史联系的。这个特质包含两层含义,一是生活教育要用选择的态度来接受人类从几千年生活斗争中得到的宝贵的历史教训,把历史教训和现在的生活联系起来,用现在的生活过滤历史教训,只有通过现在生活过滤的历史教训才有指导现在生活的作用,才能使我们的生活更加丰富起来。另一层含义是,生活教育要承担它的历史使命。

3. 生活教育的目的是培养人的生活力,改造生活、改造社会

1916年,陶行知在写给哥伦比亚大学师范学院院长罗素的信中讲到,我终生唯一的目标是通过教育创造一个民主国家[①]。陶行知相信教育是最有可为之事,教育能造文化、能造人、能造国[②]。好的教育是引人向上向前生活的力量。它是一种工具,它是民族解放的工具,也是人类解放的工具。教育要引人向上向前过生活,它本身便必须是向上向前的生活。一切要通过生活才成为真正的教育[③]。

1921年11月,中华教育改进社特约乡村学校教职员召开第一次联合研究

---

① 陶行知. 陶行知文集[M]. 南京:江苏凤凰教育出版社,2008:13.
② 陶行知. 陶行知文集[M]. 南京:江苏凤凰教育出版社,2008:17.
③ 陶行知. 陶行知文集[M]. 南京:江苏凤凰教育出版社,2008:776.

会,陶行知作了关于乡村教师的十八条信条的报告,其中两条是:"我们深信生活是教育的中心""我们深信教育应当培植生活力,使学生向上长"。[1]

在论述中国师范教育建设时,陶行知提出,学校的目的是要造就有生活力的学生,使得个人的生活力更加润泽、丰富、强健,更能抵御病痛,胜过困难,解决问题,担当责任。学校必须给学生一种生活力,使他们可以单独或共同去征服自然,改造社会。陶行知对中国师范教育建设步骤的建议是:自然社会里的生活产生活的中心学校,活的中心学校产生活的师范学校,活的师范学校产生活的教师,活的教师产生有活力的国民[2]。以后看学校的标准,不是校舍如何,设备如何,而是学生生活力丰富不丰富[3]。

1930年,晓庄学校建校三周年,陶行知在《晓庄三岁敬告同志书》中解释生活教育时提出,生活教育是运用生活的力量来改造生活,他要选用有目的有计划的生活改造无目的无计划的生活[4]。

1934年,陶行知在论述生活教育与传统教育的区别时指出,生活教育是教人读活书,活读书,读书活的教育;他是教人做主人的教育,做自己的主人,做政府的主人,做机器的主人。他是教人在劳力上劳心的教育,教大众以大众的工作养活大众的生命,以大众的科学明了大众的生命,以大众的团体的力量保护大众的生命[5]。简言之,生活教育就是在生活中教育学生,用生活教育学生,培育学生的生活力、活本领,使他们能改造生活、改造社会,创造更美好的生活、更美好的社会。

4. 生活教育的方法是教学做合一

教学做合一是最先被提出、被实践检验的生活教育理论内容。1927年8月14日,陶行知在晓庄试验乡村师范寅会中明确讲到:本校的办法是主张在劳力上劳心,本校全部生活是"教学做"。教的法子根据学的法子,学的法子根据做的法子。我们的实际生活就是我们全部的课程;我们的课程就是我们的实际生活[6]。11月2日的寅会再次讲到:教学做合一是本校的校训,我们学校的基础就是立在这五个字上,再也没有一件事比明了这五个字还重要了[7]。

教学做合一是教的法子根据学的法子,怎样学就怎样教。比如种田这件事

---

[1] 陶行知.陶行知文集[M].南京:江苏凤凰教育出版社,2008:202.
[2] 陶行知.陶行知文集[M].南京:江苏凤凰教育出版社,2008:220-221.
[3] 陶行知.陶行知文集[M].南京:江苏凤凰教育出版社,2008:226.
[4] 陶行知.陶行知文集[M].南京:江苏凤凰教育出版社,2008:373.
[5] 陶行知.陶行知文集[M].南京:江苏凤凰教育出版社,2008:564.
[6] 陶行知.陶行知文集[M].南京:江苏凤凰教育出版社,2008:269.
[7] 陶行知.陶行知文集[M].南京:江苏凤凰教育出版社,2008:284.

要在田里做,就要在田里学,也就要在田里教。教学做有一个共同的中心,这个中心就是"事",就是实际生活;教学做都要在"必有事焉"上用功[1]。

教学做是一件事,不是三件事。我们要在做上教,在做上学。在做上教的是先生;在做上学的是学生。从先生对学生的关系说,做便是教;从学生对先生的关系说,做便是学。先生拿做来教,乃是真教;学生拿做来学,方是实学。不在做上用功夫,教固不成为教,学也不成为学。一个活动对事说是做,对己说是学,对人说是教,因此教学做是合一的。教学做中,做是中心,做是学的中心,也就是教的中心[2]。

做不是盲行盲动,不是胡思乱想,只有手到心到才是真正的做。单单劳力和单单劳心,都不能算是真正的做。真正的做是在劳力上劳心,用心以制力,是劳力劳心的一元论,不是劳力劳心并重的二元论[3]。

"教学做合一"是以生活为中心的,所有的问题都是从生活中发生出来的,从生活中发生出来的困难和疑问,才是实际的问题。解决这种实际的问题才是实际的学问。它的实验室是大自然和大社会[4]。

陶行知总结"教学做合一"的内涵包含三个方面:一是事怎样做便怎样学,怎样学便怎样做;二是对事说是做,对己说是学,对人说是教;三是教育不是教人,不是教人学,乃是教人学做事。无论哪方面,"做"成了学的中心即成了教的中心。要想教得好,学得好,就须做得好。要想做得好,就须"在劳力上劳心",以收手脑相长之效[5]。

(三)生活教育理论对幼儿园家庭教育指导的启示

1. 生活即教育:科学的家庭生活即是科学的家庭教育

生活即教育是生活教育理论的核心观点,它的含义是:是生活就是教育;是好生活就是好教育,是坏生活就是坏教育;是认真的生活,就是认真的教育,是马虎的生活,就是马虎的教育;是合理的生活,就是合理的教育,是不合理的生活,就是不合理的教育;是康健的生活,就是康健的教育;是科学的生活,就是科学的

---

[1] 陶行知.陶行知文集[M].南京:江苏凤凰教育出版社,2008:230.
[2] 陶行知.陶行知文集[M].南京:江苏凤凰教育出版社,2008:285-286.
[3] 陶行知.陶行知文集[M].南京:江苏凤凰教育出版社,2008:287-288.
[4] 陶行知.陶行知文集[M].南京:江苏凤凰教育出版社,2008:313.
[5] 陶行知.陶行知文集[M].南京:江苏凤凰教育出版社,2008:371.

教育；是艺术的生活，就是艺术的教育①。依据这一观点理解家庭教育的内涵，家庭生活就是家庭教育，过什么样的家庭生活就是对儿童实施什么样的家庭教育，家庭教育不是附加在家庭生活上的一项额外任务，更不是脱离家庭生活教育儿童，父母组织科学的家庭生活即是实施科学的家庭教育。苏联家庭教育专家马卡连柯也曾向父母们做过这样的建议：家庭教育工作的实质在于组织您的家庭、您的个人生活和社会生活，在于组织孩子的生活。在教育工作中没有小事情。好的组织工作就是不忽略最细小的细节和小事。琐碎的小事每天、每时、每刻都在经常地起着作用，生活就是由无数的小事组成的。指导这种生活，组织这种生活，这将是您的最重要的任务②。幼儿园家庭教育指导并非是指导父母成为教育专家，而是帮助父母增强自身组织家庭生活的能力，支持父母提高家庭日常生活对孩子的积极影响，使每日要做的生活事件能让孩子获得更丰富、更有意义的经验。

　　用心观察就会发现，"生活即教育"的案例俯拾即是，此处仅举两例阐释教育真相。在一次聚焦幼儿园数学教育的教研活动中，一位有城乡幼儿园工作经历的老师提出的一个疑问，引起了参与老师们的热烈讨论。这个疑问是："乡村幼儿的数学学习能力是否比城市幼儿弱？"老师们比较了城乡幼儿对相同数学内容的学习表现，得到的结论是：总体而言乡村幼儿的数学学习表现不如城市幼儿。依据儿童发展心理学的研究可知，城乡幼儿的认知发展规律和年龄特征并不存在显著差异，他们数学学习表现的差异是什么原因造成的？运用"生活即教育"观点，这个疑问就很容易解答了。城乡幼儿数学学习表现的差异缘于不同的生活经验，即城乡幼儿在生活中获得的数学经验不一样。城市是工业生产方式的空间载体，城市生活的主体是理性生活，数学元素遍布城市的各个角落。城市幼儿在日常生活中接收到的数学信息相比乡村幼儿更丰富、更多样，比如家庭住址的楼层数、马路上红绿灯显示的数字、停车场里车的数量、排列顺序和车牌号码、超市里商品的标价和摆放位置、各种计时游戏、绘本上的数学符号，等等。丰富多样的数学信息充盈着城市幼儿的生活，他们的数学经验较乡村幼儿丰富，在进行数学学习时，自然有较优良的学习表现。

　　幼儿园中班进行一项以棉花为主题的课程活动，老师发给每个幼儿一张调查表，请他们和父母一起调查记录棉花的形态特征、生长环境和主要用途等信息。一个幼儿返回的调查表让老师们既感动又感慨。感动的是，这张调查表上

---

① 陶行知.陶行知文集[M].南京：江苏凤凰教育出版社，2008：355.
② 马卡连柯.家庭和儿童教育[M].丽娃，译.上海：上海人民出版社，2005：30-31.

每个栏目的信息都是"双语"记录的:成人工整的文字语言和孩子认真的图画语言。在"主要用途"一栏,除填写了多项棉花的常识性用途外,还有一项非常识性的用途——"制造纸币",这是所有调查表记录的用途中最独特的一项。棉花的这项用途并不为大众熟知,应该是认真查阅资料后才了解到的。感慨的是,这张调查表的"气质"与制作它的幼儿的个性非常"匹配",这个幼儿在幼儿园的一贯表现就是认真、专注、好奇、好问、好探究、喜欢合作。这张小小的调查表折射出这个幼儿的家庭生活的色彩,无声地解释了他的优秀成因——"少成若天性,习惯如自然",他过着如此的生活,自然有如此的行为表现。

2. 教育即成长:促进儿童全面健康生活即是促进儿童全面健康成长

《家庭教育促进法》规定,家庭教育的目的是"促进未成年人全面健康成长"。关于教育与成长的关系,卢梭认为,教育不是从外部强加给儿童和年轻人某些东西,而是人类天赋能力的生长[1]。杜威进一步指出,教育是各种自然倾向和能力的正常生长,各种能力逐渐生长的结果就是人的成长,除人的全面成长外,教育别无其他目的[2]。基于卢梭和杜威的教育成长思想,生活教育理论这样解释教育与生长的关系:有生命的东西,在一个环境里生生不已的就是生活[3]。也就是说生活即生长,一个人的生活状态就是他的生长表现。"生活教育就是给生活以教育,用生活来教育,为生活向前向上的需要而教育"[4],因此,生活即教育,教育即是满足向前向上生长的需要,教育即成长。依据生活教育理论的这一观点,家庭教育促进儿童全面健康成长,就是培育、引导、满足儿童过一种全面健康的生活,而且一定是一种全面健康的儿童生活,因为"是儿童的生活才是儿童的教育"[5]。除此之外,家庭教育别无其他目的。但是,在现实生活中却有两种错误的关于儿童教育目的的观念广为流传。幼儿园教师进行家庭教育指导时要特别用心帮助家长明辨这两种错误的观念,避免错误的认知导致错误的家庭教育实践。

第一种错误的观念是"儿童教育的目的是积累知识"。教育有传递知识的功能和义务,儿童也需要掌握一定的知识。但是,教育的核心目的不是积累知识,而是生产知识。从发生学的角度看,知识不是独立于人的客观存在,知识是人们

---

[1] 吕达,刘立德,邹海燕.杜威教育文集:第1卷[M].北京:人民教育出版社,2008:209.
[2] 吕达,刘立德,邹海燕.杜威教育文集:第1卷[M].北京:人民教育出版社,2008:211.
[3] 陶行知.陶行知文集[M].南京:江苏凤凰教育出版社,2008:354.
[4] 陶行知.陶行知文集[M].南京:江苏凤凰教育出版社,2008:818.
[5] 陶行知.陶行知文集[M].南京:江苏凤凰教育出版社,2008:359.

赋予经验里有规律性的事物以意义和结构建造起来的模式①,也就是说知识是人成长的结果。因为教育即成长,所以,教育与知识之间的本质关系是,知识是教育的结果。以积累知识作为教育的目的,就把教育和教育的结果变成一种异己的关系,导致教育的异化,把教育扭曲为从外部强加给儿童的负担,致使儿童厌恶学习。另外,虽然知识具有累积性,积累知识也不应作为儿童教育的目的,特别是在知识爆炸的时代,知识就是一个"深不可测的无边的海洋"②。以积累知识为目的,终究事倍功半。

"墨辩"把知识分为三种:一是亲知,即从自身经验中获得的知识;二是闻知,即他人口传或书本传达的知识;三是说知,即推想出来的知识。陶行知认为,亲知是一切知识之根本,闻知与说知必须安根于亲知里面方能发生效力③。三种知识中,闻知是传统教育最重视的知识。以积累知识为儿童教育目的,指的就是闻知的积累。人类的发展具有累积性,后辈站在前辈的肩膀上成就自己。个人的生长需要已有知识的滋养,但这些知识只有与个人的相关经验结合起来,才能真正发挥出它的力量。陶行知用"接知如接枝"的比喻阐明了这个道理:一种树枝可以接到另一种树枝上去使它格外发荣滋长,开更美丽的花,结更好吃的果。如果把别人从经验发生的知识接到我们从自己经验发生的知识上,我们的知识必可格外扩充,生活必可格外丰富。我们要有自己的经验做根,以这经验所生的知识做枝,然后别人的知识方才可以接得上去,别人的知识方才成为我们知识的一个有机体部分。如一个没有"热"的经验的人,是不能理解"热带是热的",有"冷"的经验的人才能真正理解"北冰洋是冷的"④。五育中与知识联系最密切的智育,是促进智力发展的活动,并不是积累知识的活动。自我发展才是最有价值的智力发展,智育的目的是激发和引导人的自我发展之路⑤,而不是把人变成盛知识海水的量斗、装知识载体的库房。

第二种错误的观念是"儿童教育的目的是为成人生活做准备"。生命是有周期性的,所以生长表现出阶段性,每一阶段都有独特的、不可代替的生长任务和生长价值。任一阶段的生长价值被忽视或生长任务被置换,都会损害整体的生命质量。儿童期和成人期是生长的两个阶段,有联系更有差异。在成人视角中,儿童期在前成人期在后,儿童期以"消耗性活动"为主,成人期以"生产性活动"为

---

① 吕达,刘立德,邹海燕.杜威教育文集:第1卷[M].北京:人民教育出版社,2008:前言.
② 吕达,刘立德,邹海燕.杜威教育文集:第1卷[M].北京:人民教育出版社,2008:216.
③ 陶行知.陶行知文集[M].南京:江苏凤凰教育出版社,2008:259.
④ 陶行知.陶行知文集[M].南京:江苏凤凰教育出版社,2008:273.
⑤ 怀特海.教育的目的[M].庄莲平,王立中,译.上海:文汇出版社,2012:1.

主,因此,儿童期常被误会为成人期的准备阶段,儿童教育的目的被误解为"为成人生活做准备"。花朵出现在果实之前,但花朵不是果实的准备,而是孕育了果实。与此同理,儿童期不是成人期的准备阶段,而是孕育成人的阶段,儿童期不是生命的消耗时期,而是最伟大的生产时期,因为它的产出是成人。正因为此,蒙台梭利把儿童称为成人之父。

儿童期的真正意义是生长和发展的时期。尊重儿童就是尊重儿童成长的需要,尊重儿童成长的自然规律。成熟要经过一定的时间,操之过急会导致伤害,为了成年生活上的成就而不顾儿童时期的能力和需要是自杀性的[1]。不让儿童学习现在用得着的东西,而教给他们成人生活需要的东西,就如同为了将来可能会长出的翅膀砍下现在拥有的手臂一样愚昧。使儿童适应未来生活,便是要使他能管理自己,要训练他能充分和随时运用他的全部能量,他的眼、耳和手都成为随时听命令的工具,他的判断力能达到经济和有效地进行活动的程度[2]。儿童的各种活动不像在成人看来是无目的、无意义的,而是一些方法,通过它们,他熟悉自己的世界,学习使用自己的能力以及自己能力的限度[3]。这些正是成人能给予儿童的唯一适应,即由于使他们充分发挥自己的能力而得到的适应[4]。让儿童做儿童该做的事情,过儿童该过的生活,成人生活的适应和成就是水到渠成的自然结果。

3. 教学做合一:家庭生活的方法就是家庭教育的方法

生活教育理论的方法论是教学做合一,教学做合一是生活方法,也就是教育方法。它的含义是:教的方法根据学的方法,学的方法根据做的方法。事怎样做便怎样学,怎样学便怎样做[5]。教学做是一件事,不是三件事。我们要在做上教,在做上学。在做上教的是先生;在做上学的是学生。从先生对学生的关系说,做便是教;从学生对先生的关系说,做便是学[6]。先生拿做来教,乃是真教;学生来做来学,乃是实学[7]。做是在劳力上劳心,用心以制力[8],是有意义的做[9]。

---

[1] 吕达,刘立德,邹海燕.杜威教育文集:第1卷[M].北京:人民教育出版社,2008:211.
[2] 吕达,刘立德,邹海燕.杜威教育文集:第1卷[M].北京:人民教育出版社,2008:7.
[3] 吕达,刘立德,邹海燕.杜威教育文集:第1卷[M].北京:人民教育出版社,2008:212.
[4] 吕达,刘立德,邹海燕.杜威教育文集:第1卷[M].北京:人民教育出版社,2008:6.
[5] 陶行知.陶行知文集[M].南京:江苏凤凰教育出版社,2008:405.
[6] 陶行知.陶行知文集[M].南京:江苏凤凰教育出版社,2008:285.
[7] 陶行知.陶行知文集[M].南京:江苏凤凰教育出版社,2008:313.
[8] 陶行知.陶行知文集[M].南京:江苏凤凰教育出版社,2008:288.
[9] 陶行知.陶行知文集[M].南京:江苏凤凰教育出版社,2008:315.

教学做有一个共同的中心,这个中心就是"事",就是实际生活①。据此,幼儿园教师需要指导幼儿父母学习、提升的家庭教育方法,其实是家庭生活组织方法,指导父母通过组织丰富且适宜孩子的家庭日常生活,在日常生活中学习生活的经验、能力、态度和价值观。

依据教学做合一的方法论,家庭生活的方法即是家庭教育的方法,家庭教育不是父母对儿童坐而论道,而是和儿童一起用心地生活,科学地生活,在家庭生活上"教学做",通过家庭生活的"教学做"获得共同成长。教育要通过生活才能发出力量而成为真正的教育②。譬如乐于助人品质的培养,如果父母仅仅依靠说教,儿童可能理解乐于助人的意思,但缺乏实际行动就缺乏真情实感,就很难把这个外在规则内化为内在品质。如果父母带领儿童过一种乐于助人的生活,儿童在助人的活动中既学会了如何助人也体验到了助人引起的内在感受,自然有助于形成乐于助人的品质。好家风是最好的家庭教育,体现的就是生活法与教育法的统一,因为家风就是家庭成员在家庭生活中共建、共享的一种稳定的生活模式,就是基于日常生活的教学做的合一。一言以蔽之,一家人相亲相爱、向上向善地生活就是进行科学的家庭教育,爱国、敬业、诚信、友善的父母就是孩子优秀的终生的老师。

---

① 陶行知.陶行知文集[M].南京:江苏凤凰教育出版社,2008:230.
② 陶行知.陶行知文集[M].南京:江苏凤凰教育出版社,2008:818.

第三章

幼儿园家庭教育指导的实施

  幼儿园家庭教育指导是一项专业实践活动,规范性是它的基本特性。不以规矩,不能成方圆。幼儿园家庭教育指导的实施是遵循一定的原则、按照一定的形式进行特定内容的指导。幼儿园家庭教育指导者的态度、指导行为、指导形式和指导内容都有一定的规约。这些规约规范指导活动,为指导活动指明方向,为指导者提供行为和决策的准则,使指导活动保持一致性和可持续性。本章的主要任务是根据我国儿童身心发展规律和需要、学前儿童家庭教育与幼儿园家庭教育指导的目的,阐明幼儿园家庭教育指导的基本原则、指导的基本形式、指导的基本内容和指导者的态度。

一、幼儿园家庭教育指导的基本原则

(一) 儿童利益最大化原则

  1989 年第 44 届联合国大会通过的《儿童权利公约》被称作"儿童权利大宪章",其明确规定:"关于儿童的一切行动,不论是由公私社会福利机构、法院、行政当局或立法机构执行,均应以儿童的最大利益为一种首要考虑",这一规定被简称为儿童利益最大化原则,是《儿童权利公约》确立的保护儿童的核心原则。幼儿园家庭教育指导是关于儿童的行动,当然要遵守这一原则,而且要把它作为家庭教育指导的首要原则。这个原则的基本内涵包括:把儿童视为拥有权利的个体,而不是父母的私有财产;儿童利益必须高于成人社会利益;处理相关问题时全方位考虑儿童的长远利益和根本利益,以最有益于儿童的发展为出发点[①]。这一原则要求幼儿园家庭教育指导者明确儿童的权益有哪些、为实现这些权益幼儿父母需要做什么,当家庭资源有限或权益发生冲突的时候应优先保障儿童的权益。

[①] 关颖.儿童利益最大化才是"为孩子好"[N].中国教育报,2021-08-22(4).

（二）尊重幼儿家长主体性的原则

幼儿家长不仅是家庭教育的责任主体，也是幼儿园家庭教育指导活动的主体，只有他们积极参与、主动建构，把指导内容内化为他们的经验，指导才能真正促进他们家庭教育能力的发展。因此，幼儿园家庭教育指导要遵循尊重幼儿家长主体性的原则。尊重主体性原则的基本内涵包括：幼儿园家庭教育指导尊重幼儿家长的活动主体身份、个性和家庭教育观念，激发他们提升家庭教育质量的主动性；指导者作为家庭教育指导活动的另一主体，要与幼儿家长建立一种主体间性的关系。指导者与幼儿家长虽然承担的具体任务不同但身份平等，指导者具有丰富的儿童发展、儿童教育和家庭教育的一般知识，幼儿家长拥有详细的关于自家孩子的个性、兴趣和经验的具体知识。双方相互尊重彼此支持，通过对话增进相互间的理解、促成双方知识的共享和融合，达成关于儿童发展和儿童教育的共识，这样的关系状态能有力、有效地促进家庭教育指导目标的实现。

（三）平等协商原则

家庭教育法制化时代，家庭教育既是家事也是国事，幼儿家长是家庭教育的责任主体，幼儿园是诸多为家庭教育服务的社会主体之一，幼儿园家庭教育指导要遵循平等协商的原则。平等协商原则的基本内涵包括：家庭教育指导是基于幼儿园和家庭双方平等自愿的活动，双方有相同的参与权、发言权和决定权；指导过程应以合作和建设性的态度进行，双方共同努力解决家庭教育问题，为儿童发展营造适宜的家庭环境和家园关系。这一原则要求指导者可以调动、激发幼儿家长参与指导的积极性，但不能以"专家权威"身份强制要求他们参与，指导者要积极寻找合作的方式内容，强化双方共同的目标追求，为幼儿父母更好地行使参与权、发言权、决定权提供信息、创造条件。

（四）保护隐私原则

家庭教育具有私人性质，幼儿园家庭教育指导要遵循保护隐私原则。该原则的基本内涵是，幼儿园家庭教育指导要遵守《中华人民共和国民法典》第四编人格权第六章隐私权和个人信息保护的规定，保护家庭成员的隐私和个人信息。第六章隐私权和个人信息保护的具体内容如下：

第一千零三十二条　自然人享有隐私权。任何组织或者个人不得以刺探、侵扰、泄露、公开等方式侵害他人的隐私权。隐私是自然人的私人生活安宁和不愿为他人知晓的私密空间、私密活动、私密信息。

第一千零三十三条　除法律另有规定或者权利人明确同意外,任何组织或者个人不得实施下列行为:

(一)以电话、短信、即时通讯工具、电子邮件、传单等方式侵扰他人的私人生活安宁;

(二)进入、拍摄、窥视他人的住宅、宾馆房间等私密空间;

(三)拍摄、窥视、窃听、公开他人的私密活动;

(四)拍摄、窥视他人身体的私密部位;

(五)处理他人的私密信息;

(六)以其他方式侵害他人的隐私权。

第一千零三十四条　自然人的个人信息受法律保护。

个人信息是以电子或者其他方式记录的能够单独或者与其他信息结合识别特定自然人的各种信息,包括自然人的姓名、出生日期、身份证件号码、生物识别信息、住址、电话号码、电子邮箱、健康信息、行踪信息等。

个人信息中的私密信息,适用有关隐私权的规定;没有规定的,适用有关个人信息保护的规定。

第一千零三十五条　处理个人信息的,应当遵循合法、正当、必要原则,不得过度处理,并符合下列条件:

(一)征得该自然人或者其监护人同意,但是法律、行政法规另有规定的除外;

(二)公开处理信息的规则;

(三)明示处理信息的目的、方式和范围;

(四)不违反法律、行政法规的规定和双方的约定。

个人信息的处理包括个人信息的收集、存储、使用、加工、传输、提供、公开等。

第一千零三十六条　处理个人信息,有下列情形之一的,行为人不承担民事责任:

(一)在该自然人或者其监护人同意的范围内合理实施的行为;

(二)合理处理该自然人自行公开的或者其他已经合法公开的信息,但是该自然人明确拒绝或者处理该信息侵害其重大利益的除外;

(三)为维护公共利益或者该自然人合法权益,合理实施的其他行为。

第一千零三十七条　自然人可以依法向信息处理者查阅或者复制其个人信息;发现信息有错误的,有权提出异议并请求及时采取更正等必要措施。

自然人发现信息处理者违反法律、行政法规的规定或者双方的约定处理其个人信息的,有权请求信息处理者及时删除。

第一千零三十八条 信息处理者不得泄露或者篡改其收集、存储的个人信息;未经自然人同意,不得向他人非法提供其个人信息,但是经过加工无法识别特定个人且不能复原的除外。

信息处理者应当采取技术措施和其他必要措施,确保其收集、存储的个人信息安全,防止信息泄露、篡改、丢失;发生或者可能发生个人信息泄露、篡改、丢失的,应当及时采取补救措施,按照规定告知自然人并向有关主管部门报告。

第一千零三十九条 国家机关、承担行政职能的法定机构及其工作人员对于履行职责过程中知悉的自然人的隐私和个人信息,应当予以保密,不得泄露或者向他人非法提供[①]。

(五) 发展性原则

幼儿园家庭教育指导旨在提升幼儿家长的家庭教育观念、认知、态度和能力,提高家庭教育质量以促进儿童的健康生活和全面发展,因此,指导要遵循发展性原则。发展性原则的基本内涵包括:幼儿园家庭教育指导指向家庭教育的发展,重点不是补救家庭教育的不足,更不是问责幼儿家长的失职失责;指导者以发展的视角评价家庭教育,相信家庭教育是发展的,相信幼儿家长有发展的能力和需要,注重发现家庭教育的成功经验、优势和资源,强化家庭教育自主发展和持续发展的能力;指导者既要了解幼儿家长家庭教育的现有水平,也要能看到他们家庭教育潜在的发展水平,指导重点是为幼儿家长搭建支架,帮助他们跨越最近发展区,实现潜在的家庭教育水平。

(六) 系统性原则

家庭是一个动态的系统,家庭的各组成部分之间以及家庭功能之间相互影响、彼此关联,幼儿园家庭教育指导要遵循系统性原则。系统性原则的基本内涵包括:坚持以系统观念指导家庭教育,在社会文化、家庭关系网和家庭生活的交互影响背景中理解家庭教育行为;家庭教育指导与幼儿园教育保持协调一致;调动家庭每一位成员积极参与到改进家庭教育的行动中;指导目标包括改善幼儿家长以及其他家庭成员的儿童观、家庭教育认知、态度和行为、家庭的社会关系、家庭的物质环境和心理环境等诸多影响儿童健康生活和发展的方面,增强家园

---

① 《中华人民共和国民法典》[EB/OL]. https://www.ccdi.gov.cn/yaowen/202006/t20200601_219283.html.

社协同育人能力,促进儿童德智体美劳全面发展。

(七)正面指导原则

正面教育原则是学前教育的基本原则,正面指导原则是幼儿园家庭教育指导的基本原则。正面指导原则的基本内涵包括:幼儿园家庭教育指导要基于优势视角,从正面进行指导;指导者以尊重、热情、真诚等积极的态度对待幼儿家长,建立维护与家庭的积极关系;指导者以价值澄清、表扬、榜样示范、倾听等积极的方式向幼儿家长提出建议或要求,经常无条件肯定他们的努力和取得的成绩,提升他们的自尊心、自信心和养育效能感;指导者帮助幼儿家长清楚了解应该做什么,指导关注问题的解决与他们问题解决能力的提升,而不是关注对问题的问责或幼儿家长不应该做什么。正面指导能让幼儿家长在指导过程中体验到更多的欢乐、尊重、合作、效能感和价值感等积极情感,这些积极感受能让他们更加积极主动地深度参与指导活动。

(八)个别化指导原则

如同幸福的家庭都是相似的,不幸的家庭各有各的不幸。优秀的家庭教育有许多共性特征,待解决的家庭教育困难和问题却各有各的不同,幼儿园家庭教育指导还需要遵循个别化指导原则。个别化指导原则的基本内涵包括:指导者要理解、尊重、包容家庭的多样性,平等接纳每一位幼儿家长,反对歧视排斥任何人;指导者相信每个家庭都是独一无二的,每个家庭的家庭教育都有独特的优势也有特别的困难、问题和发展需要,每个家庭都有平等地得到家庭教育指导的权利;指导者根据不同家庭的具体情况,如家庭的社会经济地位、家庭隶属的亚文化、家庭的规模结构及功能水平等,采取有针对性的指导形式和指导内容。

二、幼儿园家庭教育指导的基本形式

在幼儿园家庭教育指导中,幼儿园和家庭共同分享信息、解决问题以及庆祝成功,履行促进儿童学习与发展的共同责任。在家庭教育指导中,幼儿园需要走出指导的第一步,通过一系列的方式与家庭建立积极的关系、顺畅地交流信息。家庭教育指导可以借鉴传统家园合作的优良方式,但在运用这些方式的时候需要特别注意使之服务于指导目标的实现,家庭教育指导更需要探索创新指导方式,持续提升家庭对指导的满意度和指导质量。

（一）家访

家访即指导者到幼儿家中造访，是进行个别化家庭教育指导的一种常用的有效方式。通过家访，指导者能观察到家庭所在社区的环境概况、家庭的生活环境、家庭文化、家庭成员间的互动方式和关系状态、具体的家庭教育行为等，这些因素都直接或间接地影响着家庭教育或儿童的生活与学习，有利于指导者更客观、更全面地了解儿童及儿童的家庭，评估家庭教育。幼儿园一般都会安排或鼓励教师进行家访活动，家长一般也会欢迎教师到家里进行交流指导。为了教师和家长都能获得舒适的家访体验，取得双方都满意的家访结果，建议幼儿园进行家访时做好以下准备：

1. 每次家访均安排两位指导者一起进行，这样做既能保护指导者，还能收集到更多家庭教育资料，更多视角分析家庭教育问题，提出更多样化的家庭教育建议。

2. 家访前要与家长沟通，如实详细地告知家长家访的目的、需求和行为守则，征询家长的同意。如果家长拒绝，必须尊重家长的拒绝；如果家长同意，双方确定一个合适的、具体的家访时间，以家庭成员都能参与的时间为佳选。指导者按时到达和离开，如果被访家庭有突发事情，指导者应尽早离开。指导者尽量不要更改家访约定，如果确实需要更改，指导者应及早向家长如实说明情况，就更改家访约定向家长真诚道歉。如果家长提出更改家访约定或取消家访，则要满足家长的需要，安排其他指导方式。

3. 准备一些儿童在幼儿园的生活或游戏活动资料并主动与家长分享，因为几乎所有家长都有兴趣了解孩子在幼儿园发生的事情，借助儿童在幼儿园的活动和表现过渡到在家时的活动和表现以及家庭教育，有助于缓解家长的紧张情绪。也可以准备一些与家访主题紧密相关的家庭教育资料，以便协助家庭成员积极、深度地参与到谈话中。

4. 指导者作为家庭的客人要尊重家庭的所有成员和家庭的生活方式，入门问讳，言谈举止符合教师职业道德规范。

5. 指导者进行家访虽然是为了深入了解家庭和家庭教育情况，需要向家庭成员询问一些事情，但家访不是家庭教育调查，指导者不是负责问问题的调查者，家庭成员不是负责回答问题的调查对象。家访交流是对话，指导者主要负责引导话题、通过观察和倾听获取信息、鼓励家庭成员多表达、积极回应家庭成员的参与，以家庭成员易理解的表达分析问题、给出建议，不指责、不说教、不偏袒某个家庭成员。

6. 家访结束时,感谢所有家庭成员的参与,肯定他们在家庭教育上的付出和取得的成果,鼓励他们和孩子一起成长,欢迎他们主动提出家庭教育指导服务需求。

(二) 个别约谈

个别约谈是指导者与家长围绕家庭教育问题进行的有目的、有计划、一对一的深度交谈,也是一种有效的个别化指导方式。约谈的发起方可以是指导者,也可以是家长,约谈的地点建议在幼儿园。家访和接送时也会出现个别交谈的形式,但家访时的交谈、接送时的交谈、个别约谈的侧重点有所不同。家访时的交谈更加侧重对家庭环境和家庭教育的调查与评估,接送时的交谈更加侧重于家长之间时间短、频率高、话题广泛的日常交谈,个别约谈则侧重于家长专门针对某一现象或者某一问题进行有备而来的深层次的教育交谈,交谈的主题比较鲜明,交谈的内容比较复杂,有很强的针对性。

指导者可以使用以下策略提高个别约谈的效果。第一,要制订约谈计划。个别约谈属于专题沟通,有明确的目标,不是拉家常,是要达到交流信息、解决问题、增进信任的目的,所以教师与家长进行个别约谈要有计划性,要制订约谈计划。约谈计划主要包括约谈的目的、约谈的主要内容、共商解决问题的方法以及期望的效果。在谈话的过程中,教师要留神梳理是否完成约谈计划,以提高个别约谈效率。

第二,要公平公正。教师不要在潜意识里认为有的孩子需要个别约谈,有的孩子不需要。实际上,每个孩子的家长都希望得到教师个别约谈的机会,只不过教师的工作安排有轻重缓急、先后顺序之分。因此,教师要心中有数,合理规划个别约谈的侧重点,保障每个孩子及其家长都在自己的约谈计划之中,尊重每个幼儿及其家长的公平受教育权利。

第三,要有备而约。个别约谈不是随机性的泛泛而谈,是围绕一个或多个主题深入展开话题,具有一定的研究性,因此教师需要有所准备。首先,是以幼儿为中心的相关准备。指导者要在约谈之前收集幼儿的活动作品、照片、录像等资料,了解幼儿及其家长近期的大致情况。此外,教师还可以通过报刊和网络收集约谈专题所涉及的教育信息,必要的时候还应该请教其他教师或者行政领导。如果是针对某个事件的个别约谈,教师更要多方调查,鉴别信息。最后与家长预约合适的时间与地点。

第四,要端正态度。在约谈的过程中,要让家长实实在在地感觉到指导者的积极态度,如尊重、真诚、热情、谦和等,消除家长的防卫和紧张心理。指导者不要以权威自居,不要态度强势,要共情家长,多用商讨和请教的语气表达自己的想法。谈话时,要稍作停顿地看着对方,随时准备接受家长的插话与提问。在谈话过程中,指导者不要接电话,不要让其他家长在场;有话直接说,不要让家长感觉到指导者在用其他孩子"影射"自己的孩子。如果感觉到家长有所顾忌或者误解,指导者要及时澄清,表达善意。谈话结束后表达自己的收获和对家长的感谢。

第五,要先肯定态度和成绩再讨论问题。指导者要全面地把握孩子的状况,不要与家长一见面就谈孩子的问题,这样会让家长感觉老师对孩子有偏见。先肯定孩子和家长的态度与家庭教育成绩,能让家长感受到指导者是接纳自己的孩子的,是尊重家长的,对待事情是客观全面的。讨论问题的时候也要向家长传达指导者积极的态度和信心。

第六,要因材施教。每个家长都是独特的,指导者谈话的方式要因人而异。教师不可能等完全了解一个家长之后,才去与之交流,而是需要边沟通边了解,边及时调整沟通策略。对于有的家长,教师可以直来直去;对于有的家长,教师需要委婉谨慎;对于有的家长,教师可以长话短说;对于有的家长,教师则特别关注细节,等等。沟通的艺术具体体现为要根据当时的情景,把正确的内容以正确的方式传达给对方。

第七,要鼓励家长主动约谈。虽然指导者在家庭教育指导中要多发挥主动性,但指导者并不能完全清楚家长什么时候需要或方便进行个别约谈,这就需要家长自觉自愿地主动邀请指导者进行个别约谈。为此,幼儿园要主动创设条件,欢迎家长来园约谈。在管理上,幼儿园应建立个别约谈制度,创建个别约谈档案,提供安静、舒适的约谈场所,并为指导者专门安排约谈时间。指导者则以班级为单位面向家长发布个别约谈倡议书,公布个别约谈时间,鼓励家长提前一段时间预约话题,以便指导者为此有所准备,提高约谈效果[①]。

(三) 家长学校

家长学校是进行集体指导的一种常用的有效方式。《全国妇联 教育部 中央文明办关于进一步加强家长学校工作的指导意见》(以下简称《意见》)中提到,家长学校是宣传普及家庭教育知识、提升家长素质的重要场所,是指导推进家庭教育的主阵地和主渠道。家长学校的主要任务是面向广大家长宣传党的教育方针、相关法律法规和政策,宣传科学的家庭教育理念、知识和方法,引导家长树立

---

① 晏红.幼儿园家庭教育指导形式与方法[M].北京:中国轻工业出版社,2013:168,174-176.

正确的儿童观和育人观;组织开展形式多样的家庭教育实践活动,增进亲子之间的沟通和交流,使家长和儿童在活动中共同成长进步;通过多种形式为家长儿童提供指导和服务,帮助解决家庭教育中的难点问题,提升家长教育培养子女的能力和水平;增进家庭与学校的有效沟通,努力构筑学校、家庭、社区"三结合"的未成年人教育网络,为儿童健康成长营造良好环境。

《意见》要求幼儿园要把家长学校工作纳入幼儿园工作的总体部署。幼儿园家长学校校长由园领导兼任,与负责具体事务的教师、家长代表等人员共同组成校务管理委员会,负责家长学校日常管理工作。家长学校师资由幼儿园教师或聘请相关专业人士、志愿者担任,场地可利用现有的活动室、教室等。幼儿园家长学校每学期至少开展1次家庭教育指导、2次亲子实践活动。有条件的幼儿园要向周边社区延伸家庭教育活动,做好社区0～3岁和未入园儿童的家庭教育指导工作。[①] 家长学校是一种业余成人教育,要遵循成人的心理、尊重成人的工作和生活。幼儿园可以按幼儿年龄将家长分班,也可以根据家长类型分班,针对不同教育对象或教育者的特点分别进行培训。家长学校可以系统地向家长传授科学育儿知识,咨询家庭教育中存在的问题,又可以根据家长的要求或家教中的误区举办各种专题讲座,也可以组织家长就共同关心或感兴趣的问题进行交流研讨。[②] 根据《意见》的要求和家长学校的业余成人教育性质,家长学校可以运用家长讲座、家长沙龙、家庭教育论坛、家庭教育微课、家庭教育心理剧、家长增能学习小组、家长开放日和亲子活动等具体形式进行家庭教育指导。

1. 家长讲座

家长讲座可以系统、深入地向家长介绍儿童发展和家庭教育的知识,有利于改善家长的儿童观、提升家长的家庭教育理念。讲座的主题可以由幼儿园根据本园儿童发展需求拟定,也可以向家长征集。幼儿园可以请儿童保健专家、心理专家、教育专家开设讲座,也可由园长、教师或家长主讲。讲座可以采用讲授为主、答疑为辅、先讲授后答疑的形式,或采用讲授和答疑并重、边讲授边答疑的形式;讲座人可与家长坐成秧田式,也可坐成半圆式、圆圈式。讲座开始前做好详细计划并向家长公布。在讲座中,讲座人要做到理论联系实际,既要科学地讲解,又要深入浅出,易于为家长所接受。在讲座结束以后,幼儿园还要通过多种

---

① 全国妇联 教育部 中央文明办关于进一步加强家长学校工作的指导意见[EB/OL]. http://www.moe.gov.cn/jyb_xxgk/moe_1777/moe_1779/201105/t20110516_119729.html.
② 邢利娅. 幼儿园管理[M]. 北京:高等教育出版社,2010:218.

途径向家长了解情况,及时获取反馈信息,做出效果评价,以不断提高讲座的质量。①

2. 家长沙龙

与家长讲座相比,家长沙龙的氛围比较轻松自由,家长可以充分表达自己的困惑和想法,倾听其他家长、教师、专家的观点。为了沙龙话题能深入展开、参与家长都有表达自己的机会,家长沙龙宜以班级为组织单位,不宜以幼儿园为组织单位。沙龙话题可由班级教师根据本班幼儿发展需求拟定,也可由家长提出,还可以是家长讲座内容的延伸和拓展。可以分别组织父亲、母亲、祖辈参加的父亲沙龙、母亲沙龙、祖辈沙龙,也可以组织混合型沙龙。沙龙主持人可以是聘请的专家,也可以由教师或家长担任。沙龙的海报和邀请函可以由老师和儿童一起制作,沙龙的流程和规则可以由老师和家长一起商定。老师作为沙龙的组织者,在沙龙开始前主要是做好选择话题、确定时间、场地、人员、流程及规则、准备材料、制作海报和邀请函并送给家长;沙龙进行时,老师要营造民主、轻松、愉快的氛围,鼓励家长积极参与、维护沙龙规则;沙龙结束时,老师要总结肯定沙龙的主要收获,感谢家长的积极参与,鼓励家长在家庭教育道路上持续探索、进步。

3. 家庭教育论坛

家庭教育论坛是以互联网为平台的一种指导方式,具有开放性、包容性、实时性、交互性的特点,比较符合年轻家长的社会交往习惯。现在幼儿园一般都有自己的网页和公众号,在这些平台上建立家庭教育论坛,所有家长和教师都可以在论坛发布儿童教育和家庭教育的信息,讨论问题、解决问题、分享经验,既能促进家长的家庭教育能力,又能增进家长与教师、家长与家长之间的关系。如中华女子学院附属实验幼儿园就在自己的主页上建立了论坛,每个班级建立分论坛,不同的主题也有分论坛,家长随时可以在论坛中提出问题,与园长、教师及其他家长一起探讨;也可以寻找自己感兴趣的主题,进行教育知识、技能的学习;还可以对幼儿园的工作情况发表意见、建议。这种方式已经成为该园家长工作的一个主要方式,发挥了很大的作用。②

4. 家庭教育微课

家庭教育微课也是以互联网为平台的一种指导方式,具有时间短、主题突

---

① 李生兰.学前儿童家庭教育与活动指导[M].上海:华东师范大学出版社,2014:108-116.
② 邢利娅.幼儿园管理[M].北京:高等教育出版社,2010:218.

出、聚焦问题、形象生动等优势。幼儿园可以根据家庭教育指导计划自己制作家庭教育主题微课，也可以购买或合法借用政府部门、高校、其他机构或个人制作的优秀家庭教育主题微课。每个主题微课后可以设置相应的家庭作业，鼓励家长把从微课中学到的知识方法应用到家庭教育实践中，并向指导者反馈实践时遇到的困难和感受，指导者要给予及时的解答和回复。

5. 家庭教育心理剧

心理剧(psychodrama)是由精神病理学家莫瑞努(Jacob Moreno)1921年提出的一种心理治疗形式，发展至今，心理剧已被许多不同理论学派的治疗家们所采用。作为一种治疗方式，心理剧在促发改变时有许多独特的价值。第一，心理剧帮助表演者将心理事件当作戏剧表演出来，表演者通过即时即地的表演能体验既往、当前和将来的事件。第二，心理剧的角色转换、角色训练、投射、超现实表演等技术，能帮助表演者表达出言语无法表达的内心感情和模棱两可的态度，帮助表演者挖掘出深层的情感、清晰地认识自己，从而在选择解决问题的方法时更具创造性。第三，通过角色扮演，表演者还能将自我和扮演的角色分离开来，从当局者转变为旁观者，他们便能从原先的困境中找到更多的出路，他们能改变以前对事态的瞻望，重新看待人和事。第四，角色转换还可增强表演者对人际关系的理解，改善他们僵化的自我中心。第五，心理剧可以使问题具体化，使一些常用于掩饰问题的抽象托词在剧中淋漓展现。第六，心理剧强调过程中的正性感情，表演中和谐友善的氛围为表演者提供了一个尝试失败的安全岛，使之能在表演中实践新行为，使表演者勇于冒险探索自我，使整个改变过程充满乐趣。①

幼儿园教师根据家长学校的教育内容和目标，编排家庭教育心理剧，请家长参加表演，通过表演体验、反思自己原有的家庭教育观念和行为，学习、尝试新的观念和行为。如为了让家长理解家庭是一个整体，家庭成员之间存在着普遍的、深刻的相互影响的规律，教师可以编排这样一个心理剧。设置一个五口之家晚饭后的场景，请家长分别扮演奶奶、爸爸、妈妈、女儿、儿子角色，每个人都在自己的腰间扎上长度有限的塑料彩绳与其他四个家庭成员相连。心理剧刚开始时，五个人坐在沙发上愉快地交谈，每个人的脸上都挂着微笑。不一会儿，连续几个电话打进来，爸爸的生意伙伴要求他出去谈生意；女儿的男朋友约她去逛街；儿子的同学邀他去打球……凡有人需要离开，就会牵动其他四人，准备离开

---

① 李鸣.心理剧的历史和理论[J].临床精神医学杂志,1995(6):353-354.

的人要向其他四人提出调整相互关系(即改变彩绳距离)的要求。被牵动的人根据自己的意愿做出或同意放行,或生气阻止的反应,不同的反应会引起不同的情绪反馈。一个简单的表演就能加深家长对家庭关系的理解,激发家长深思自己的日常言行、家庭生活方式对孩子的影响。

6. 家长增能学习小组

很多学习都是通过合作取得成功的,和其他人一起学习时我们可以学得更快且获得更多,合作既有利于发展我们的学习技能,也有利于发展我们的社会技能。幼儿园指导者可以支持面临相似家庭教育问题或有相似家庭教育能力提升需求的家长组成增能学习小组进行小组学习。学习小组可以为家长提供相互学习的机会,发展他们的问题解决技能和策略;组员间平等的探究性讨论,能加深和拓宽他们对问题的理解;小组能帮助家长建构更大范围的人际关系,帮助他们获得更多的情感支持。为保证家长增能学习小组取得理想的学习成果,家长要做到自愿、知情参与,并承诺遵守共同制定的小组规则,指导者要对小组进行规划、监督并提供支持。

7. 家长开放日与亲子活动

家长开放日和亲子活动是经典的家园合作共育形式。幼儿园一般会在节庆日或定期举行家长开放日,请家长到幼儿园观看或参加活动。亲子活动可以在幼儿园举行也可以在社区举行,如在幼儿园举行的亲子运动会,在社区举行的家园社区共迎新年的联欢活动。幼儿园教师在家长开放日通过向家长示范科学的儿童教育方法、与儿童沟通的方法,在亲子活动中通过观察家长的教育行为和亲子互动方式,向家长提出针对性的改善建议,对家长进行家庭教育指导。

(四)家长会

成功的家长会不是幼儿园单方面讲家长单方面听的教导会,而是双方相互交流的论坛,教师和家长要对儿童的优点、进步及有待进步的领域展开具体的交流,尊重双方的儿童教育责任。教师有责任发起家长会,但也要鼓励家长提出发起家长会,把家长会看作是一次合力经营。表3-1列出了筹备家长会的一个大概方案,教师可以参考它来确保家长会是一次有效的合作。

表 3-1　使家长会成为有效合作的方案[①]

会议准备	1. 通过为教师和家长在便利的时间安排会议来建立相互间的尊重。 2. 通过座位的安排来建立一种平等感。教师应该坐在家长的旁边,以使每个人都能看到所有材料,避免物理上造成的障碍。 3. 准备会议议程并发给家长。这个议程包括会议的目的,以及家长和教师发言提问的合理时间安排。 4. 收集来自不同活动领域的材料,以展示孩子们近期生活和学习的成果。 5. 为体现对家庭教育的重视,邀请家长把他们的孩子在家制作的东西带来,比如孩子的家庭值日表、孩子制作的手工艺品、他们的收集品或者孩子最爱的书籍。
进行会议	1. 通过与家长分享儿童在幼儿园取得的成就这样一种积极的语调开始会议。 2. 邀请家长分享他们孩子在家的有意义的表现。 3. 分享双方对于孩子生活、学习、发展上的担忧。 4. 讨论解决这些担忧的方法。 5. 给家长提问的时间。如果家长不太愿意主动提问,应该通过建议一些其他家长常问的问题来帮助他们,如行为规范、学习困难、家庭教育等方面的困惑。 6. 确保会议在分配好的时间内进行。如果你需要更多的时间,可以安排一次新的会议。
结束会议	1. 以一种积极的语气结束这次会议。 2. 回顾会议的重点。 3. 重述你对双方做出的决定的理解。 4. 表明家长分享的信息或材料如何帮助你更好地理解他们的孩子。 5. 感谢家长的到来,并告诉他们幼儿园接下来为家长开展的活动或下次家长会的时间。 6. 表达与家长再次见面的期望。
后续工作	1. 为你的记录写一篇简要的总结,包括每一位家长的建议或问题。 2. 坚持履行你的承诺,并告知家长你的努力。

(五) 家园联系栏和家园联系手册

幼儿园班级一般都开辟了家园联系栏(家长园地),经常张贴的是班级活动计划、季节性或儿童常见疾病预防信息、特殊事件信息、结合班级活动针对家庭教育的建议等。为提高家长对联系栏的关注度,教师可以将儿童的作品和教师对作品的解读轮流放在公告栏、定期更换公告栏的内容、请家长参与设计公告栏或发布一些有趣的家庭教育资料。班级为每个幼儿配备一本家园联系手册,定时或随时与家长联系,互通儿童生活和学习的信息,分享有关儿童教育的建议,共同探讨个性化的教育计划与措施。

另外,教师还可以结合其他形式,如接送时的简短谈话、电话、社交软件交流等方式进行家庭教育指导,以适应家长的个别化需要。

---

① 巴伯 C,巴伯 N H,史高利.家庭、学校与社区:建立儿童教育的合作关系[M].4 版.丁安睿,王磊,译.南京:江苏教育出版社,2023:387.

三、幼儿园家庭教育指导的内容

幼儿园家庭教育指导的内容由幼儿家庭教育的需要决定。布莱德肖（John Bradshaw）将需要分为四种类型：规范性需要，是由专业人员或行政人员根据专业知识、政策规划评估后确定的需要，即"专家认为我需要"；感觉性需要，是个体主观意识到、感受到，并用言语表述出来的需要，即"我觉得我需要"；表达性需要，是个体通过行动表达出来的需要，即"我要求满足的需要"；比较性需要，是个体与他人相比较，发现自己与他人存在差距时产生的需要，即"我比别人缺少的需要"。幼儿家庭四种类型的家庭教育需要都应该得到合理的满足，因此，幼儿园家庭教育的指导内容应是由多主体选择的、涵盖影响儿童生活与发展的所有方面。

（一）关于儿童保护和教育的法律法规内容

《家庭教育促进法》是我国首部国家层面的家庭教育立法，它的规定是每位儿童父母都应知、应会的知识，因此也是幼儿园家庭教育指导的基本内容。指导者要向幼儿父母宣讲家庭教育的重要性、国家对家庭教育的重视和对幼儿父母的家庭教育责任要求、科学家庭教育的原则、内容和方法、家庭教育的社会支持等。除此之外，《中华人民共和国宪法》是国家的根本法，规定了公民的基本权利和义务。2014年11月1日，十二届全国人大常委会第十一次会议通过决定，将12月4日设立为国家宪法日。幼儿园家庭教育也应该把对宪法的宣讲纳入指导内容中，帮助幼儿父母知晓和理解我国公民的基本权利和义务。宪法中有关婚姻、家庭和父母责任的内容更需要详细宣讲，如婚姻、家庭、母亲和儿童受国家保护，父母有抚养教育未成年子女的义务，中华人民共和国公民有受教育的权利和义务。

全国妇联第二次家庭教育状况调查中有一个惊人的数据：认真学习过相关儿童保护法律的父母不到一成。这是我们在教育孩子上的一个根本性的失误，就是对儿童了解不够、对儿童权利无知[①]。因此，国家关于儿童保护和儿童教育的专门法律也需要纳入家庭教育指导的内容中，指导者需要向幼儿父母解读儿童权利义务和父母权利义务的相关规定。如《中华人民共和国未成年人保护法》规定：父母或者其他监护人应当创造良好、和睦的家庭环境，依法履行对未成年

---

① 家庭教育的第一任务是家庭建设[EB/OL]. http://www.moe.gov.cn/jyb_xwfb/xw_zt/moe_357/jyzt_2017nztzl/2017_zt01/17zt01_jyrd20/201703/t20170315_299672.html.

人的监护职责和抚养义务。禁止对未成年人实施家庭暴力,禁止虐待、遗弃未成年人,禁止溺婴和其他残害婴儿的行为,不得歧视女性未成年人或者有残疾的未成年人。任何组织或者个人不得披露未成年人的个人隐私。对未成年人的信件、日记、电子邮件,任何组织或者个人不得隐匿、毁弃;除因追查犯罪的需要,由公安机关或者人民检察院依法进行检查,或者对无行为能力的未成年人的信件、日记、电子邮件由其父母或者其他监护人代为开拆、查阅外,任何组织或者个人不得开拆、查阅。《中华人民共和国预防未成年人犯罪法》规定:未成年人的父母或者其他监护人和学校应当教育未成年人不得旷课,夜不归宿。禁止在中小学附近开办营业性歌舞厅、营业性电子游戏场所,以及其他未成年人不适宜进入的场所。《中华人民共和国义务教育法》规定:适龄儿童、少年的父母或者其他法定监护人应当依法保证其按时入学接受并完成义务教育。

此外,一些地方性教育政策法规也应当是幼儿园家庭教育指导的内容,对地方性教育政策法规的宣传教育既可以提升幼儿父母的法律意识和依法养育的能力,也可以为他们解答具体的儿童教育方面的困惑、帮助他们申请到解决儿童教育问题和困难的支持。

(二) 关于儿童发展的内容

幼儿园家庭教育指导要帮助幼儿家长知晓并理解以下关于儿童发展的内容:儿童具有的基本权利和成人对儿童的义务,儿童生理和心理发展的基本内容、年龄特点、一般规律、易出现的发展问题以及发展需要的条件和支持,游戏是儿童的天性与重要的发展方式,儿童发展具有显著的个体差异。教育部颁布的《3~6岁儿童学习与发展指南》(以下简称《指南》)是指导幼儿园和家庭实施科学的保育和教育,促进幼儿身心全面和谐发展的国家指导性文件。《指南》从健康、语言、社会、科学、艺术五个领域描述幼儿学习与发展,分别对3~4岁、4~5岁、5~6岁三个年龄段末期幼儿应该知道什么、能做什么,大致可以达到什么发展水平提出了合理期望,能帮助幼儿园教师和家长详细了解儿童的身心发展水平、特点和需求。同时,针对当前学前教育普遍存在的困惑和误区,《指南》为广大家长和幼儿园教师提供了具体、可操作的依据和指导。幼儿园教师不仅自己熟知《指南》的内容、领悟《指南》的精神,把《指南》作为组织实施幼儿园一切教育教学活动的依据,还需要指导幼儿家长学习、落实《指南》,为促进幼儿的学习与发展创设良好的家庭环境和家园共育条件。

(三) 关于家庭教育的内容

幼儿园教师和幼儿家长的教育对象虽然都是幼儿,但他们进行的却是两类不同的教育:学校教育和家庭教育。家庭教育在教育原则、内容、方法、规律、环境等方面具有自身的独特性。幼儿园家庭教育指导不能把幼儿园的教育做法直接复制给幼儿家庭,要有针对性地向幼儿家长介绍家庭教育的内容,如家庭教育的价值、目的、原则、内容、方法,特殊儿童或特殊家庭的家庭教育,家庭教育与学校教育、社会教育的联系,古今中外优秀的家庭教育经验等,并向幼儿家长推荐科学的、通俗易懂的家庭教育读物。

(四) 关于家庭建设的内容

家庭是一个系统,家庭的方方面面都会影响儿童的生活与发展,幸福的家庭是儿童最大的福利。家庭教育的第一任务是家庭建设[①]。因此,幼儿家长需要建设幸福家庭的指导。幼儿园家庭教育指导需要纳入以下内容:社会—家庭—个人之间的联系、家庭系统与家庭功能、多样化的家庭形态和文化、家庭的生命周期、重大事件对家庭的影响与调适、家规家风建设、家庭物理环境和心理环境建设、家庭关系建设、家庭成员角色职责分配等。运用这些内容帮助幼儿家长树立新时代的科学家庭观:爱国爱家的家国情怀、相亲相爱的家庭关系、向上向善的家庭美德、共建共享的家庭追求;运用生活化场景、日常化活动、具象化载体,大力倡导忠诚相爱、亲情陪伴、终身学习、绿色生态等现代家庭理念,积极引导幼儿家长养成文明健康的生活方式;指导幼儿家长过一种尊老爱幼、男女平等、夫妻和睦、勤俭持家、邻里团结的家庭生活。

(五) 关于情绪管理的内容

人天生具有情绪表达能力,情绪是人的心理的一个重要组成部分,与生理、认知、行为相互影响。儿童家长的情绪不仅影响自身的健康、认知、行为和人际关系,还显著影响儿童的情绪并进而影响到身心的其他方面,因此,情绪管理是父母的一门必修课。虽然人们习惯将情绪分为积极情绪和消极情绪两类,但是,任何情绪都具有两面性,都需要适度管理。情绪是大脑对客观事物与个体需要之间的关系的反映,个体可以通过管理自己的需要管理情绪。

---

① 家庭教育的第一任务是家庭建设[EB/OL]. http://www.moe.gov.cn/jyb_xwfb/xw_zt/moe_357/jyzt_2017nztzl/2017_zt01/17zt01_jyrd20/201703/t20170315_299672.html.

幼儿园家庭教育指导需要帮助幼儿家长正确认识情绪,重视健康情绪对自身和孩子的重要价值,掌握情绪管理、情绪能力培养的基本策略和方法。家庭教育指导可以通过以下方法提升幼儿家长的情绪管理能力。首先,接纳自己的情绪。情绪本身是中性的,情绪表达方式才有好坏之分,可以愤怒,但不可以随意表达愤怒。其次,学习用适宜的方式表达情绪,防止产生情绪绝缘和潜伏作用。高兴愉悦时可与家人、朋友分享,哀怨愤怒时可以找朋友或专业人士倾吐,也可以通过健康的方式如音乐、旅游、运动等来发泄,使自己的精神得以升华。然后,学习控制情绪冲动。识别自己的情绪表达模式,标识不适宜的情绪表达方式,寻找练习适宜的替代方式;寻找情绪冲动的源头,从根本上改变情绪;增加愉悦的情绪体验;培养抗挫力。最后,培养从积极、客观的角度认识事物和人的习惯。通过指导,幼儿家长在情绪管理方面能够做到:积极的情绪占优势;情绪稳定;情绪体验丰富多样;正视自己的情绪,适时、适地、适度地以符合社会规定的表达规则表达情绪;能及时地、合理地宣泄、转移和摆脱不良情绪的困扰;避免不良情绪随时间的推移变得更加强烈和泛化。[①]

(六) 关于人际沟通的内容

言传身教是家长影响子女的最基本方式。言传即沟通,家长的沟通能力对家庭教育质量和亲子关系质量至关重要,低质量的沟通是破坏亲子关系的利刃。西汉的博学大家刘向就在《说苑·谈丛》中明确提出:"口者关也,舌者机也;出言不当,驷马不能追也。口者关也,舌者兵也,出言不当,反自伤也。"[②]常言道:"良言一句三冬暖,恶语伤人六月寒。"父母作为孩子的重要他人,对孩子说的话语对孩子的影响尤其大。幼儿园家庭教育指导要把帮助幼儿家长提升沟通能力纳入指导内容中。

《文心雕龙》有言:"情者文之经,辞者理之纬;经正而后纬成,理定而后辞畅。"这是行文的典范,也是沟通的真义。高质量的沟通是情感、道理与言词的有机融合,以情感促发言词,以言词表情达意。情感是亲子高质量沟通的灵魂,饱含着真情的言辞,带有说话人的体温,即使没有多少道理和修辞也能温暖人心。道理是亲子高质量沟通的骨骼,要言之有理才能立得住。言词是亲子高质量沟通的容貌,要阳光美丽才能吸引人。

积极态度、无条件倾听、非暴力表达是高质量亲子沟通的一体三面,也是环

---

① 刘金花.儿童发展心理学[M].3版.上海:华东师范大学出版社,2013:173.
② 刘向.说苑[M].王天海,杨秀岚,译注.北京:中华书局,2019:844.

环相扣的三个环节。幼儿园家庭教育指导者指导幼儿家长提升亲子沟通能力，重点之一是端正幼儿家长对幼儿的态度，通过指导幼儿家长能做到以尊重、平等、热情的态度与幼儿沟通；重点之二是传授无条件倾听的技能，通过指导幼儿家长能做到"四听"：身听、耳听、脑听、心听，用积极的姿态听到孩子说的内容、听懂孩子说的想法、听出孩子说的感情。重点之三是传授非暴力表达的技能，通过指导幼儿家长能做到非暴力地说，即说客观事实、情绪情感、希望建议，不说主观评判、指责比较、命令要求。

除以上六项基本的指导内容之外，指导者还需要根据幼儿家庭的具体情况、幼儿父母的要求增补个性化的指导内容。家庭教育指导的过程是一个"教学相长"的过程，指导者和幼儿父母一样，都需要秉持学习者的心态坚持学习，与儿童一起成长。表3-2列出了一些关于六项指导内容的学习资源，幼儿园家庭教育指导者可查阅学习，也可分享给幼儿父母一起学习。

表3-2 幼儿园家庭教育指导学习资源

线上资源
中国儿童中心 https://www.ccc.org.cn/
国务院妇女儿童工作委员会 https://www.nwccw.gov.cn/
中华人民共和国教育部政府门户网站 http://www.moe.gov.cn/
中华人民共和国未成年人保护法（主席令第六十号）https://www.gov.cn/zhengce/2006-12/29/content_2602198.htm
中华人民共和国义务教育法 https://www.gov.cn/guoqing/2021-10/29/content_5647617.htm
中华人民共和国家庭教育促进法 http://www.moe.gov.cn/jyb_sjzl/sjzl_zcfg/zcfg_qtxgfl/202110/t20211025_574749.html
关于全面开展健康家庭建设的通知 https://www.gov.cn/zhengce/zhengceku/202401/content_6927249.htm
中国学前教育研究会 https://www.cnsece.com/
UNICEF|联合国儿童基金会全球官网 https://www.unicef.org/zh
文献资源
王稚庵编著《中国儿童史》，上海儿童书局，1932
（意大利）艾格勒·贝奇，（法）多米尼克·朱利亚著《西方儿童史》，卞晓平、申华明译，商务印书馆，2016
（法）菲利浦·阿利埃斯著《儿童的世纪》，沈坚、朱晓罕译，北京大学出版社，2013
成尚荣著《儿童立场》，华东师范大学出版社，2018

续表

刘晓东著《发现伟大儿童:从童年哲学到儿童主义》,生活·读书·新知三联书店,2021
(美)马修斯著《与儿童对话》,陈鸿铭译,生活·读书·新知三联书店,2020
(美)爱利克·埃里克森著《童年与社会》,高丹妮、李妮译,世界图书出版公司,2018
(奥地利)阿尔弗雷德·阿德勒著《儿童的人格教育》,彭正梅、彭莉莉译,上海人民出版社,2011
邓赐平主编《儿童发展心理学(第4版)》,华东师范大学出版社,2023
王振宇主编《儿童心理发展理论(第2版)》,华东师范大学出版社,2016
(美)David R. Shaffer, Katherine Kipp 著《发展心理学:儿童与青少年(第9版)》,邹泓等译,中国轻工业出版社,2016
(美)劳拉·E.贝克著《婴儿、儿童和青少年(第5版)》,桑标等译,上海人民出版社,2014
(奥地利)阿德勒著《儿童教育心理学》,王童童译,中华工商联合出版社,2017
张国刚主编《中国家庭史》,广东人民出版社,2013
(美)古德著《家庭》,魏章玲译,社会科学文献出版社,1986
陈鹤琴著《家庭教育(第二版)》,华东师范大学出版社,2013
梁启超著《梁启超家书》,中国青年出版社,2009
马镛著《中国家庭教育史》,湖南教育出版社,1997
赵忠心著《家庭教育学:教育子女的科学与艺术》,人民教育出版社,2001
黄河清主编《家庭教育学》,华东师范大学出版社,2014
李生兰著《学前儿童家庭教育》,华东师范大学出版社,2006
(苏联)A.C.马卡连柯著《家庭和儿童教育》,丽娃译,上海人民出版社,2005
(意大利)亚米契斯著《爱的教育》,夏丏尊译,开明出版社,2018
(美)艾·弗洛姆著《爱的艺术》,李健鸣译,上海译文出版社,2011
(美)艾德·培根著《爱有8种习惯》,中央编译出版社,2013
(美)简·尼尔森著《正面管教》,玉冰译,京华出版社,2009
(美)马歇尔·卢森堡著《非暴力沟通》,阮胤华译,华夏出版社,2018
(美)达娜·萨斯金德等著《父母的语言》,任忆译,机械工业出版社,2017
(美)罗娜·雷纳著《不吼不叫》,钟煜译,上海社会科学院出版社,2016
(美)萨尔瓦多·米纽庆著《家庭与家庭治疗》,谢晓健译,商务印书馆,2009
(美)维吉尼亚·萨提亚著《新家庭如何塑造人》,易春丽、叶冬梅等译,世界图书出版公司,2006
(美)沙法丽·萨巴瑞著《家庭的觉醒》,庞岚晶译,上海社会科学院出版社,2020

续表

武志红著《为何家会伤人:揭示家庭中的心理真相》,世界图书出版公司,2007
(美)丹尼尔·戈尔曼著《情商:为什么情商比智商更重要》,杨春晓译,中信出版集团股份有限公司,2018
(美)马丁·塞利格曼著《认知自己,接纳自己》,任俊译,万卷出版公司,2010
(美)珍妮弗·泰兹著《驾驭情绪的力量》,徐卓、张嫡译,浙江人民出版社,2018

四、幼儿园家庭教育指导者的指导态度

实践经验丰富的教师都已深切地感受到,教育建立在关系上,有了良好的关系才能有良好的教育。家庭教育指导工作亦是如此。建立良好的指导关系是家庭教育指导工作的第一任务,维护良好的指导关系是贯穿整个指导工作的基本任务。指导关系是指导者基于家庭教育指导的需要同幼儿父母建立的一种专业关系。罗杰斯(Rogers)特别强调关系在助人活动中的决定性作用,他把这种关系称为助益性关系,含义是:某个参与者意欲使另一方或者双方发生某种变化,使个体的潜力更多地得到欣赏,更多地得到表达,更好地发挥作用,所有通常用来促进成长的关系都属于这一范畴[①]。依据罗杰斯的界定,指导关系就是一种助益性关系,对指导活动的效果起着决定性作用。虽然建立和维护良好的指导关系需要指导者和幼儿父母双方的努力和付出,但是,指导者作为专业人员,有能力、有责任更主动。建立良好指导关系的关键在于指导者对幼儿父母的态度,借鉴其他助人活动成功的经验,本书建议指导者秉持尊重、热情、真诚、共情、积极关注的态度与幼儿父母互动。

(一) 尊重

指导关系是平等的人与人之间的关系,尊重是指导者和幼儿父母同为人的基本需要,因此,尊重应是指导者对待幼儿父母最基本的态度。尊重幼儿父母意味着把幼儿父母作为有思想、有感情、有能力、有兴趣爱好、有特长也有不足的鲜活的人对待,重视幼儿父母的家庭教育想法、经验和需求。指导者可以通过以下几种方式表达对幼儿父母的尊重态度。

一是无条件、完整接纳幼儿父母。人与人之间的相互尊重不需要条件,因为同为"人",尊重别人就是尊重自己。指导者对幼儿父母的尊重是无条件的,指导

[①] 罗杰斯.个人形成论:我的心理治疗观[M].杨广学,尤娜,潘福勤,译.北京:中国人民大学出版社,2004:36.

者平等对待所有幼儿父母、完整接纳每一位幼儿父母,不因他们的性别、年龄、学历、社会角色等因素区别对待,也不是只肯定他们的能力和优势,排斥他们的不足和劣势。指导者在完整接纳幼儿父母时要注意区分人与行为:完整接纳的是幼儿父母"这个人",不是幼儿父母做出的行为。指导者不是不接纳幼儿父母不适宜的家庭教育行为,而是要改善这些行为。指导者可以采用叙事心理治疗的"外化"技术把人与问题行为分开,人不等同于问题行为,人可以做出正确的行为也可能做出错误的行为,人是值得尊重的,问题行为是需要而且能够改变的。

二是以礼貌的方式对待幼儿父母。与幼儿父母互动时,指导者要做到:衣着端庄大方,悦目;言语谦逊温暖,悦耳;行为举措有适,悦心。无论幼儿父母的言谈举止是否恰当,家庭教育行为是否正确,指导者都不嘲笑、不贬抑、不指责、不敷衍、不忽视他们。

三是信任幼儿父母,相信他们有做好家庭教育的愿意和能力,相信他们与指导者交流、合作的真诚。有时因为良好的指导关系还未完全建立,幼儿父母在涉及某些敏感问题时会有所顾虑、掩饰或犹豫,指导者应予以理解,并借助倾听、共情、耐心来消除他们的顾虑。有时幼儿父母的言语可能会出现前后矛盾,指导者可协助予以澄清,不可简单地认为是幼儿父母不真诚。只有指导者的信任才能换来幼儿父母的真诚。

四是保护幼儿父母的隐私。对于幼儿父母的个人信息、幼儿父母讲述的秘密、隐私,指导者应予以尊重、保护,不经允许不外传。对于幼儿父母暂时不愿讲述但与幼儿密切相关的隐私,指导者应耐心等待,不可强迫他们讲述。至于与幼儿无关或关系不大的隐私,指导者不可出于好奇而去探问。家庭教育指导原则中有保护隐私的原则,也有儿童权益最大化原则,当父母隐私与儿童权益存在冲突时,优先保护儿童权益。另外,对个人隐私的保护也不是绝对的,法律的例外规定、权利人明确同意公开某些隐私信息,以及社会公共利益的考虑,都对隐私权的保护做了限制。

五是真诚地表达与幼儿父母不同的家庭教育观点。尊重幼儿父母并不是顺从、迁就、讨好幼儿父母,而是平等相待、非评判性地交流。当指导者与幼儿父母的教育观点不一致时,指导者不批评幼儿父母的观点也不为自己的观点辩护,更不会指责幼儿父母,只是温和理性地陈述自己的教育观点,同时肯定幼儿父母教育观点中的合理内容与幼儿父母进行家庭教育的努力,并向幼儿父母解释存在冲突的只是不同的教育观点,不是持有不同教育观点的人。在良好的指导关系已经稳定的情况下,指导者可以适度地表达对幼儿父母言行的看法,并真诚地请幼儿父母评价自己的言行,能完整地接纳幼儿父母的评价。这时指导者和幼儿父母之间的坦诚相待、直言规劝能维护良好的指导关系。

(二) 热情

生活中,我们都希望自己受到他人热情的对待,我们也会很自然地向喜欢的人或事物表达热情,热情的态度对于良好人际关系的建立和维护非常重要。因此,指导者在尊重幼儿父母的基础上,还要热情对待幼儿父母。指导者的热情是他们帮助幼儿父母提升家庭教育能力、改善家庭教育质量愿望的自然流露,是对幼儿父母积极的关注、询问、倾听、回应和支持的内在动力。在与幼儿父母的沟通过程中,指导者可以通过言语与非言语的行为表达热情。积极的措辞、温和的语气、轻快的语调都是能表达热情的言语行为。通过非言语行为表达热情时,指导者一方面要通过面部表情、躯体姿势等非言语的行为表达自己的热情,另一方面也要关注幼儿父母的非言语行为,并与之进行非言语行为的呼应,使其感觉到自己被关注和被接纳、指导者是热情的。

除了通过言语和非言语行为的方式表达热情,指导者在沟通过程中的耐心、认真、不厌其烦地帮助幼儿父母梳理思路、循循善诱地支持幼儿父母表达清楚自己的想法和感受也是必要的表达热情的方式。沟通中,幼儿父母可能会遇到表达上的困难,无法清晰合理地讲述事件、表达想法和感受。遇到这种情况,指导者要耐心对待幼儿父母,分析具体原因并采取相应措施帮助幼儿父母克服表达困难。如果是因为紧张,指导者可以先说些轻松的内容、认可的话语帮助幼儿父母安定情绪,然后再进入重要内容或问题剖析;如果是因为幼儿父母表达能力弱,造成讲述内容比较杂乱、主次不清时,指导者应善于归纳,帮助幼儿父母理顺思路,抓住关键想法或问题;如果幼儿父母因为顾虑故意忽略或隐瞒一些内容,指导者不能灰心,要理解幼儿父母想要保护孩子、保护家庭的心理,要用尊重增强幼儿父母对指导者的信任,用温暖清除幼儿父母的顾虑;如果是因为幼儿父母不知道讲什么,指导者可以多启发,多提一些开放性问题,给幼儿父母提供一个谈话的方向和范围。

(三) 真诚

中国人自古崇尚诚信,古人讲:人无信不立,业无信不兴,国无信则衰。孟子讲:诚者,天之道也;思诚者,人之道也。至诚而不动者,未之有也;不诚,未有能动者也。诚信是天道,是做人的根本。一个人做到至诚而不能使人们感动,是从未有过的事;同样,缺乏诚心的人是无法感动别人的。教育是灵魂叫醒灵魂,生命影响生命的活动,家庭教育指导亦如此,需要指导者真诚对待幼儿父母,与幼儿父母进行心与心的沟通。

指导者对幼儿父母的真诚态度包含三层含义:一是真实,不虚假。指导者对幼儿父母的尊重、热情、关心等都是真实的,是他们真情实感的自然表达,不是为了达到某些功利性目的进行的情绪表演。指导者的真诚是建立在他们积极乐观的人性观和亲社会人格特质基础上的,不应随幼儿父母个人因素、环境因素的变化而变化。

二是客观,实事求是。指导者摒除偏见、成见,以开放的心态与幼儿父母沟通,既不夸大不缩小幼儿父母的教育观点、态度与行为,也如实阐述自己的教育观点、态度和指导建议。但是,真诚并不等于"有一说一,有二说二"和"忠言逆耳"。因为指导者的真诚不是自我发泄,而是对幼儿父母提升家庭教育能力负责,应有助于幼儿父母的成长。指导者表达真诚既需要注意方式方法,一方面通过注重使用正面的、建设性的言辞做到忠言也顺耳,另一方面努力通过非言语行为表达真诚,也需要考虑时间、关系质量和幼儿父母的情绪状态,做到适时、适度、适宜地表达真诚。

三是坦诚,表露真我。在指导过程中指导者要坦诚对待幼儿父母,适当地向幼儿父母袒露心迹,分享自己的生命故事、教育故事,包括失败的经验,呈现真实的自我。指导者要勇于承认并接受自己的不足,不虚伪。一个去除伪装、坦诚、真实的指导者与幼儿父母互动,才是生命影响生命的互动。

(四) 共情

共情(empathy),又译作通情、共感、同感、同理心、神入、感情移入等等。共情通常被描述为一个感觉过程,在这一过程中,人们感觉自己好像就是另一个人,感觉自己进入了别人的思想,从别人的角色思考问题,把自己放在他人的角度去想、去感知、去行动[1]。大多数研究者认为,共情有助于个体理解和共享他人的感受,共情水平越高的个体对他人的情绪越敏感,在处理人际冲突方面有更好的表现[2]。人本主义心理学家始终把共情看成是心理治疗中起着必不可少作用的因素,人本主义治疗学派的创始人罗杰斯把共情看成是治疗中人格改变的必要和充分的条件之一。一项由美国心理健康协会组织的大规模实验研究发现,药物、认知行为疗法和人际关系疗法对抑郁的治疗效果没有显著差异,真正

---

[1] 郑日昌,李占宏.共情研究的历史与现状[J].中国心理卫生杂志,2006(4):277-279.
[2] 颜志强,苏金龙,苏彦捷.共情与同情:词源、概念和测量[J].心理与行为研究,2018,16(4):433-440.

造成疗效上有差异的,是治疗师的共情、无条件积极关注和真诚等一般性因素[①]。

指导者对幼儿父母的共情,能让幼儿父母感到被理解、被接纳,既有利于良性指导关系的建立,还可以促进幼儿父母的自我表达和自我探索,促进他们教育能力的提升和个人成长,共情对那些迫切需要获得理解、关怀和情感倾诉的幼儿父母的积极影响尤为显著。同时,指导者通过共情幼儿父母,理解幼儿父母的教育理念、教育行为与他们的成长经历和个性之间的联系,能更好地理解家庭教育问题的实质,能更准确地找到解决问题的有效方法。如果指导者不能很好地共情幼儿父母,不仅不能真正理解幼儿父母遇到的家庭教育问题与需要,既而也不能为他们提供具有针对性的支持,而且幼儿父母可能会认为指导者轻视、不重视他们的问题和需要,因而做出反感、冷漠的回应,他们也可能会对指导者感到失望,减少甚至停止自我探索和自我表达。

共情的概念至今仍然很多元,多样的中文译词也体现出共情是个比较复杂的现象,做到准确的共情并不容易。例如,一位即将离婚的幼儿妈妈说:"我马上要离婚了,我真不知道离婚后会怎么样?"指导者如果回应:"离婚是好事呀,与其争吵不如各自安好,有什么好苦恼的!"或"女人要自立,离婚没什么大不了的。"这样回应是高高在上的评判,无视幼儿妈妈的感受,显然是缺乏共情的。如果回应:"你看上去又聪明又漂亮,你会过得很好的"或"要独自一人带孩子,生活是会有很多困难的,但要相信世上无难事,只怕有心人"。这样回应虽然是安慰幼儿妈妈,但没能理解幼儿妈妈茫然、担忧、焦虑的感受,安慰就显得敷衍、空洞。

指导者对幼儿父母的共情可分为五个层次。

第一层次:指导者根本没有"用心"听幼儿父母所说的话,完全忽略了他们所表达的感受,这一层次其实是零共情。

第二层次:指导者注意到了幼儿父母浅层的或明确表达出的感受,但他在回应中只有对幼儿父母所说内容的复述,缺乏感情上的响应。这一层次只有认知共情。

第三层次:指导者的回应与幼儿父母表达的意义和浅层感受比较一致,未能对幼儿父母较深的感受做出回应,即没有对隐藏于言语背后的感受做出准确回应。

第四层次:在指导者的回应中,他表达的感受已深于幼儿父母所能表达的感受,即指导者把幼儿父母深藏于言语背后的感受也表达了出来,因此幼儿父母可

---

① 郑日昌,李占宏.共情研究的历史与现状[J].中国心理卫生杂志,2006(4):277-279.

由此来体验和表达起初并未察觉或虽然察觉但不能准确表达的感受,同时还可以掌握这些感受背后的含义。

第五层次:指导者不但明白幼儿父母浅层和深层的感受,甚至连很深入的情感也能做出准确的回应。此时,指导者已能对幼儿父母做全面而准确的共情了。如对上面讲到的幼儿妈妈,这个层次的共情回应是:"离婚意味着要开启一种全新的生活,当一个人要开始一种全新的生活时,一般会有茫然、莫名焦虑、不安的情绪。一个妈妈要带着年幼的孩子开始独立的新生活,一般还会产生对孩子的愧疚感。您是不是也有这样的情绪或情感?"

指导者要做到对幼儿父母的高层次共情,要满足以下几项基本要求。

首先,必须走出自己的参照框架并进入幼儿父母的参照框架进行思考、感受,如同体验自己的内心那样体验幼儿父母的内心,但同时也能清醒地把自身和幼儿父母区分开来,即能进入又能自如跳出幼儿父母的内心。

其次,指导者表达共情要遵循个性适宜和文化适宜的原则,即共情的表达方式和程度要适宜幼儿父母的个性特点及他们所处的文化对人际关系表达的要求。比如,情绪反应强烈、渴望被理解的愿望强烈但言语表达又比较杂乱的幼儿父母比情绪稳定、言语表达清晰、寻求被理解的愿望平平的幼儿父母需要更多的共情;我们的社交文化允许同性之间用身体的接触表达共情,但不太接受异性之间使用这种共情表达方式。

再次,指导者表达共情还要适时适度,不宜在谈话中间随意、频繁地共情,共情反应的程度也应与困扰幼儿父母的问题的严重程度、幼儿父母的感受程度相适应。过度共情,会让幼儿父母认为指导者小题大做,不真诚;共情不足,会让幼儿父母觉得指导者没能真正理解他们。然后,指导者还要善于使用非语言行为表达共情,如目光、面部表情、身体姿势、动作变化。有时运用非言语行为表达共情比言语表达更简便有效,与幼儿父母的互动过程中应重视语言表达和非言语表达的结合。

最后,指导者还需要经常验证一下自己是否做到了共情。当指导者不太确定自己是否准确共情了幼儿父母时,可使用尝试性、探索性的语气来表达共情,并请幼儿父母给予反馈,然后再根据幼儿父母的反馈做出调整和改进。

(五)积极关注

指导者积极关注幼儿父母,就是指导者以优势视角看待幼儿父母,关注点聚焦于幼儿父母个性、言谈和行为的积极面,致力于发现、挖掘、提升幼儿父母的优势、资源和能力,通过提升心理能量增能幼儿父母。积极关注幼儿父母并不意味着忽视他们遇到的问题和他们的不足,而是更注重提升幼儿父母的教养效能感和发现资源解决问题。指导者的积极关注是无条件的,在任何情境下都要优先关注幼儿父母积极的一面,而不是先关注他们的不足和问题。指导者的积极关注还要全面,要关注到幼儿父母的优势、资源、努力和提升期望,关注到他们已经取得的成绩和进步之处,关注到他们的最近发展区。

指导者在表达积极关注时应该尊重现实,实事求是,避免盲目乐观。积极关注的宗旨是给幼儿父母以光明、希望和力量,把他们的注意力从问题、困难、失败转向资源、方法、成功。只有基于客观事实的光明、希望和力量才是真的,才能吸引幼儿父母、得到他们的接受。因此,指导者要以事实为依据、具体描述幼儿父母的优势、资源、成功经验等,不能空泛表扬和夸大其词。比较以下两种表达积极关注的方式:"我发现你身上有好多长处,你所面临的困难都算不了什么,黑暗过去就是光明!""5年间,经历了离婚、失业、创业受阻这么多重大事件,你都坚持下来了,还把孩子照顾得这么好!你的坚强、解决问题的能力和强烈的责任感让我敬佩,我相信这样的你一定能胜任教育好孩子的任务!"第一种表达方式比较空泛,而且轻视了幼儿父母面临的困难,这意味着否认幼儿父母的努力,这样表达不但不能获得幼儿父母的认同,反而会激起他们的抗拒心理;第二种表达方式立足客观事实而且详细具体,并用积极词汇表达了正性情感,听起来就更加真诚可信,更能振奋人心。

指导者积极关注幼儿父母的同时,还应该帮助幼儿父母发展积极关注自己的意识,形成自我肯定、自我激励的习惯。指导者积极关注幼儿父母的目的是为他们增能,促进他们的自我发现与成长。指导者的积极关注是外部力量,可以催化、推动幼儿父母的成长,但稳定、持续的成长需要内部力量的支撑,自我肯定、自我激励就是一种支撑成长的内部力量。幼儿父母体验到被积极关注和积极关注自我的价值,也会更有动力积极关注孩子,从而为孩子的成长增能赋权。积极关注的这种价值传递效应,指导者对幼儿父母的其他四种态度:尊重、热情、真诚和共情,同样具有。在家庭教育指导中,指导者不仅能使用具体的知识、技能和方法等资源支持幼儿父母提升家庭教育能力,指导者本身的榜样效应就是一种非常重要的促进幼儿父母成长的资源,指导者要善加使用。

五、幼儿园家庭教育指导者的指导能力

成功地完成一项指导活动,指导者不仅需要具备积极的指导态度,还需要具备一定的指导能力。如同教师的教育能力一样,指导者的指导能力也有一个由多个因素组成的复杂的结构,包括若干具体的能力。人的能力是在先天素养的

基础上,通过后天学习、生活和社会实践形成和发展起来的。指导能力会随指导者的学习、生活和指导实践不断提升,下文列举若干具体的指导能力,主要用意是想帮助指导者和有意向从事家庭教育指导的人员了解胜任指导工作需要的能力条件,清晰进一步提升的方向。

(一) 与家长有效沟通的能力

家庭教育指导的过程可以说就是指导者与家长沟通的过程,指导者与家长的沟通能力直接决定着指导的质量。指导者与家长的沟通是双方通过语言和非语言的交流方式分享信息(information)、意义(meanings)和感受(feelings),寻求理解和达成共识的过程。尤尔根·哈贝马斯(Jürgen Habermas)提出的沟通有效性理论认为,共识的达成有两个前提条件:理想沟通情境和沟通有效性要求。理想沟通情境要求话语的所有参与者具有同等的权利:有同等的权利参与话语论证,任何参与者都可以随时发表任何意见或对任何意见表示反对,可以提出疑问或反驳质疑;有同等的权利作出解释、主张、建议和论证,并对话语的有效性规范提出质疑、提供理由或表示反对,任何方式的论证或批评都不应遭到压制;有同等的权利表达他们的好恶、情感和愿望;有同等的权利实施调节性话语行为,即发出命令和拒绝命令,作出允许和禁止,作出承诺和拒绝承诺,自我辩护或要求别人作出自我辩护。沟通有效性要求指为有效实现沟通过程必须遵守的基本要求:言说者必须选择一个可领会的表达以便言说者和听者能够相互理解;言说者对事实的陈述必须是真实的;言说者对沟通的意向必须是真诚的;言说者所表述的话语从行为规范角度看必须是正确的[1]。

依据哈贝马斯的沟通有效性理论,创设理想沟通情境和满足沟通有效性要求的能力应是幼儿园家庭教育指导者与家长沟通能力的主要内容。指导者要创设理想的沟通情境,首先要在思想上明确家长身份、自身身份以及两者之间的关系:家长是对幼儿的一切合法权益有监护权利和义务的监护人,是家庭教育的主体,指导者是支持家庭教育的众多主体之一,两者之间是平等的主体间性关系,拥有同等的沟通权利。其次,指导者要明确告知家长他们拥有的和指导者同等的沟通权利,如随时表达自己的想法、感受和疑问,为自己的观点和行为做解释,要求指导者做解释,暂停或停止沟通等。然后,指导者要积极邀请、鼓励家长行使自己的沟通权利,为家长行使沟通权利创造机会,倾听家长表达的信息、意义

---

[1] 谢立中.哈贝马斯的"沟通有效性理论":前提或限制[J].北京大学学报(哲学社会科学版),2014,51(5):142-148.

和感受并给予积极的回应。

指导者满足沟通有效性要做到以下几点。首先,指导者要使用家长能够听得懂的表达交流自己的信息、意义和感受,同时也要能听懂家长表达的信息、意义和感受。为此,指导者应管理好对专业术语的使用,做到非必要不使用,使用时须配合生活化语言的解释;指导者要关注家长倾听时的神情反应,经常请家长反馈对听到内容的理解、提出自己的疑问;倾听家长的表达时,指导者应适时向家长反馈自己的理解,若对家长的表达有疑惑也应及时提出并请家长明确,尽量让信息、意义和感受在双方之间顺利流通。其次,指导者的表达要实事求是,如对家庭教育的评价要客观全面,对问题的分析要有理有据,提出的教育建议要科学可行。再次,指导者的沟通态度要真诚。有效的沟通不仅是信息的交流分享还是情感的交流分享,指导者的真诚态度对沟通质量影响很大。除了真诚,指导者应该具备的其他指导态度:尊重、热情、共情、积极关注等,均能促进沟通的质量。最后,指导者的言语和非言语表达要符合社会规范和教师职业规范,用规范的方式表达规范的内容。

除创设理想沟通情境、满足沟通有效性要求外,指导者在沟通中还需要注意避免那些阻碍沟通的思想和行为,如自我中心、以专家身份自居、注意力涣散、控制话语主导权、急于给出建议等。台上一分钟,台下十年功,有效沟通能力根本上源于平时功夫。指导者平时有意识地学习、练习一些人际沟通方法和技巧,多阅读文学佳作,积累描写人物心理、社会与生活问题、理想与信心的好词佳句将有助于提升与家长沟通的有效性。

(二) 发现家长指导需要的能力

正如著名物理学家海森堡所言:提出正确的问题,往往等于解决了问题的大半,发现家长的指导需要便能有的放矢地指导,取得事半功倍的效果;反之,无的放矢的指导则可能会事倍功半。因此,发现家长的指导需要也是指导者必备的一项指导能力。发现家长的指导需要不等于简单地收集汇总家长表达出的需求信息,因为家长的合理需要往往超出他们的感受和认识。按照布莱德肖的需要类型观点,家长对家庭教育指导服务的需要可分为感受到并能用语言表达出的需要、用具体行动(如向政府、机构提出服务申请)表达出的需要、与其他家长接受的服务相比后发现的需要、管理机构或专业人士依据一定的标准或专业知识评估后提出的需要四种类型。前三种类型的需要是家长感受到并能表达出来的,指导者可以根据家长的表达提供相应的指导服务。第四种类型的需要是家长自身没有意识到、更不会表达出来的,但却是他们的合法权益包含的、家庭教育发展需求的、应当被满足的需要,指导者作为专业人士要能发现这些需要。要实现家庭教育指导的三个依次递进的目标:矫治家庭教育问题、预防家庭教育问题、发展家庭教育,指导者也要能发现家长的指导需要。因为,当家庭教育存在问题时,家长为问题所困,一般能感受到明确的指导需要,指导者通过满足这些指导需要可以实现矫治家庭教育问题的目标。但问题未出现时,家长可能处在舒适区,感受不到指导需要,或者家长想提升但不清楚要提升哪些方面,即指导需要比较模糊,这种情况下,指导者只有明确了家长的指导需要并帮助满足这些需要,才能预防家庭教育问题的出现、促进家庭教育的发展。

家长的指导需要既是主观的也是客观的,兼具共性和个性。指导者需要结合理论与实际、普遍的规定标准与家庭的具体情况,在综合评估儿童发展需要、家庭教育资源与困难的基础上提出家长的指导需要。直接询问家长的感受和想法,分析儿童的发展水平、家长对家庭教育行为的描述、家庭教育的实然状态与应然状态的差异、阅读家庭教育研究成果等,都是指导者可以使用的发现家长指导需要的线索。

(三) 宣讲家庭教育知识的能力

家长虽然是孩子的第一任教师,但不一定是合格的教师,是优秀教师的概率也不会高,因为教育孩子不是一件简单的事情,家长也没接受过系统的教育训练。进行家庭教育指导的目的就是提升家长的家庭教育能力,帮助他们做孩子合格的、优秀的第一任教师。为此,指导者需要具备向家长宣讲家庭教育知识的能力。幼儿园家庭教育指导者虽然多是持证的幼儿园教师,但家庭教育指导的直接对象是家长,是成年人,他们的学习特点、学习兴趣、学习方式等与幼儿有显著的区别,指导者不能直接照搬教育幼儿的方式向家长宣讲家庭教育知识。指导者要有效地向家长宣讲家庭教育知识,除已经掌握的教育学的一般知识外,还需要掌握另外两门教育学的基本知识:家庭教育学的基本知识和成人教育学的基本知识。指导者要依据成人的学习特点、学习兴趣、学习方式以及家庭教育学的知识逻辑,组织宣讲内容、选择宣讲方式、评价家长的学习效果。指导者通过宣讲家庭教育知识,既关注提高家长的家庭教育能力,又关注提升他们的家庭教育效能感,更关注激励家长成为积极主动的终身学习者。

(四) 分析解决家庭教育问题的能力

家庭教育指导的初级目标就是帮助家长解决已出现的家庭教育问题,规范家庭教育,指导者分析解决家庭教育问题的能力直接决定着初级目标的实现程度。解决问题的第一步是识别问题,指导者要具有识别家庭教育问题的火眼金睛。家庭教育问题与家长的指导需要相似,既有客观性又有主观性。若某种家庭教育现象或行为违反了家庭教育规律,就成了一个家庭教育问题,这是绝对的家庭教育问题,如体罚孩子、违背孩子的个性特征、只重视智力教育等。当然这个"绝对"是在一定的时代和文化背景下的绝对,并非普世的绝对。指导者要遵照我们当下公认的科学的家庭教育知识去判断某种家庭教育现象或行为是不是绝对的家庭教育问题。若某家庭教育现象或行为虽然没有违反家庭教育规律,但是时机不当、方式不当、程度不当时也会成为一个家庭教育问题,如一味用物质奖励孩子、把孩子作为自己的朋友、让孩子参与家庭所有事情等,这是相对的家庭教育问题。识别问题时,指导者注意区分两类家庭教育问题有两个积极意义:一是,有利于指导者排列问题解决顺序,绝对问题的解决优先于相对问题;二是,有助于提醒指导者在识别问题时要兼顾一般规律和具体情况、共性和个性。

指导者识别出家庭教育问题后,要与家长沟通并取得家长的共识。指导者在分析解决家庭教育问题以及儿童发展问题、家庭功能失调问题时要特别注意一点,即识别问题的目的是解决问题,不是问责家长,与家长共同寻求解决问题的办法才是努力的方向。

寻找解决问题的办法一般有两条路径:一是分析造成问题出现的因素,然后想方设法消除或规避这些因素的影响,问题就解决了;二是分析支撑问题存在的因素,然后想方设法消除或规避这些因素的作用,问题就解决了。第一条路径容易理解,也是较常用的问题解决路径。第二条路径看似矛盾,但却是一种见效较快的问题解决路径。问题造成压力,让人感觉痛苦,因此人们总是会想尽办法解决问题。但是,若问题持续存在,就说明有支撑它的因素。比如体罚孩子的问题,从造成因素分析,可能是家长从自己父母那里习得了这种教育方法,也可能是家长相信"棍棒之下出人才"的教育观点,也可能是家长只知道这一种教育方法,也可能是家长有情绪控制障碍,等等,可能的因素比较多且主要因素不明显;从支撑因素分析,明显的支撑因素就是体罚的表面效果好,家长不用投入太多教育时间和精力。

(五)分析解决儿童发展问题的能力

寻求指导服务的家长多是因为孩子的发展问题,而不是家庭教育问题。虽然孩子的发展问题大多是由不适当的教育问题造成的,但是,在实践中指导者帮助家长解决儿童发展问题是赢得家长信任、进一步解决家庭教育问题的前奏。分析解决儿童发展问题的能力是幼儿园教师的专业能力,在家庭教育指导中可充分发挥这一优势。

在家庭教育指导中,与家长合作解决儿童发展问题要注意以下几点。第一,注意辨别家长提出的问题与要解决的问题,有时家长提出的儿童发展问题不一定是要解决的儿童发展问题。一方面,家长对"问题"的认定标准可能是主观的、随意的,并不是"真正的问题",指导者要把家长的表达与自身对儿童行为表现的观察结合起来评估,明确真正要解决的儿童发展问题是什么。另一方面,家长对问题的表达可能侧重描述严重的细节和自己的主观感受,缺乏客观性、完整性和逻辑性,指导者需要耐心、理智地帮助家长梳理思路,区分问题与感受,直至双方明确真正需要解决的问题是什么。第二,指导者要鼓励家长提出解决办法并且重视家长的办法,肯定可行的部分,用辨析的方式引导家长发现不可行的部分,不宜直接给予问题解决办法让家长施行。第三,在解决儿童发展问题的过程中,指导者要引导家长关注儿童发展问题背后的家庭教育问题,由儿童发展问题的解决逐渐转向家庭教育问题的解决。用治疗感冒做类比,儿童发展问题是发烧、咳嗽等感冒的症状,解决了儿童发展问题只是缓解了症状,家庭教育问题是感冒的病因,病因不除,缓解的症状会出现反复,只有病因去除了,症状才会彻底消失。

(六) 分析解决家庭功能失调的能力

家庭是对儿童的生活和发展影响最大、最直接的系统,对儿童来说,家庭的基本功能就是保障生存、为生活和发展提供条件。家庭功能的发挥水平影响着家长的家庭教育理念、行为和效能感,也影响着儿童的行为和感受,家庭功能发挥水平越高,能为家庭教育和儿童发展提供的条件越好,家庭功能失调则会阻碍家庭教育和儿童发展。指导者帮助家长改善家庭教育,需要具有理解家庭功能对家庭教育的影响、分析解决家庭功能失调的能力。

指导者在分析家庭功能对家庭教育、儿童生活和发展的影响时,首要的任务就是收集资料解答一个重要问题:幼儿是否生活在一个正常的家庭中?如果幼儿生活在一个非正常的家庭中,就等于生活在危险中,这个幼儿应该被作为重点保护和干预的对象。判断一个家庭是否正常的标准就是家庭功能的发挥水平,而非家庭的收入、家庭的结构等其他家庭因素。为此,指导者首先要知道家庭应对成员发挥哪些功能。在当今社会,人们普遍认可家庭应对成员发挥生理和心理保护、物质满足、情感满足、教育和休闲娱乐等功能。其次,指导者要能评估家庭功能的发挥水平。家庭功能是隐性的,没有办法直接测量,只能通过测量家庭功能的表现形式来间接评估家庭功能的发挥水平。家庭功能的表现形式包括家庭规则的制定和执行、家庭成员的价值观、家庭成员之间的沟通、家庭成员之间的情感反应和表达、家庭的角色分工、家庭的生活规划、家庭的闲暇生活、家庭的问题解决方式等。家访时通过观察和问询这些表现形式的具体情况，可以大致评估各项家庭功能的发挥水平，如果想做准确评估，也可以借助经过检验的家庭功能评估量表。

如果评估发现家庭功能发挥水平较低即家庭功能失调程度较高，指导者需要通过分析家庭发挥作用的机制是否畅通来查找功能失调的原因。家庭一般通过行为控制、沟通、解决问题、角色分工、情感参与、情感反应等机制发挥功能。比如，如果家庭没有清晰、稳定、执行良好的家庭规则，每个成员都随性而为不受行为控制，家庭就会失去作为一个整体的意义，家庭的保护功能、教育功能、情感满足等功能就会受到抑制。如果家庭成员之间不能进行良好的沟通，信息、意义和感受就得不到顺畅的交流分享，家庭的各项功能均会受到不同程度的抑制。如果把家庭比作一个人，家庭功能就如同人的新陈代谢、运动、感受、神志等生命活动，家庭功能的运作机制就如同人的呼吸系统、消化系统、神经系统等八大系统，这些系统互相协调配合，人的生命活动才能正常进行。如果系统受阻，生命活动就会出现异常，要恢复正常的生命活动就需要查明哪些系统受阻并解除阻碍因素。

（七）设计实施指导活动的能力

指导活动就是家庭教育指导的"课程"，是指导目标的主要载体，精心设计和实施的指导活动能有效提升家长的家庭教育能力、改善家庭教育质量。指导者设计实施指导活动的能力就如同幼儿园教师设计实施课程活动的能力一样重要，而且，指导者可以借鉴幼儿园教师设计实施课程活动的原理和方法来设计实施指导活动。

指导活动既可以来源于家长的要求，也可以来源于指导者在综合评估家庭教育法规要求、家长和家庭教育具体情况基础上的预设，也可以来源于指导者与家长的共同关注。无论是来源于家长要求还是指导者预设或共同关注，指导活动设计和实施都应遵循科学性、价值性、主体性、适宜性、可行性、开放性原则。科学性原则是指设计实施的指导活动涉及的知识、技能和态度是科学的，符合主流文化和家庭教育规律的。价值性原则是指设计实施的指导活动要具有实践价值，要能帮助家长形成科学的儿童观、家庭观、家庭教育观，要能提高家庭科学实施家庭教育的水平和效能感。主体性原则是指设计实施的指导活动必须尊重家长的家庭教育主体地位，活动目标的制定、活动内容的选择和活动形式的安排都要注重激发家长的自主性和主动性,培养家长主动学习、主动探究、主动改进家庭教育的意识和能力。适宜性原则是指设计实施指导活动要尊重家长参与活动的条件、家庭教育现有水平和家庭的具体情况,为每位家长提供适宜其能力、条件和需要的指导活动。可行性原则是指设计的指导活动需要的人力、物力、时间、技术条件能得到满足,指导活动能被具体操作落实。开放性原则是指设计实施指导活动时指导者要保持开放的心态、敏锐的感受性,活动目标是方向性和发展性的,活动内容是丰富的、多元的、可持续生成的,活动形式是多样的、可选择的、可灵活调整的。

活动主题明确以后,指导者就可以制订活动方案了。指导活动的方案一般包括以下八个主要部分:活动标题、活动背景、活动对象、活动目标、活动形式、前期准备、活动过程、活动评估。活动标题要简明扼要,突出活动的主题。活动背景部分主要是从理论和实践两个方面介绍活动的必要性和意义。活动对象部分是说明指导活动服务的具体对象,是某个家长还是某个家长群体,是某年龄段幼儿的家长还是面临某些家庭教育问题的家长。活动目标部分主要是用简明的语言清楚地陈述活动的主要目标,指导活动的目标要围绕着家长的家庭教育理念、知识、能力、方法、效能感等家庭教育发展方面展开,而不是围绕着儿童的发展方面展开。此外,目标还要可衡量、可达成,既与主题密切相关、目标彼此之间也相关,时间跨度较长的指导活动的具体目标最好加上实现时间。活动形式部分是说明具体的指导形式,根据主题和目标需要,可以采用一种指导形式也可以多种指导形式并用。前期准备部分要说明指导活动开始之前需要做的调查、宣传与人力、物力、技术条件的安排等事项。活动过程部分是方案的重点,要详细说明活动内容的具体安排及要求,特别是时间跨度较长的指导活动,比如一个学期的指导活动,包括多个具体的活动内容,每个活动内容可能采用不同的指导形式,有具体的活动目标和要求;活动过程中家长活动热情的激发与维持、问题要求的提出与回应方式都需要作出说明。活动评估部分要说明活动效果的评价主体、评价方式、评价结果的交流方式与用途。

活动方案是活动的蓝图,指导活动的实施是实现活动方案的过程,不是严格执行活动方案的过程。指导者在实施指导活动的过程中,要充分尊重家长作为家庭教育主体的地位,关注家长的反应、重视家长的反馈,能根据实际需要和新资源对活动方案的细节做出灵活的调整和完善。过程性质量是指导活动质量的核心,指导者要充分认识到活动实施过程的重要性,重视每一个实施细节的作用,特别要重视通过沟通建立、维护与家长之间的积极的指导关系。

(八) 为家长提供个性化指导的能力

世界上没有两片完全相同的树叶,更不会有两个完全相同的人,当然也就不存在两个完全相同的家庭,学前儿童的家庭教育是每家有每家的风雨和灿烂。为促进学前儿童家庭教育的百花齐放,指导者需要具备为家长提供个性化指导的能力,即"因材施教"的能力。因材施教的教育智慧和原则自孔子提出和践行开始传承至今,历经诸多教育家、思想家的阐释和拓展,拥有了丰富的内涵。在当今重个性和创新的时代,因材施教的智慧再次焕发出新活力,在更多的领域得到阐释和应用。

指导者为家长提供个性化指导的基础,是理解并尊重家长和家庭教育的个性化需要。家长的性别、年龄、职业、受教育水平、成长经历等个性化因素都能为他们的家庭教育观念、态度、行为附上个性化色彩;家庭的结构、规模、收入、功能发挥水平、社会关系等家庭因素上的差异都能造成家庭教育问题和需要的差异。指导者要基于对这些信息的了解,客观地理解并尊重家长和家庭合理的个性化需要,为家长提供个性化的指导。

指导者进行个性化指导不等于只能采用家访或个别约谈的指导形式,在家长学校、家长会等集体或小组指导形式中,也存在许多个性化指导的契机,如对家长的个性化提问、个性化应答,允许家长的个性化表现方式,为家长设置个性化的家庭练习等。指导者进行个性化指导的初级目标是有效解决具体的家庭教育问题,高级目标是支持家长发掘、发挥自身的优势和特长,形成适宜自身、家庭和孩子的独特的家庭教育风格。

(九) 为特殊儿童家长提供指导的能力

在全纳教育理念中,每个人都有其独特的个性、兴趣、能力和学习需要,即每个学生都是独特的、都有独特的教育需要,学校应该满足每个学生的独特教育需要。遵循因材施教的原则,指导者也会提供个性化指导以满足家长独特的指导需要。在千人千面的儿童群体中,有些儿童的独特性比较高,被社会建构为一个特别的儿童群体,称之为"特殊儿童"。在多姿多彩的家庭中,有些家庭也比较特别,比如养育特殊儿童的家庭。因此,指导者在具备个性化指导能力的基础上,还要进一步具备为特殊儿童家长提供指导的"特殊"能力。

指导者为特殊儿童家长提供指导服务,首要的是能理解他们特殊的情绪情感,能共情他们才能有效地帮助他们。金斯利(Kingsley)是美国的一位作家,也是一个唐氏孩子的妈妈,《欢迎来到荷兰》是她写的一篇短文,阅读这篇短文可以帮助指导者理解特殊儿童家长养育一个"特殊孩子"的情绪情感的变化。

我经常被问到带大一个残疾孩子的体验,为了帮助没有这种特殊经历的人们明白那是什么感觉,我把它形容成是这样的……

当你准备生个孩子时,就像是要策划一次激动人心的旅行——去意大利。你会去买一堆旅行指南,然后做好精心策划:角斗场、米开朗基罗的大卫、威尼斯泛舟……你也许还会学几句有用的意大利话,一切都是那么令人兴奋。

在数个月的热切等待后,这一天终于来了,你打好包上了路。经过几个小时的飞行,飞机降落了,空中小姐走进来说:"欢迎你来到荷兰。"

"荷兰?怎么会是荷兰?我要去的是意大利!我现在应该在意大利,我一生的梦想就是去意大利!"

但是此次飞行的计划变了。他们降落在荷兰,而你必须留在那儿。

他们并没有把你扔在一个可怕的、肮脏的、龌龊不堪的地方,这里并没有充满害虫、饥饿和病菌。

这只不过是一个不同的地方。

于是你必须出去买一些新的旅行指南,你必须去学一种全新的语言,并且你将会结识一群以前绝对不可能遇到的新朋友。

这只是一个不同的地方。它的生活节奏比意大利慢一些,不像意大利那么风光。但是当你在这儿住了一段时间并慢慢缓过气来之后,你环顾四方——你开始发现荷兰有风车,荷兰还有郁金香……,甚至还有伦勃朗。

但是你认识的每一个人都忙于往来于意大利……并且所有的人都在向你夸耀他们在那里度过了多么美好的时光。在你的余生,你会说:"是的,我本打算去那里的,那是我一直计划要去的地方。"

这份痛苦永远、永远、永远、永远都不会消失……因为梦想破灭的打击是沉重的。

但是,如果你用自己一生的时间去哀悼你没能去成意大利,那么你就永远也没有心灵的自由去享受那些极其特殊的、极其可爱的事物——属于荷兰的。

短文中的特殊儿童家长是坚强的、积极的,抚养特殊孩子的情绪情感由开始的震惊、怀疑、不满、委屈慢慢转向平静、欣赏,当然遗憾和痛苦不会完全消失。我们希望"被选中"抚养特殊儿童的家长都能实现这样的转变,帮助特殊儿童家长实现这样的转变也是家庭教育指导者的追求。抚养一个特殊儿童是一项艰难的任务,特殊儿童家长出现各种各样的消极情绪都是正常的反应,但是,终日被消极情绪感受笼罩、沉溺于绝望中却不是健康的反应,当然这样的反应不是特殊儿童家长懦弱的表现,而是他们需要帮助的信号。指导者在理解特殊儿童家长情绪情感的基础上,要帮助特殊儿童家长客观地认识自身的情绪情感,学习接纳所有的情绪感受,学习用合理的方式表达情绪感受,学习从积极的视角重新认识抚养特殊孩子的历程,推动他们的情绪情感向以积极情绪感受为主转变。

抚养一个特殊孩子意味着要接受一系列特殊的挑战,指导者除了帮助特殊儿童家长理解接纳各种情绪感受外,还要增能特殊儿童家长,帮助他们战胜这些挑战。一方面,指导者可以通过向特殊儿童家长提供养育特殊儿童的知识和方法,帮助他们树立科学的发展观:有特殊需要不等于失败、不意味着低人一等,提高他们的养育能力,对他们进行知识增能;另一方面,指导者要经常肯定特殊儿童家长的努力、坚持、对孩子的爱与付出,帮助他们发掘自身的特长、寻找社会资源支持,提升他们的养育效能感,对他们进行心理增能。

(十) 开展家庭教育指导评估与研究的能力

指导的目标有没有实现?指导形式的适宜程度如何?指导活动取得了哪些成功经验或失败教训?……要准确回答这些问题就需要进行家庭教育指导评估,对家庭教育指导进行评估的能力也是指导者需要发展的能力。评估能查漏补缺,帮助指导者提升指导活动的规范性、专业性、可行性、针对性;评估能及时发现问题、肯定成绩,推动指导者快速成长、增强指导者的效能感;评估不仅具有价值判断的作用,还具有促成和创生价值的潜力,因为评估本身就是一种学习,对评估主体会产生教育作用,评估能激励指导者开拓新形式、新方法和挖掘新内容。

指导评估既包括对指导者实施的指导活动的评估,也包括对家长参与指导活动的评估。美国学前教育专家A·S·赫林格指出,教师在给予家长指导以后,只有考察家长的参与水平是属于"听众""观众",还是属于"孩子的教师""班级的志愿者",或是属于"教师的助手""活动的共同决定者",才能在今后的工作中对家长做出更有效的指导[1]。如同教育评估,指导评估也是贯穿家庭教育指导全过程的活动。指导者可以从指导活动方案、指导过程和指导结果三个方面对指导活动进行评估;可以采用自评的方式,也可以请管理者、同事或家长评估指导活动;可以借用专业的评估工具评估,也可以通过反思、研讨、做指导记录等方式进行评估。无论是评估指导活动还是评估家长的指导参与,指导者都要牢记评估的目的是提升指导质量,促进家长和自身的成长。

陈向明在论述中小学教师为什么要做研究时提出,教师工作是一种复杂的

---

[1] 李生兰.幼儿园与家庭、社区合作共育的研究[M].上海:华东师范大学出版社,2013:21.

关系性实践活动,最需要的是择宜能力,即为了孩子"好"的目的,能够在纷繁复杂的情境中做出此时此刻最恰当的判断和决策的能力。这种能力的获得和提高需要教师系统地做研究。此处的"做研究"并不是学术界要求的严格、中立、客观的科学探究,而是以一种"研究的心态"从事日常工作,仔细地辨析所面临的困境,形成相对清晰的问题意识,系统地收集资料以了解问题的症状及其形成原因,并采取恰当的行动解决问题。教师做研究有三大益处:第一,有利于教师成为反思性教师,并且能够将教师丰富的缄默知识显性化,成为公共知识,为其他教师所用。第二,通过系统的研究活动,教师不仅能够获得对自己更加深刻的了解,而且能够将自己"实践中的知识"转化为"实践性知识",有利于形成知识共享的有效机制,促进知识的管理和传播。第三,教师参与研究能改善教师学习的基本模式,从传统的获得模式、参与模式转向拓展学习模式。拓展学习模式重视人的社会性学习,通过有能力同伴的支持,将分布在活动和人际关系中的身份认同、智力、领导力、情感等发掘出来,达到学习的"最近发展区"。这种模式在纵向上引入学界的新概念和新技术,与教师的日常概念相遇;横向上跨界于不同活动系统(如学校系统、教研系统),产生新的共同体、规则、劳动分工、客体和产出。学习在更具不确定性的同时也变得愈加丰富和具有创造性[①]。

　　家庭教育指导是同教师工作一样的实践活动,上面提到的做研究的必要性和益处对指导者同样适用。而且,与教师做研究相比,指导者做研究更具实践需要的紧迫性,因为家庭教育指导工作尚处在起步阶段,对家庭教育指导的学术研究刚开始,关于家庭教育指导的理论知识不丰富,指导实践缺乏先进的家庭教育指导理论的指引。为了家长"好"的目的,指导者需要边实践边研究,提高自己做出适宜判断和决策的择宜能力。

　　指导者做研究可以是以研究者的心态对待指导实践,对自己的指导实践进行行动研究,即陶行知提出的"在劳力上劳心":在指导实践中积极探索解决实践问题的适宜方法,经常对指导实践进行反思和总结,努力提升指导实践的科学性和有效性。幼儿园教师都接受过开展学术研究的培养和培训,具备一定的学术研究能力。因此,担任指导工作的幼儿园教师可以自主或参与进行家庭教育指导的学术研究,生成家庭教育指导的新知识。指导者提出的研究问题一般都是指导实践中客观存在的难题,这些难题的解决对改进实践有直接的推动作用。指导者能收集到丰富、翔实的研究资料,可以使用这些资料检验某种理论假设做实证研究,也可以深入分析这些材料,提炼理论性知识,做扎根理论研究。指导

---

① 陈向明.中小学教师为什么要做研究[J].教育发展研究,2019,39(8):67-72.

者与指导家庭的密切合作也为他们进行个案研究提供了优势。无论是做行动研究还是做学术研究,指导者做研究都是为了提升指导活动的质量,为指导家长和儿童"好"。

六、幼儿园家庭教育指导常见问题的解决策略

家庭教育指导是一项复杂的关系性实践,指导过程中遇到一些计划之外的情况或突发的问题是正常的现象。简要地理解家庭教育指导的任务,就是帮助家长解决已经出现的或潜在的家庭教育问题,是一个问题导向的活动,解决的问题越多,增加的新经验越多、能力提升越高。因此,指导者在进行家庭教育指导时要秉持的对待问题的态度是:不害怕问题、主动发现问题、客观分析问题、积极解决问题。如同好老师的教学绝不是千篇一律地遵循着什么既定规则的,他们有各自的"个性",并在教学中体现出来,好老师在教学中会注重具体的、特定的情境,不可能以既定的方法去行动。更重要的是,对这个教师算是好的、有效的方法,对那个教师而言未必也就是好的、有效的[1],优秀的指导者的指导也是灵活的,有个人风格的,能根据具体情境选择适宜方法解决问题。虽然"法无定法,式无定式;因时利导,兆于变化"是指导者追求的指导状态,但是,新手指导者还是有必要先了解一些家庭教育指导中的常见问题,提前做些准备,准备的策略方法是现场抉择的资源,资源越丰富越容易抉择出适宜的方法。研究者通过对家庭教育指导者的调查,汇总了五个家庭教育指导实践中常见的问题,并提出了相应的解决策略,旨在为新手指导者建立自己的问题解决策略资源库、形成个性化的指导风格提供参考。

(一) 提高指导效能感的策略

虽然学习了家庭教育指导需要的许多知识和技能,在指导活动开始之前也做了精心的计划准备,但是,面对家长时依然感到紧张、焦虑,特别是面对高学历的家长时,对自己的指导行为很没有信心。这是困扰很多新手指导者的一个普遍问题。这个问题的根源是指导者的指导效能感低。指导效能感引申自心理学家班杜拉(Albert Bandura)提出的自我效能感。班杜拉把自我效能感界定为个体对自己实现特定领域行为目标所需能力的信心或信念[2],认为它能影响人的思维模式、行动和情绪激活。自我效能感越高,个体越倾向于选择具有挑战性的

---

[1] 施良方,崔允漷.教学理论:课堂教学的原理、策略与研究[M].上海:华东师范大学出版社,1999:429.
[2] 张鼎昆,方俐洛,凌文辁.自我效能感的理论及研究现状[J].心理科学进展,1999,7(1):39-43.

任务、愿意付出更多的努力、坚持的时间越长、注意力多集中于解决任务的条件上;反之,自我效能感越低,个体越倾向于回避具有挑战性的任务、不愿付出努力且容易放弃、注意力多集中于可能的失败或不利的结果上。研究表明,自我效能感与职业紧张显著负相关,自我效能感低的人的职业紧张程度明显比自我效能感高的人严重。自我效能感高的人倾向于运用问题定向的应对策略,总是想方设法去消除应激或适应应激,采取的是一种积极的态度;而自我效能感低的人则倾向于运用情绪定向的应对策略,在面对应激源时不知所措,情绪高度紧张,采取的是一种消极的态度[①]。

班杜拉认为,由于不同活动领域之间的差异性,所需要的能力、技能也千差万别,因此,一个人在不同领域的自我效能感是不同的。自我效能感概念被应用于不同的实践领域中,发展出了一系列相关概念,如学习效能感、教学效能感、养育效能感等。指导效能感就是自我效能感在家庭教育指导领域的应用,含义是指导者对利用拥有的知识技能完成指导工作的自信程度。指导效能感越高,代表指导者越自信,紧张程度越低;反之,指导者紧张程度越高,越不自信,代表指导效能感越低。明白了问题根源,接下来就是寻找提高指导效能感的策略方法。

研究发现,自我效能感的形成与改变受到以下四个因素的综合影响。

一是成败经验。成功的经验能够提高自我效能感,失败的经验特别是多次失败的经验则会降低自我效能感,发生在行动刚开始时的失败影响更严重,因为这时的失败还不能反映出努力的不足或不利的环境因素,容易让个体将失败归因于自己能力的不足。但失败经验对自我效能感的影响存在个体差异,对于已经具备很强自我效能感的个体而言,偶然的失败不会影响其对自己能力的判断,他更倾向于将失败归因于环境因素、努力不足或策略方面,相信改进后的策略会成功,失败反而能提高其信念;而自我效能感低的个体更容易受到失败经验的消极影响,进一步削弱自我效能感。

二是替代经验。个体观察他人成败所得到的替代经验对自我效能感的影响也很大,看到与己相近的人获得成功能促进自我效能感的提高、增加实现同样目标的信心;但看到与己相近的人遭遇失败,尤其是付出很大努力后的失败,则会降低自我效能感,觉得自己成功的希望也不大。当个体不能客观地评价自己的能力时,替代经验的影响效果会更显著。

三是他人的评价、劝说及自我规劝。与空洞的评价、劝说相比,基于直接经验或替代经验的劝说、鼓励,对自我效能感的影响效果更显著。

---

① 周文霞,郭桂萍.自我效能感:概念、理论和应用[J].中国人民大学学报,2006(1):91-97.

四是情绪和生理状态的信息。个体在面临活动任务时,健康的生理状态、平静的情绪能使人相信自己的能力,身体不适、焦虑不安则容易使人对自己的能力产生怀疑。[①]

针对职业效能感的研究发现,职业效能感的形成与发展除受到以上四个因素的影响外,还受以下六个方面的影响。

一是个体的归因方式。高自我效能的个体倾向于将失败归因于自己的努力不足等内部可控因素,因而不会损害自我效能感;而低自我效能感的个体则习惯于将失败归因于能力等内部不可控的因素,这样会进一步降低职业自我效能。

二是个体对活动的自我监控偏好。倾向于关注自己在活动中的消极表现会降低自我效能感,反之,若习惯于关注自己在活动中的成功方面而忽视失败方面,会导致对自己能力的判断朝向夸大的方向发展。

三是个体的能力观。若个体的能力观是增长取向的,即相信能力是可变,可以通过学习、实践来提高,他们倾向于将活动视为学习和提高技能的手段,认为失败只意味着努力不够或策略不当,往往自我效能感较高;若个体的能力观是固定取向的,即认为能力是一种固定的、不可控制的特质,他们倾向于将活动看作是对能力的一种检验和测量,一旦失败则会损伤他们的自我效能感,他们往往有较低的自我效能感。

四是目标特征。目标是自我效能和工作绩效之间重要的一个中介变量,达到预期目标会使个人产生能驾驭任务的能力感,有助于高效能感的形成。设置具有挑战性的目标有利于发展职业自我效能感。所谓挑战性的目标,指既非高不可及也非唾手可得、须经过一定的努力方可达到的目标。目标过高容易导致挫败感进而降低职业自我效能感,目标过低本身就是效能感不足的表现,亦无助于职业自我效能感的提高。此外,目标的具体性也是影响职业自我效能感形成的一个因素,具体的目标通过明确指出需要哪些方面的努力和需要多少努力来调控人们的行为,并使人们在这些具体目标实现时产生自我满足感,进而促进职业自我效能感的发展;而一般性的目标由于对需要达到何等水平缺乏明确的界定,不能成为人们评价自己能力的基础,不利于个人职业自我效能感的发展。

五是反馈方式。反馈尤其是领导的反馈对个体的职业自我效能感的形成和发展有显著影响。积极的反馈会提高职业自我效能感,消极的反馈则会使之降低。

六是社会文化因素。社会文化中的很多习俗、偏见等因素会对个人的职业

---

① 张鼎昆,方俐洛,凌文辁.自我效能感的理论及研究现状[J].心理科学进展,1999,7(1):39-43.

自我效能感产生负面影响。①

基于以上研究成果,本书建议指导者采用以下策略提升指导效能感。

1. 指导者客观评价自己真实的能力观,积极发展增长取向的能力观。指导者客观反思评价自己对能力的看法,用 0～9 分的量化评分方法(0 分代表完全不相信,9 分代表完全相信)评估自己在多大程度上相信一个人的能力是可以通过学习、实践不断提升的。评分等于或大于 7 分,代表增长取向的能力观,小于 7 分则代表偏向固定取向的能力观。如果结果是增长取向的能力观,指导者就可以依据这种能力观分析指导能力与指导活动的关系,提升指导效能感。指导活动是指导能力表现的舞台,每一次指导活动都是锻炼、提高指导能力的机会,指导活动中的失误,正好让自己看到指导能力中需要提升的弱项,只要经过针对性的练习,能力弱项就会被强化,指导能力会更上一层楼。如果结果是倾向于固定取向的能力观,建议指导者一边通过学习能力的心理学知识,深入了解能力的发生、发展规律,一边仔细观察幼儿的每日变化,融合理性认识和感性认识两股力量推动固定取向的能力观向增长取向的能力观转变。

2. 基于优势视角看世界,从利于发展的角度分析问题。指导者不仅要积极关注家长,同样要积极关注自己、积极关注指导活动。我们看世界的视角限定了我们能看到的内容,我们看到的内容会影响我们的感受、态度和行为,拥有发现美的眼睛,美景便充盈着生活。指导者要提高指导效能感,就要基于优势视角看待自己和指导活动,多关注自身拥有的资源和特长、关注指导活动取得的成果,正视自身的弱项和不足,目的是扬长避短或寻找替代方法,正视活动中出现的问题和失误,目的是抉择出针对性的解决办法和适宜的行为,而不是问责。

3. 热情投入指导过程,理性预期指导结果。系统性原则是家庭教育指导的基本原则,系统性也是家庭教育指导活动的一大特点。这说明家庭教育指导活动的方方面面都是相互联系的,任何因素都会产生直接影响和间接影响,任何行为都有直接原因和间接原因,指导活动的结果是不能完全掌控的。古人讲"尽人事听天命"并不是消极的宿命论,而是对待努力与结果的理性观点。参照这种观点,指导者对待指导活动的适宜做法是"热情投入指导过程,理性预期指导结果",重要的是努力过程,实现预期的结果是成功,没有实现预期的结果是经验,都值得我们反思和改进。

4. 设立小目标,记录点滴成功经验。习得性无助现象反向提示我们,一系

---

① 狄敏,黄希庭,张志杰.试论职业自我效能感[J].西南师范大学学报(人文社会科学版),2003,29(5):22-26.

列的成功经验可以培养稳定的效能感。指导者可以参照程序教学的小步递进和积极反馈原理，为指导工作设立一系列容易实现的、逐级递进的小目标，实现一个小目标就及时进行自我强化，并且记录下成功的经验。记录既可以增强自信和成就感，记录下的成功经验也是组成指导者的策略资源库的重要内容。集腋成裘，聚沙成塔，一个个小目标的实现，让指导者不仅能形成稳定的效能感，还能建立内容丰富的策略资源库。

5. 学习一些情绪调节和放松身心的方法，保持情绪稳定。缺乏自信会产生焦虑紧张的情绪，焦虑紧张的情绪又会消耗信心，这样就形成了恶性循环。但是，只要能缓解焦虑紧张的情绪就可以反转这个恶性循环。指导者可以学习一些简单的调节情绪、放松身心的方法，不只是为了在消极情绪强烈时控制情绪，更是为了对自己的情绪和身心状态进行适度管理，培养自己做一个身心健康、情绪稳定的人。

建议幼儿园创设支持性环境，赋权增能指导者。自《家庭教育促进法》实施以后，家庭教育指导成为幼儿园的常规工作，幼儿园应尽快建立、完善相应的组织、培训、教研、评价等制度，为指导者赋权。鼓励指导者开展多种形式的家庭教育指导，为家庭教育指导提供物力、人力、技术等支持，重视肯定家庭教育指导获得的多形式的成绩，通过专项培训、教研活动帮助指导者增能。支持组建指导者小组，引导营造互帮互助的心理环境。

除以上根据效能感的影响因素提出的提升策略之外，新手指导者要做到自信地指导家长，还需要端正对指导者角色、家长角色和指导活动的认知。指导者是掌握儿童教育、家庭教育一般知识的"专家"，家长是了解自家孩子和家庭情况的"专家"，两者都是指导活动的主体。指导活动是指导者和家长各展所长、共同努力为儿童创设适宜的家庭环境、教育生态环境的活动，不是评比最佳教育者的活动，指导者与家长是合作关系，不是竞争关系。不论家长具有什么样的个人条件，他们都是也只是指导者尊重的平等合作伙伴。以上提升指导效能感的策略，指导者同样可以用以帮助家长提升家庭教育效能感。

（二）激发与增强家长信任的策略

我们有句流传很广泛的谚语：嘴上无毛，办事不牢。它的意思是年轻人缺乏经验，办事不牢靠。这是在知识更新缓慢、传播方式单一、知识获取主要靠直接经历的传统社会形成的一种对年轻人的偏见，但这种偏见在当今社会依然有普遍的影响力。不巧的是，幼儿园教师以年轻人为主，很多进行家庭教育指导的教师还是未婚青年。双重因素影响下，家长对指导者的信任一开始就面临着危机。

亲其师,才会信其教;信其师,才会爱其教。如果家长不信任指导者,不能建立积极的指导关系,有效的指导根本无从谈起。积极的指导关系是信任的,也是从信任开始的。为建立积极的指导关系,指导者应秉持尊重、热情、真诚、共情、积极关注的指导态度,这是指导者一以贯之的态度,也是激发与提高家长信任的态度。在此基础上,指导者还可以应用关于信任的理论知识去激发和提高家长的信任。

幼儿园家庭教育指导工作大部分由幼儿园教师承担,指导工作也是围绕着儿童发展与教育进行,缘于此,家长对指导者的信任类似于对教师的信任。有研究者认为,家长对教师的信任是"家长在与教师的交往中,家长基于对教师的能力和人品判断而形成的,在认知、情感、行为方面对教师能够履行他所被托付之义务及责任的一种积极的心理期待"。有研究者则认为,家长对教师的信任是"在家长与教师交往的过程中,家长相信教师能够履行教育教学责任并愿意将孩子托付给教师的一种保障感"[1]。无论是一种积极的心理期待还是一种保障感,家长对指导者的信任都是推动家长积极参与指导活动的内在动力,指导者要积极激发和提高家长的信任。

家长对指导者的信任属于人际信任,人际信任本身是一个发展过程[2],在这个过程中许多因素会影响人际信任的建立、发展或改变。其中,人格特征是影响人际信任建立的重要因素,某些特定的人格特征有助于个体获得他人的信任。但是,研究者对这些人格特征是什么以及这些特征的重要性有不同的观点。比如,有研究发现,开放性、接受性、可用性、公平、忠诚、守诺、正直、能力、谨慎、连贯性等10个人格特征有助于建立信任,也有研究者将这些人格特征简化为能力、真诚、公平、连贯、忠诚、开放性6个特征,或能力、真诚、善行3个维度;有研究者认为公正性是影响人际信任建立的核心特征,有研究者认为诚实才是关键的特征[3]。虽然研究结果不统一,但研究发现的人格特征都是积极的特征、美好的人格品质,都是能增强指导者人格魅力的特征,都值得指导者努力去培养和提升,不只是为获得家长的信任。

当个体无法准确获知对方的人格特征时,能依据什么来判断对方的可信性?什托姆普卡认为,个体一般基于声誉、表现、外表三个基础来确定对方的初级可

---

[1] 冷雪.小学生家长对教师信任的现状、影响因素及提升策略研究[D].呼和浩特:内蒙古师范大学,2021:3.

[2] Khodyakov D. Trust as a process: A three-dimensional approach[J]. Sociology, 2007, 41(1): 115-137.

[3] 韩振华.人际信任的影响因素及其机制研究[D].天津:南开大学,2010:6-7.

信性。声誉意味着过去事迹的记录,我们对一个人了解得越清楚、越长久,并且他值得信任的行为记录越一致,我们越愿意信任他。表现意味着实际的事迹、呈现的行为、正在获得的成效,即一个人正在做的事情。外表包括很多方面:面相、身体语言、语调、表情、发型、穿着、配饰等。其中的某些特征在美学上是给人愉悦或令人抗拒的,可能自发地引起信任或不信任的情感;有些特征,像微笑或侵犯性姿势,在生物学上暗示着可信任或不可信任;有些特征具有符号价值,指示健康、社会地位、权力以及暗示着可信性,如带有特定文化意义符号的衣服。在外表中,有三个特征对信任的暗示特别显著:一是穿着,二是身体的修养,三是端庄的举止。我们倾向于信任这样的人:穿着打扮整洁得体、言辞诚恳谦和、举止自然大方、神情温和明朗[1]。

基于以上研究结果,指导者可以向家长介绍自己掌握的教育知识和获得的专业成绩、开展过的成功的指导活动;也可以向家长介绍当下开展的指导活动的目的、主要内容、已经具备的资源条件等,来激发和提高家长的信任。外表是一种语言,无声地表达着一个人的个性特征、心理状态、价值追求等。指导者与家长互动时要注意自己的衣着、神情和言谈举止。幼儿园教师与幼儿互动时,穿着幼稚可爱的服装、说童言童语能获得幼儿的喜欢,但作为指导者与家长互动时,这样的穿着和言谈却不适宜。指导者如果希望家长把自己视为一个成熟的、可信任的专业人员,外表上就要像一个成熟的、可信任的专业人员一样。

信任总是凭借过去的经验来预期未来[2],因此,指导者与家长一起回顾过去共同完成的活动也可以激发和提高家长的信任。熟悉程度也是影响信任的一个重要因素[3],一个人的熟悉程度越高、越经常被"看见",就越容易获得信任。基于此,指导者要提高自己的曝光率,经常让家长"看见"自己。成功无诀窍,功夫在平时,指导者可以通过主动与家长联系互动,借助幼儿园公众号、班级家长群、朋友圈等平台定期推送家庭教育方面的知识和信息,努力塑造一种"熟人"的印象。情绪也是影响信任的重要因素,快乐、满意等积极情绪有利于激发和增强信任[4]。基于此,指导者可以采用以下策略激发和增强家长的信任:营造美观、舒适的指导环境和轻松、愉快的指导氛围;与家长沟通时,先基于客观事实,肯定和称赞家长在家庭教育上的情感、精力、经济等投入与获得的成果,再理性讨论家

---

[1] 什托姆普卡. 信任:一种社会学理论[M]. 程胜利,译. 北京:中华书局,2005:96,104,106-107.
[2] 翟学伟. 中国人的社会信任:关系向度上的考察[M]. 北京:商务印书馆,2022:47.
[3] 什托姆普卡. 信任:一种社会学理论[M]. 程胜利,译. 北京:中华书局,2005:109.
[4] 何晓丽,王振宏,王克静. 积极情绪对人际信任影响的线索效应[J]. 心理学报,2011,43(12):1408-1417.

庭教育问题,先反馈孩子发展的积极方面再建设性谈论待提升的方面。

只有真诚才能获得真诚,指导者想激发和增强家长的信任,自己先要信任家长,信任家长提升家庭教育的能力和努力,信任家长对指导者的信任。建立信任关系不容易,毁掉信任关系却轻而易举。激发和增强家长的信任不只是指导活动开始时指导者要努力和关注的重点事项,而是贯穿整个指导过程的重点事项。罗伊·雷维奇(Roy Lewicki)曾提出信任关系发展的三个阶段:计算性信任、知识性信任、认同性信任[①]。信任关系的稳固性在认同性信任阶段最强,当家长真正认同指导者的言行、在情感上信任指导者时,家长对指导者的信任就发展到认同性信任。这是一个时长不固定的过程,具体用时与指导者的努力紧密相关。对待家长的信任,指导者需同时保持耐心与努力。

(三) 提升与家长有效沟通能力的策略

与家长有效沟通的能力是指导者的基本能力之一,指导能力部分讲到了一些培养与提高有效沟通能力的基本内容与方法,这里主要从指导者与家长有效沟通的四个关键要素:表达、提问、倾听、回应,提出一些提升有效沟通能力的策略。

1. 表达

一个对沟通的常见误解是:沟通就是说话,沟通能力强就是能说。虽然这是一个对沟通能力的错误认知,但也反映出了言语表达在沟通中的重要性。在不同目的的人际沟通中,对言语表达的要求不同。指导者与家长的有效沟通,不是为了展示自己博学多闻、能说会道的本领,而是为了让家长能理解自己传递的观点、意义和感受,为了鼓励家长深入交流、持续交流,所以不是自顾自地说,不是单纯的倾诉,而是围绕家长的"听"而"说"。为了有效地与家长沟通,指导者的言语表达要做到以下五点要求:

第一,表达要得体。指导者为激发和增强家长的信任,要呈现得体的外表,这里面就包含得体的语言表达,指导者使用的言词、语音、语调、语速都要符合家庭教育指导者的专业身份,要规范使用普通话、要有言谈礼仪、要温和、要乐观积极。

第二,表达要简洁明了。使用简单易懂的话语直接表达,避免使用含糊或不确定的词语,尽量以结构完整的简单句为主,避免冗长和复杂的句子,少用反问

[①] 沈晓冬,林丹.家校信任关系的失落与重建[J].中国教育学刊,2024(8):61-67.

句多用陈述句,使传递的信息易于接受和理解。

第三,表达要生动有节奏。多使用生活的、生动的词汇和句式,温暖、感性、商讨的语气,根据内容而变化的语调,少用抽象的专业术语和学术句式,避免说教、命令、不耐烦的语气和平铺直叙的机械化语调,增加言语表达的感染力,使表达更加吸引家长。

第四,表达要观点明确、条理清晰。话语出口前,指导者要组织思路,表达时要注意表达内容的逻辑顺序,一般是先陈述事实再表达观点和感受,先重点后细节,先具体再抽象,以明确的、逻辑清晰的方式呈现信息。

第五,表达要有感召力。指导者的言语表达要能激发家长参与沟通的热情,要为家长的表达创造机会、留有空间。为此,指导者的言语表达内容要符合家长的兴趣或需要,表达的观点感受能引起家长的共鸣,表达的语气积极向上,能鼓舞人心。

纸上得来终觉浅,"言语表达"要躬行,本书建议指导者通过以下两个练习提升自己的言语表达能力。一是独自对镜朗读练习。选择一些优秀的诗词、与教育有关的散文,字正腔圆口齿清晰地做朗读练习,对着镜子练习可以观察到自己用不同语气、语调表达时的神情和姿态,便于选择适宜的神情和姿态。对镜朗读练习需要坚持,制订练习计划打卡表,如每周一、三、五中午各一次,每次 15 分钟,有助于自我监督和自我强化。二是角色扮演练习。请家人、朋友或与其他指导者一起进行家庭教育指导的角色扮演,模拟与家长的面对面沟通,请扮演家长的同伴不要积极配合"指导者",可以故意制造些沟通困难,并请他们反馈听到不同表达时的感受和想法。如果是指导者之间进行扮演,建议不要固定扮演指导者或家长角色。这个练习既能提升有效沟通能力,又能加深对指导者角色、家长角色的理解。

2. 提问

提问是一种特殊的言语表达方式,也是一种回应方式,提问既是一种信息搜寻通道,又是一种推动沟通持续下去的支架,有独特的功能和要求。指导者想通过提问促进与家长的有效沟通,需要先思考以下三个问题:为什么提问?提什么问题?如何提问?

指导者为什么要向家长提问?提问有许多功能,以幼儿园教师对幼儿的提问为例,提问可以集中幼儿的注意力、唤起幼儿的兴趣、激发幼儿的好奇心、刺激幼儿思维、发现幼儿已有知识经验、引导幼儿回顾知识经验、邀请幼儿参与讨论、推动幼儿积极介入活动、探查幼儿的理解程度、了解幼儿的困难、鼓励幼儿提问、让幼儿去解释和预测或给出理由、帮助幼儿表达他们的所思所信和所知、帮助幼儿弄清他们学习的知识、帮助幼儿应用他们的知识经验[1]。指导者对家长的提问具有同样的功能,指导者为集中家长的注意力、唤起家长的兴趣、激发家长的好奇心等,积极向家长提问。

当然只有提出有效的问题才能实现积极的功能,什么样的问题是有效的问题并没有具体的判定标准,问题的有效性很大程度上取决于提出问题的具体情境。但是,一般而言,以下三类问题的有效性较高。

第一类是具体明确的问题。这类问题的要求清晰明确,没有模糊或含糊不清的描述,家长可以直接关注问题导向的领域,集中思考做出详细的回答,比如"您周末是如何安排亲子时间的?"。相反,太大太抽象的问题,家长不知朝向哪方面思考,难以即时整理信息,容易做出敷衍性回答,比如"您是如何进行家庭教育的?"。

第二类是以被提问者为中心而非提问者为中心的问题。提问是收集被提问者信息的一种方式,提问者不能自以为是,要从被提问者的角度提问,比如"我今天请来一位儿童心理专家为家长们做讲座,你们知道专家今天要讲什么吗?"。这是以提问者为中心的问题,提问者邀请的专家,大概率知道讲座的内容,但被提问的家长大概率是不知道的,对此问题只能给予简单的否定回答。"我今天请来一位儿童心理专家为家长们做讲座,你们想听专家讲什么?"这是以被提问者为中心的问题,能让家长畅所欲言,表达自己的需求。

第三类是具有挑战性和开放性的问题。开放的、具有挑战性的问题要能够激发家长的思考和创造性的回答,能够引起多种不同的观点和方法,而太封闭、太简单的问题,如只能用是或否回答的问题,限制了家长的思考和自我探索,能收集到的信息也非常少。下面列举了多种开放性问题的提问方式,新手指导者可以参考使用。

你认为……如何?
你是如何知道……?
你为什么认为……?
你可以给出……的理由么?
你是如何确定……?
这个总是如此……吗?
你有另一种方法、理由或想法吗?它是什么?
假如……怎样?如果不……又怎样?

---

[1] 费舍.教会孩子学习[M].刘淼,刘智斌,陶天梅,译.广州:广东教育出版社,2013:29.

关于这个问题还可以举出什么例子？

你认为下一步会发生什么？

指导者向家长提问时要尽量做到以下三点。一，向家长提问的方式要符合家长的个性特点，有家长喜欢开门见山式的，也有家长喜欢旁敲侧击式的，有家长喜欢直言不讳式的，也有家长喜欢委婉式的。二，提问家长的方式也要依据语境和提问目的而定，越自然流畅越好。三，指导者掌握基本的提问技能。使用家长能理解的言语和方式提问，必要时进行提示或给予线索；给予家长思考的时间；把握好提问的时机，注意问题之间要有停顿；合理安排问题的顺序，以便提出循序渐进的认知要求；以积极的、非评价的方式回应家长的反应，不论家长的反应是否符合指导者的期望；鼓励家长提问，提供提问的机会，必要时示范提问，肯定家长的提问，积极回应家长提出的问题。

3. 倾听

倾听不只是认真地"听"，因为倾听的目的不是获得单纯的听觉信息。倾听比"听"更复杂，不仅使用听觉器官接受刺激，还使用视觉器官或其他器官接受刺激，倾听不是感觉过程而是知觉过程，即倾听是为了获得对倾听对象的整体性认识。倾听包括两个基本环节："听见"和理解。"听见"指接收到倾听对象表达出的信息，接收到指的是耳朵听到和眼睛看到，信息包括事实、观点、态度、情绪情感、希望要求等多种内容。指导者"听见"家长，即接收到家长表达的"事实信息"（家长认为的事实不一定是客观事实）、家长的观点和态度信息、家长的情绪情感信息、家长的希望和要求信息。这要求指导者专心地听家长表达、看家长表达，端正听的身体姿态，用耳朵听家长说的言语、用眼睛看家长说的方式和说的神情，用大脑思考家长的观点、意义、态度、要求，用心感受家长的情绪情感，避免一些信息成为耳旁风，悄无声息地飘散而去。

倾听与理解不可分割，没有理解的纯粹倾听是不存在的，当然也不存在某种没有倾听的理解，言语是在他人的理解中实现的[1]，没有被理解的言语只是一种声音。理解是指导者把"听见"的所有信息进行综合性的、详细深入的分析，力求认识信息的表层意思和深层含义，知其然又知其所以然。分析的程度就是理解的程度，分析的结果即理解的结果。指导者要仔细地"听"，避免忽略家长轻微的"声音"，要综合性地深入分析信息，不断章取义、不望文生义，避免对家长表达信息的误解。

---

[1] 伽达默尔,潘德容.论倾听[J].安徽师范大学学报(人文社会科学版),2001(1):1-4.

4. 回应

指导者对家长的回应可以分为接收式回应和邀请式回应两种形式。接收式回应是在倾听家长表达时，指导者主要是以轻微的表情（如微笑、鼓励的眼神）、动作（如点头）或简短的语气词（如"嗯"）回应家长，这些回应传递出指导者尊重家长、重视表达内容的信息，能让家长在更加放松的状态下、更加自信地表达自己的想法和感受。

邀请式回应是当家长的表达有明显的停顿或结束或家长向指导者提出问题时，指导者给予的回应。指导者可以按照以下三个步骤对家长进行邀请式回应。第一步，复述家长表达的主要内容或关键的内容（比如前后有冲突性的内容）或描述家长表达时出现的激烈情绪，复述内容时尽量用家长的原话，描述激烈情绪时使用"背景＋生理反应＋情绪名称"的句式，如"当你说孩子发脾气摔玩具时，我注意到你双手握拳，声音微微地颤抖，好像是害怕的表现"。描述背景和生理反应要实事求是，情绪类型要用推测的语气。指导者不能简单地对家长的情绪做主观判断，如不能回应"当你说孩子发脾气摔玩具时，我注意到你害怕了"。这样回应可能误解家长的情绪，更糟糕的是让家长感觉自己受到评判，从而停止进行深入的交流。

第二步是表达自己的感受和观点。指导者不直接评判家长表达的对错与好坏，而是在倾听的基础上，表达自己对家长所说事件或经历的观点和感受，传递对家长的理解和鼓励。比如"摔玩具发脾气是不合适的表达消极情绪的方式，如果有小朋友这样做时我会很担心，担心发生意外伤害到他们"。虽然指导者和家长都很希望尽快解决他们面临的问题，但指导者不能像传统的灌输式教学一样直接教给家长正确的方法，而应该通过发起讨论、激发思考引导和支持家长自己去寻找适宜的方法。如果方法不是家长自己寻找到的，指导者给再多也没用，甚至适得其反，它们会让家长感到自己很无知，弱化家长的家庭教育效能感。

第三步是提出问题或讨论某一话题的邀请。为了推动沟通朝着目标更进一步，指导者在第一步、第二步的基础上，可以向家长提出一些问题或邀请家长参与讨论某一话题，帮助彼此梳理不清晰的地方，共同寻找进一步探索的方向或解决问题的适宜方法。比如"你能再详细说说孩子发脾气时你的感受吗？"或"我们一起来讨论一下孩子发脾气时家长可以怎么处理吧？"

《论语》中有一则"问孝"的故事。孔子的四个弟子：孟懿子、孟武伯、子游和子夏，分别向孔子请教什么是孝，孔子对四个弟子的回复各不相同。孔子告诉孟懿子，父母在世时，按照相关礼仪的规定侍奉他们。父母过世了，按照相关礼仪的规定安葬和祭祀他们。做到依礼事亲，就是尽了孝道。孔子告诉孟武伯，父母疼爱自己的子女，子女生病最让他们忧心难过，所以，子女保重好自己的身体不让父母担忧便是尽孝了。孔子对子游说，现在都以能够养父母为孝，但如果只是做到养活父母，不能尊敬父母，那么养父母和饲养狗马有什么区别呢？所以，应该以敬为孝。孔子对子夏的回复是，父母有什么事情，子女代替他们去做，有了好吃好喝的，让给父母吃喝，做到这些还只是表面功夫，不能算作真正的孝，子女对父母尽孝，最难得的就是要做到对父母和颜悦色。孔子之所以这样回复他们，是因为孔子知道他们四个人的个性和处境各不相同，需要的和能做到的也不同。借用这则故事是想说明，指导者与家长沟通时应重点关注当下的人和当下发生的事，在坚守本心的前提下灵活变通。

（四）家园教育观念冲突时的指导策略

幼儿园教育与家庭教育同属于儿童教育范畴，两者遵循相同的儿童教育规律，追求共同的儿童教育目的，但两者的社会性质不同，在具体的教育组织方式、教育主体、教育方法等方面存在差异。幼儿园教育与家庭教育如同护佑儿童发展的一对翅膀，两者配合越默契，为儿童发展提供的力量就越大，幼儿园教育与家庭教育同向并行、同频共振方能奏出共育的最强音。幼儿园家庭教育指导是家园共育的一种形式，共育是和而不同，不是同而不和，关键在"和"上而非"同"上，家庭教育指导追求的是最优的"和"，不是最大的"同"。基于以上对幼儿园教育和家庭教育异同以及共育的理解，改"家园教育观念冲突"为"家园教育观念相异"更合适，因为，相异可能是冲突也可能是百花齐放。很多时候不一样才好，都一样会单调。

当指导者和家长的教育观念分别位于儿童教育规律的两边时，相异就等于冲突了，这个时候的指导任务是改正违背儿童教育规律的错误教育观念。家长的教育观念可能是错误的，指导者的教育观念也可能是错误的。幼儿园家庭教育指导不是推行幼儿园的教育观念，是倡导科学的儿童教育观念。在知识发展日新月异的今天，在儿童教育知识涉及的学科领域越来越多的当下，儿童教育工作者没有及时了解最新的科学儿童教育知识也在所难免。指导者知道自己已经掌握了哪些知识很重要，承认自己不知道哪些知识同样很重要。经过论证，如果指导者发现自己的教育观念是错误的，应该勇敢地承认错误，真诚地向家长学习；如果发现家长的教育观念是错误的，指导者需要秉持积极的指导态度与家长进行有效沟通，帮助家长认识错误教育观念对孩子的伤害，发展科学的教育观念。

当指导者和家长的教育观念都符合儿童教育规律时,相异就是花开两朵,指导的任务就是选择更适宜该家长孩子的发展需要的一种观念。新手指导者一定要认识到,家庭教育指导不是一个专家教育那些需要帮助的家长,而是有着不同视角和不同经历的人之间的真诚合作。指导者的优势是了解儿童发展和家庭教育的一般规律,家长的优势是了解自家孩子和家庭的特殊情况。两种优势相结合,既能实现优势资源的共享、为彼此增能,更重要的是能为儿童发展建造友好的教育生态圈,共同促进儿童的健康成长、全面发展。

第四章

学前儿童家庭功能的潜在分类及影响因素研究[①]

一、问题提出

人的成长源于家庭,立德树人的教育事业起步于家庭教育。《中华人民共和国家庭教育促进法》规定,未成年人的父母或其他监护人负责实施家庭教育,国家和社会负责为家庭教育提供支持和指导服务以促进家庭教育。对家庭教育进行支持和指导,需要了解家庭教育的环境特征,因为环境不仅直接影响教育工作的进行和效果,环境本身也是一种教育因素,对人起着潜移默化的作用[②]。家庭教育是在家庭系统中进行的教育活动,受家庭系统功能发挥水平的制约。家庭系统的基本功能就是为家庭成员的健康发展提供一定的环境条件[③],家庭功能发挥得越好,家庭成员的身心就越健康[④]。家庭功能是比教养方式等表层变量更能影响家庭成员心理发展的一个深层变量[⑤]。如研究发现,家庭功能中的亲密度和适应性对青少年问题行为的产生起关键作用[⑥];学习不良青少年的家庭在问题解决、沟通、情感反应、行为控制以及一般功能上的表现都要弱于一般青少年的家庭[⑦];家庭的沟通和亲密度对青少年的吸烟行为有显著的影响作用[⑧];家庭功

[①] 本研究的主要内容发表于《幼儿教育(教育科学)》2023年第9期,页码:35-40.

[②] 赵忠心.家庭教育学[M].北京:人民教育出版社,1994:97.

[③] Skinner H, Steinhauer P, Sitarenios G. Family assessment measure and process model of family functioning[J]. Journal of Family Therapy, 2010, 22(2):190-210.

[④] Beavers R, Hampson R B. The Beavers Systems Model of family functioning[J]. Journal of Family Therapy, 2002, 22(2):128-143.

[⑤] Olson D H. Circumplex model of marital and family systems[J]. Journal of Family Therapy, 2000(22):144-167.

[⑥] Cumsiell P E, Epstein N. Family cohesion, family adaptability, social support, and adolescent depressive symptoms in outpatient clinic families[J]. Journal of Family Psychology, 1994(8):202-214.

[⑦] 辛自强,陈诗芳,俞国良.小学学习不良儿童家庭功能研究[J].心理发展与教育,1999(1):22-26.

[⑧] 方晓义,郑宇,林丹华.家庭诸因素与初中生吸烟行为的关系[J].心理学报,2001,33(3):244-250.

能与青少年的自尊[1]、疏离感[2]和主观幸福感[3]有密切关系；家庭功能对初中生欺负行为具有显著负向预测作用[4]；家庭的行为控制功能和一般功能对学前儿童的行为问题有显著影响[5]。这些研究表明，家庭功能是影响家庭教育的重要环境因素，依据家庭功能的类型特点提供适宜性指导，能更加精准有效地促进家庭教育。

近年来，潜在类别分析（LCA）及其延伸潜在剖面分析（LPA）作为一种以个体为中心的研究方法，被广泛用于异质性群体的分类研究。使用这种方法进行分类，可以根据各类别在量表各条目上的作答模式来判断其潜在特征，并了解各类别在整个群体中的人数比例[6]，这样不但能更准确地刻画出个体之间的量化差异，还能总结个体间多维的质化差异[7]。基于以上文献梳理，本研究拟采用潜在剖面分析方法，探析学前儿童家庭的家庭功能的潜在类型以及影响潜在分类的因素，为实施适宜性的学前儿童家庭教育指导提供依据和建议。

二、研究方法

（一）研究对象

通过整群抽样法在 J 省选取 26 所幼儿园，邀请在园幼儿的母亲或父亲在知情自愿的基础上参与问卷调查，共收到 16 058 份有效问卷。调查对象中，有 12 964 位母亲（80.7%）、3094 位父亲（19.3%）。母亲的平均年龄是 33.5 岁（最小值是 24，最大值是 46，标准差是 4.1），父亲的平均年龄是 34.6 岁（最小值是 23，最大值是 47，标准差是 4.3）。城市家庭数量是 10 636（66.2%）、乡村家庭数量是 5 422（33.8%）。一孩家庭数量是 7 591（47.3%），两孩家庭数量是 8 062

---

[1] Russell T T, Salazar G, Negrete J M. A Mexican American perspective: The relationship between self-esteem and family functioning[J]. TCA Journal, 2000, 28(2): 86-92.

[2] 徐夫真, 张文新, 张玲玲. 家庭功能对青少年疏离感的影响: 有调节的中介效应[J]. 心理学报, 2009, 41(12): 1165-1174.

[3] 王娟, 邹泓, 侯珂, 等. 青少年家庭功能对其主观幸福感的影响: 同伴依恋和亲社会行为的序列中介效应[J]. 心理科学, 2016, 39(6): 1406-1412.

[4] 赖燕群, 连榕, 杨琪, 等. 家庭功能与初中生欺负行为: 有调节的中介作用[J]. 心理发展与教育, 2021, 37(5): 727-734.

[5] 肖倩, 洪黛玲. 学龄前儿童行为问题与家庭功能的相关性分析[J]. 中国健康心理学杂志, 2008(5): 527-529.

[6] 谢家树, 魏宇民, ZHU Zhuorong. 当代中国青少年校园欺凌受害模式探索: 基于潜在剖面分析[J]. 心理发展与教育, 2019, 35(1): 95-102.

[7] 苏斌原, 张洁婷, 喻承甫, 等. 大学生心理行为问题的识别: 基于潜在剖面分析[J]. 心理发展与教育, 2015, 31(3): 350-359.

(50.2%),有3个及以上孩子的多孩家庭数量是405(2.5%)。双亲家庭数量是15 351(95.6%),单亲家庭数量是463(2.9%),再婚或其他结构的家庭数量是244(1.5%)。父母受教育程度与育儿方式的结构详见表4-1和表4-2。

表4-1 父母受教育程度的描述统计表($N=16\ 058$)

	父母受教育程度(%)					
	初中及以下	中等职业/技术/师范学校	高中	大专	本科	硕士及以上
父亲	17.5	14.2	8.1	25.9	29.5	4.7
母亲	20.2	13.8	7.2	25.5	29.4	4.0

表4-2 育儿方式的描述统计表($N=16\ 058$)

育儿方式(%)				
完全父母	父母为主祖辈为辅	祖辈为主父母为辅	完全祖辈	其他方式
25.5	53.2	18.9	0.8	1.6

注:本书计算数据或因四舍五入原则,存在微小数值偏差。

(二) 研究工具

1. 学前儿童家庭状况问卷

自编学前儿童家庭状况问卷,包括家庭居住地、家庭结构、孩子数量、育儿方式、父母年龄、父母受教育程度等问题。

2. 家庭功能量表

本研究选择依据McMaster家庭功能理论编制的家庭功能评估量表(Family Assessment Device,FAD)测量学前儿童家庭的家庭功能[1]。FAD包含7个维度:问题解决、沟通、角色、情感反应、情感介入、行为控制和一般功能,共计60个项目。问题解决维度(6个项目),评估家庭解决问题(指威胁到家庭完整和功能容量的问题,如家庭生活的日常运作问题、经济问题)的能力;沟通维度(9个项目),评估家庭成员的信息交流,重点在言语信息的内容是否清楚,信息传递是否直接;角色维度(11个项目),评估家庭是否建立了完成一系列家庭功能的

---

[1] 汪向东,王希林,马弘.心理卫生评定量表手册(增订版)[M].北京:中国心理卫生杂志社,1999:149-152.

行为模式,还包括任务分工是否明确和公平以及家庭成员是否认真地完成了任务;情感反应维度(6个项目),评估家庭成员对刺激的情感反应程度;情感介入维度(7个项目),评估家庭成员相互之间对对方的活动和一些事情的关心和重视程度;行为控制维度(9个项目),评估家庭的行为方式,在不同的情形下有不同的行为控制模式;一般功能维度(12个项目),从总体上评估家庭的功能。FAD采用Likert 4级评分法,得分越高说明家庭功能发挥水平越低。本研究中,量表和7个维度的Cronbach's α系数分别是0.93和0.76、0.68、0.628、0.62、0.76、0.60、0.80。

(三)统计分析

利用SPSS 24.0进行数据管理和描述统计、方差分析和多元Logistic回归分析,利用Mplus 8.3进行潜在剖面分析。

三、研究结果

(一)学前儿童家庭六项功能的发挥水平不同

1. 学前儿童家庭功能的平均水平

本研究中,家庭功能量表的项目均值是2.04($SD=0.364$),7个维度的项目均值由低至高依次为:一般功能(1.87±0.457)、问题解决(1.89±0.541)、沟通(2.02±0.460)、行为控制(2.12±0.378)、角色(2.14±0.397)、情感介入(2.14±0.547)和情感反应(2.16±0.511)。由此可知,学前儿童家庭的6项具体功能的发挥水平由高至低依次是问题解决、沟通、行为控制、角色、情感介入和情感反应。

2. 学前儿童家庭功能的城乡差异:乡村家庭的功能失调程度大于城市家庭

乡村学前儿童家庭与城市学前儿童家庭的家庭功能差异详见表4-3。据表4-3可知,乡村学前儿童家庭的6项家庭功能的失调程度都显著高于城市学前儿童家庭,在情感反应功能上的差异最大。

表4-3 乡村学前儿童家庭与城市学前儿童家庭的家庭功能差异分析表

		平均值	标准差	F	显著性
问题解决	城市	1.86	0.518	133.369	0.000
	乡村	1.96	0.576		

续表

		平均值	标准差	F	显著性
沟通	城市	1.98	0.459	252.583	0.000
	乡村	2.10	0.450		
角色	城市	2.10	0.388	306.280	0.000
	乡村	2.21	0.405		
情感反应	城市	2.10	0.507	360.882	0.000
	乡村	2.26	0.503		
情感介入	城市	2.11	0.527	92.430	0.000
	乡村	2.20	0.580		
行为控制	城市	2.08	0.370	270.682	0.000
	乡村	2.19	0.383		
一般功能	城市	1.82	0.450	349.674	0.000
	乡村	1.96	0.457		

3. 孩子数量对学前儿童家庭功能的影响：孩子数量越多，家庭功能失调程度越高

孩子数量对学前儿童家庭功能的影响见表4-4。据表中内容可知，孩子数量对家庭功能的影响是显著的，呈现出家庭功能失调程度随孩子数量的增加而严重的趋势。具体的差异检验详见表4-5。从表4-5可知，养育1个孩子的家庭与养育2个及以下孩子的家庭相比，在6项家庭功能失调程度上的差异都达到显著水平。养育2个孩子的家庭与养育3个及以上孩子的家庭相比，除在问题解决、情感介入、行为控制失调程度上的差异不显著外，其他差异均达显著水平。

表4-4 孩子数量影响学前儿童家庭功能的方差分析表

		平均值	F	显著性
问题解决	1个	1.87	11.988	0.000
	2个	1.91		
	3个及以上	1.96		
沟通	1个	2.00	25.034	0.000
	2个	2.04		
	3个及以上	2.12		

续表

		平均值	F	显著性
角色	1个	2.10	96.554	0.000
	2个	2.17		
	3个及以上	2.27		
情感反应	1个	2.13	25.297	0.000
	2个	2.17		
	3个及以上	2.27		
情感介入	1个	2.12	12.795	0.000
	2个	2.16		
	3个及以上	2.20		
行为控制	1个	2.11	9.839	0.000
	2个	2.13		
	3个及以上	2.17		
一般功能	1个	1.83	52.605	0.000
	2个	1.90		
	3个及以上	2.00		

表 4-5　孩子数量影响学前儿童家庭功能的多重比较表

		因变量 I	J	平均值差值（I-J）	标准误差	显著性
问题解决	邓尼特 T3	1个	2个	−0.037*	0.009	0.000
			3个及以上	−0.085*	0.029	0.012
		2个	1个	0.037*	0.009	0.000
			3个及以上	**−0.048**	**0.029**	**0.276**
		3个及以上	1个	0.085*	0.029	0.012
			2个	0.048	0.029	0.276
沟通	邓尼特 T3	1个	2个	−0.040*	0.007	0.000
			3个及以上	−0.124*	0.024	0.000
		2个	1个	0.040*	0.007	0.000
			3个及以上	−0.084*	0.024	0.002
		3个及以上	1个	0.124*	0.024	0.000
			2个	0.084*	0.024	0.002

续表

因变量				平均值差值（I-J）	标准误差	显著性
		I	J			
角色	邓尼特T3	1个	2个	−0.076*	0.006	0.000
			3个及以上	−0.178*	0.020	0.000
		2个	1个	0.076*	0.006	0.000
			3个及以上	−0.102*	0.020	0.000
		3个及以上	1个	0.178*	0.020	0.000
			2个	0.102*	0.020	0.000
情感反应	邓尼特T3	1个	2个	−0.044*	0.008	0.000
			3个及以上	−0.143*	0.026	0.000
		2个	1个	0.044*	0.008	0.000
			3个及以上	−0.100*	0.026	0.000
		3个及以上	1个	0.143*	0.026	0.000
			2个	0.100*	0.026	0.000
情感介入	邓尼特T3	1个	2个	−0.039*	0.009	0.000
			3个及以上	−0.088*	0.031	0.013
		2个	1个	0.039*	0.009	0.000
			3个及以上	**−0.049**	**0.031**	**0.296**
		3个及以上	1个	0.088*	0.031	0.013
			2个	0.049	0.031	0.296
行为控制	邓尼特T3	1个	2个	−0.021*	0.006	0.000
			3个及以上	−0.061*	0.021	0.009
		2个	1个	0.021*	0.006	0.000
			3个及以上	**−0.040**	**0.021**	**0.151**
		3个及以上	1个	0.061*	0.021	0.009
			2个	0.040	0.021	0.151
一般功能	邓尼特T3	1个	2个	−0.061*	0.007	0.000
			3个及以上	−0.167*	0.023	0.000
		2个	1个	0.061*	0.007	0.000
			3个及以上	−0.105*	0.023	0.000
		3个及以上	1个	0.167*	0.023	0.000
			2个	0.105*	0.023	0.000

注：*：$p<0.05$，**：$p<0.01$，***：$p<0.001$，下同。

4. 家庭结构对家庭功能的影响：双亲家庭的家庭功能水平最好

家庭结构对学前儿童家庭功能的影响见表4-6。据表中内容可知，家庭结构对家庭功能的影响是显著的，不同的家庭结构其家庭功能失调程度显著不同，其中双亲家庭的6项家庭功能失调程度都是最低的。具体的差异检验详见表4-7。从表4-7可知，双亲家庭在问题解决、沟通、行为控制3项功能的失调程度上低于单亲家庭和其他结构的家庭，在角色和情感介入2项功能的失调程度上低于单亲家庭，在情感反应功能的失调程度上低于单亲家庭和再婚家庭。

表4-6 家庭结构影响学前儿童家庭功能的方差分析表

	家庭结构	平均值	F	显著性
问题解决	双亲家庭	1.89	10.881	0.000
	单亲家庭	1.96		
	再婚家庭	1.95		
	其他	2.22		
沟通	双亲家庭	2.02	18.767	0.000
	单亲家庭	2.14		
	再婚家庭	2.11		
	其他	2.27		
角色	双亲家庭	2.13	13.500	0.000
	单亲家庭	2.23		
	再婚家庭	2.21		
	其他	2.28		
情感反应	双亲家庭	2.15	23.207	0.000
	单亲家庭	2.33		
	再婚家庭	2.28		
	其他	2.30		
情感介入	双亲家庭	2.13	9.536	0.000
	单亲家庭	2.26		
	再婚家庭	2.22		
	其他	2.22		
行为控制	双亲家庭	2.11	9.256	0.000
	单亲家庭	2.19		
	再婚家庭	2.18		
	其他	2.25		

续表

	家庭结构	平均值	F	显著性
一般功能	双亲家庭	1.86	38.226	0.000
	单亲家庭	2.05		
	再婚家庭	1.98		
	其他	2.18		

表 4-7 家庭结构影响学前儿童家庭功能的多重比较表

因变量		I	J	平均值差值（I-J）	标准误差	显著性
问题解决	邓尼特 T3	双亲家庭	单亲家庭	**−0.076**[*]	0.027	0.025
			再婚家庭	−0.066	0.041	0.486
			其他	**−0.337**[*]	0.110	0.020
		单亲家庭	双亲家庭	0.076[*]	0.027	0.025
			再婚家庭	0.010	0.048	1.000
			其他	−0.261	0.113	0.136
		再婚家庭	双亲家庭	0.066	0.041	0.486
			单亲家庭	−0.010	0.048	1.000
			其他	−0.271	0.117	0.133
		其他	双亲家庭	**0.337**[*]	0.110	0.020
			单亲家庭	0.261	0.113	0.136
			再婚家庭	0.271	0.117	0.133
沟通	邓尼特 T3	双亲家庭	单亲家庭	**−0.126**[*]	0.021	0.000
			再婚家庭	−0.090	0.036	0.073
			其他	**−0.253**[*]	0.059	0.000
		单亲家庭	双亲家庭	0.126[*]	0.021	0.000
			再婚家庭	0.036	0.041	0.945
			其他	−0.128	0.063	0.244
		再婚家庭	双亲家庭	0.090	0.036	0.073
			单亲家庭	−0.036	0.041	0.945
			其他	−0.163	0.069	0.113
		其他	双亲家庭	0.253[*]	0.059	0.000
			单亲家庭	0.128	0.063	0.244
			再婚家庭	0.163	0.069	0.113

续表

因变量		I	J	平均值差值（I-J）	标准误差	显著性
角色	邓尼特T3	双亲家庭	单亲家庭	**−0.096**[*]	0.020	0.000
			再婚家庭	−0.080	0.031	0.061
			其他	−0.147	0.064	0.145
		单亲家庭	双亲家庭	0.096[*]	0.020	0.000
			再婚家庭	0.017	0.036	0.998
			其他	−0.051	0.067	0.971
		再婚家庭	双亲家庭	0.080	0.031	0.061
			单亲家庭	−0.017	0.036	0.998
			其他	−0.067	0.071	0.918
		其他	双亲家庭	0.147	0.064	0.145
			单亲家庭	0.051	0.067	0.971
			再婚家庭	0.067	0.071	0.918
情感反应	邓尼特T3	双亲家庭	单亲家庭	**−0.178**[*]	0.025	0.000
			再婚家庭	**−0.126**[*]	0.041	0.014
			其他	−0.154	0.067	0.137
		单亲家庭	双亲家庭	0.178[*]	0.025	0.000
			再婚家庭	0.052	0.048	0.858
			其他	0.024	0.071	1.000
		再婚家庭	双亲家庭	0.126[*]	0.041	0.014
			单亲家庭	−0.052	0.048	0.858
			其他	−0.028	0.078	1.000
		其他	双亲家庭	0.154	0.067	0.137
			单亲家庭	−0.024	0.071	1.000
			再婚家庭	0.028	0.078	1.000
情感介入	邓尼特T3	双亲家庭	单亲家庭	**−0.124**[*]	0.028	0.000
			再婚家庭	−0.088	0.046	0.306
			其他	−0.085	0.099	0.946
		单亲家庭	双亲家庭	0.124[*]	0.028	0.000
			再婚家庭	0.036	0.054	0.985
			其他	0.039	0.102	0.999

续表

因变量		I	J	平均值差值（I-J）	标准误差	显著性
情感介入	邓尼特T3	再婚家庭	双亲家庭	0.088	0.046	0.306
			单亲家庭	−0.036	0.054	0.985
			其他	0.003	0.109	1.000
		其他	双亲家庭	0.085	0.099	0.946
			单亲家庭	−0.039	0.102	0.999
			再婚家庭	−0.003	0.109	1.000
行为控制	邓尼特T3	双亲家庭	单亲家庭	**−0.072***	0.019	0.001
			再婚家庭	−0.062	0.030	0.219
			其他	**−0.136***	0.050	0.049
		单亲家庭	双亲家庭	0.072*	0.019	0.001
			再婚家庭	0.010	0.035	1.000
			其他	−0.064	0.053	0.787
		再婚家庭	双亲家庭	0.062	0.030	0.219
			单亲家庭	−0.010	0.035	1.000
			其他	−0.074	0.058	0.744
		其他	双亲家庭	0.136*	0.050	0.049
			单亲家庭	0.064	0.053	0.787
			再婚家庭	0.074	0.058	0.744
一般功能	邓尼特T3	双亲家庭	单亲家庭	**−0.189***	0.023	0.000
			再婚家庭	**−0.117***	0.037	0.011
			其他	**−0.321***	0.068	0.000
		单亲家庭	双亲家庭	0.189*	0.023	0.000
			再婚家庭	0.072	0.043	0.447
			其他	−0.132	0.072	0.350
		再婚家庭	双亲家庭	0.117*	0.037	0.011
			单亲家庭	−0.072	0.043	0.447
			其他	−0.204	0.077	0.058
		其他	双亲家庭	0.321*	0.068	0.000
			单亲家庭	0.132	0.072	0.350
			再婚家庭	0.204	0.077	0.058

5. 育儿方式对家庭功能的影响：父母为主祖辈为辅家庭的功能失调程度最低

育儿方式对学前儿童家庭功能的影响见表4-8。从表中可知，育儿方式对学前儿童家庭功能的影响显著，采用不同育儿方式的家庭间家庭功能发挥水平差异显著。整体可言，采用完全祖辈育儿方式的家庭，6项家庭功能的失调程度均是最严重的，而采用父母为主祖辈为辅育儿方式的家庭，6项家庭功能的失调程度均是最轻微的。具体的组间差异见表4-9。从表中可知，在问题解决功能上，祖辈为主父母为辅家庭的失调程度大于父母为主祖辈为辅家庭和完全父母家庭。在沟通功能上，完全祖辈家庭、祖辈为主父母为辅家庭的失调程度大于父母为主祖辈为辅家庭、完全父母家庭，完全父母家庭的失调程度大于父母为主祖辈为辅家庭。在角色功能上，父母为主祖辈为辅家庭的失调程度小于其他4种育儿方式的家庭。在情感反应功能上，完全祖辈家庭的失调程度大于其他4种育儿方式的家庭，祖辈为主父母为辅家庭的失调程度大于父母为主祖辈为辅家庭和完全父母家庭，完全父母家庭的失调程度大于父母为主祖辈为辅家庭。在情感介入功能上，完全祖辈家庭和祖辈为主父母为辅家庭的失调程度大于父母为主祖辈为辅家庭和完全父母家庭。在行为控制功能上，完全祖辈家庭和祖辈为主父母为辅家庭的失调程度大于父母为主祖辈为辅家庭和完全父母家庭，完全父母家庭的失调程度大于父母为主祖辈为辅家庭。

表4-8 育儿方式影响学前儿童家庭功能的方差分析表

		平均值	标准差	F	显著性
问题解决	其他	1.96	0.614	9.505	0.000
	完全祖辈	**1.98**	0.653		
	祖辈为主父母为辅	1.94	0.523		
	父母为主祖辈为辅	**1.87**	0.525		
	完全父母	1.89	0.574		
沟通	其他	2.06	0.534	22.471	0.000
	完全祖辈	**2.18**	0.473		
	祖辈为主父母为辅	2.08	0.464		
	父母为主祖辈为辅	**2.00**	0.452		
	完全父母	2.02	0.461		

续表

		平均值	标准差	F	显著性
角色	其他	2.17	0.439	54.564	0.000
	完全祖辈	**2.27**	0.376		
	祖辈为主父母为辅	2.19	0.393		
	父母为主祖辈为辅	**2.10**	0.385		
	完全父母	2.18	0.413		
情感反应	其他	2.18	0.578	34.315	0.000
	完全祖辈	**2.43**	0.571		
	祖辈为主父母为辅	2.22	0.512		
	父母为主祖辈为辅	**2.12**	0.502		
	完全父母	2.18	0.515		
情感介入	其他	2.20	0.594	19.450	0.000
	完全祖辈	**2.33**	0.681		
	祖辈为主父母为辅	2.20	0.543		
	父母为主祖辈为辅	**2.11**	0.525		
	完全父母	2.14	0.580		
行为控制	其他	2.12	0.404	25.633	0.000
	完全祖辈	**2.24**	0.407		
	祖辈为主父母为辅	2.17	0.374		
	父母为主祖辈为辅	**2.09**	0.370		
	完全父母	2.13	0.389		
一般功能	其他	1.95	0.557	31.270	0.000
	完全祖辈	**2.05**	0.494		
	祖辈为主父母为辅	1.92	0.467		
	父母为主祖辈为辅	**1.83**	0.446		
	完全父母	1.89	0.457		

表 4-9　育儿方式影响学前儿童家庭功能的多重比较表

因变量		I	J	平均值差值 (I-J)	标准误差	显著性
问题解决	邓尼特 T3	其他	完全祖辈	−0.024	0.070	1.000
			祖辈为主父母为辅	0.021	0.039	1.000
			父母为主祖辈为辅	0.084	0.038	0.242
			完全父母	0.064	0.039	0.629
		完全祖辈	其他	0.024	0.070	1.000
			祖辈为主父母为辅	0.044	0.060	0.998
			父母为主祖辈为辅	0.108	0.059	0.520
			完全父母	0.088	0.060	0.778
		祖辈为主父母为辅	其他	−0.021	0.039	1.000
			完全祖辈	−0.044	0.060	0.998
			父母为主祖辈为辅	**0.063***	0.011	0.000
			完全父母	**0.044***	0.013	0.009
		父母为主祖辈为辅	其他	−0.084	0.038	0.242
			完全祖辈	−0.108	0.059	0.520
			祖辈为主父母为辅	−0.063*	0.011	0.000
			完全父母	−0.020	0.011	0.496
		完全父母	其他	−0.064	0.039	0.629
			完全祖辈	−0.088	0.060	0.778
			祖辈为主父母为辅	−0.044*	0.013	0.009
			父母为主祖辈为辅	0.020	0.011	0.496
沟通	邓尼特 T3	其他	完全祖辈	−0.115	0.054	0.286
			祖辈为主父母为辅	−0.014	0.034	1.000
			父母为主祖辈为辅	0.068	0.033	0.325
			完全父母	0.040	0.033	0.923
		完全祖辈	其他	0.115	0.054	0.286
			祖辈为主父母为辅	0.101	0.044	0.197
			父母为主祖辈为辅	**0.184***	0.043	0.000
			完全父母	**0.155***	0.043	0.005

续表

因变量			平均值差值(I-J)	标准误差	显著性
	I	J			
沟通 邓尼特T3	祖辈为主父母为辅	其他	0.014	0.034	1.000
		完全祖辈	−0.101	0.044	0.197
		父母为主祖辈为辅	**0.082***	0.010	0.000
		完全父母	**0.054***	0.011	0.000
	父母为主祖辈为辅	其他	−0.068	0.033	0.325
		完全祖辈	−0.184*	0.043	0.000
		祖辈为主父母为辅	−0.082*	0.010	0.000
		完全父母	**−0.028***	0.009	0.013
	完全父母	其他	−0.040	0.033	0.923
		完全祖辈	−0.155*	0.043	0.005
		祖辈为主父母为辅	−0.054*	0.011	0.000
		父母为主祖辈为辅	0.028*	0.009	0.013
角色 邓尼特T3	其他	完全祖辈	−0.101	0.043	0.184
		祖辈为主父母为辅	−0.016	0.028	1.000
		父母为主祖辈为辅	**0.077***	0.027	0.050
		完全父母	−0.011	0.028	1.000
	完全祖辈	其他	0.101	0.043	0.184
		祖辈为主父母为辅	0.085	0.035	0.142
		父母为主祖辈为辅	**0.178***	0.034	0.000
		完全父母	0.090	0.035	0.100
	祖辈为主父母为辅	其他	0.016	0.028	1.000
		完全祖辈	−0.085	0.035	0.142
		父母为主祖辈为辅	**0.092***	0.008	0.000
		完全父母	0.004	0.010	1.000
	父母为主祖辈为辅	其他	−0.077*	0.027	0.050
		完全祖辈	−0.178*	0.034	0.000
		祖辈为主父母为辅	−0.092*	0.008	0.000
		完全父母	**−0.088***	0.008	0.001

续表

因变量				平均值差值（I-J）	标准误差	显著性
		I	J			
角色	邓尼特T3	完全父母	其他	0.011	0.028	1.000
			完全祖辈	−0.090	0.035	0.100
			祖辈为主父母为辅	−0.004	0.010	1.000
			父母为主祖辈为辅	0.088*	0.008	0.001
情感反应	邓尼特T3	其他	完全祖辈	**−0.245***	0.063	0.001
			祖辈为主父母为辅	−0.041	0.036	0.954
			父母为主祖辈为辅	0.062	0.036	0.573
			完全父母	0.005	0.036	1.000
		完全祖辈	其他	0.245*	0.063	0.001
			祖辈为主父母为辅	**0.205***	0.053	0.002
			父母为主祖辈为辅	**0.307***	0.052	0.000
			完全父母	**0.250***	0.052	0.000
		祖辈为主父母为辅	其他	0.041	0.036	0.954
			完全祖辈	−0.205*	0.053	0.002
			父母为主祖辈为辅	**0.103***	0.011	0.000
			完全父母	**0.045***	0.012	0.003
		父母为主祖辈为辅	其他	−0.062	0.036	0.573
			完全祖辈	−0.307*	0.052	0.000
			祖辈为主父母为辅	−0.103*	0.011	0.000
			完全父母	**−0.057***	0.010	0.001
		完全父母	其他	−0.005	0.036	1.000
			完全祖辈	−0.250*	0.052	0.000
			祖辈为主父母为辅	−0.045*	0.012	0.003
			父母为主祖辈为辅	0.057*	0.010	0.001
情感介入	邓尼特T3	其他	完全祖辈	−0.125	0.072	0.574
			祖辈为主父母为辅	0.000	0.038	1.000
			父母为主祖辈为辅	0.089	0.037	0.150
			完全父母	0.065	0.037	0.567

续表

因变量				平均值差值 (I-J)	标准误差	显著性
		I	J			
情感介入	邓尼特T3	完全祖辈	其他	0.125	0.072	0.574
			祖辈为主父母为辅	0.124	0.062	0.385
			父母为主祖辈为辅	**0.213***	0.062	0.008
			完全父母	**0.190***	0.062	0.027
		祖辈为主父母为辅	其他	0.000	0.038	1.000
			完全祖辈	−0.124	0.062	0.385
			父母为主祖辈为辅	**0.089***	0.011	0.000
			完全父母	**0.066***	0.013	0.000
		父母为主祖辈为辅	其他	−0.089	0.037	0.150
			完全祖辈	−0.213*	0.062	0.008
			祖辈为主父母为辅	−0.089*	0.011	0.000
			完全父母	−0.023	0.011	0.256
		完全父母	其他	−0.065	0.037	0.567
			完全祖辈	−0.190*	0.062	0.027
			祖辈为主父母为辅	−0.066*	0.013	0.000
			父母为主祖辈为辅	0.023	0.011	0.256
行为控制	邓尼特T3	其他	完全祖辈	−0.118	0.044	0.080
			祖辈为主父母为辅	−0.043	0.026	0.607
			父母为主祖辈为辅	0.030	0.025	0.925
			完全父母	−0.003	0.025	1.000
		完全祖辈	其他	0.118	0.044	0.080
			祖辈为主父母为辅	0.074	0.037	0.389
			父母为主祖辈为辅	**0.148***	0.037	0.001
			完全父母	**0.115***	0.037	0.024
		祖辈为主父母为辅	其他	0.043	0.026	0.607
			完全祖辈	−0.074	0.037	0.389
			父母为主祖辈为辅	**0.074***	0.008	0.000
			完全父母	**0.041***	0.009	0.000

续表

因变量		I	J	平均值差值（I-J）	标准误差	显著性
行为控制	邓尼特T3	父母为主祖辈为辅	其他	−0.030	0.025	0.925
			完全祖辈	−0.148*	0.037	0.001
			祖辈为主父母为辅	−0.074*	0.008	0.000
			完全父母	**−0.033***	0.007	0.001
		完全父母	其他	0.003	0.025	1.000
			完全祖辈	−0.115*	0.037	0.024
			祖辈为主父母为辅	−0.041*	0.009	0.000
			父母为主祖辈为辅	0.033*	0.007	0.001
一般功能	邓尼特T3	其他	完全祖辈	−0.094	0.056	0.623
			祖辈为主父母为辅	0.032	0.035	0.988
			父母为主祖辈为辅	**0.118***	0.034	0.007
			完全父母	0.061	0.035	0.561
		完全祖辈	其他	0.094	0.056	0.623
			祖辈为主父母为辅	0.127	0.046	0.060
			父母为主祖辈为辅	**0.212***	0.045	0.000
			完全父母	**0.155***	0.045	0.008
		祖辈为主父母为辅	其他	−0.032	0.035	0.988
			完全祖辈	−0.127	0.046	0.060
			父母为主祖辈为辅	**0.086***	0.010	0.000
			完全父母	0.029	0.011	0.091
		父母为主祖辈为辅	其他	−0.118*	0.034	0.007
			完全祖辈	−0.212*	0.045	0.000
			祖辈为主父母为辅	−0.086*	0.010	0.000
			完全父母	**−0.057***	0.009	0.001
		完全父母	其他	−0.061	0.035	0.561
			完全祖辈	−0.155*	0.045	0.008
			祖辈为主父母为辅	−0.029	0.011	0.091
			父母为主祖辈为辅	0.057*	0.009	0.001

6. 父母受教育水平对学前儿童家庭功能的影响：父母受教育水平越高，家庭功能失调程度越低

父母受教育水平对学前儿童家庭功能的影响见表4-10和表4-11。据两表内容可知，父亲和母亲的受教育水平对学前儿童家庭功能的影响都达到显著水平，随父母受教育水平的提升，学前儿童家庭6项功能的失调程度都呈现出逐渐降低的趋势。具体的组间差异检验发现，在6项家庭功能上，每一级受教育水平的失调程度都高于高一级受教育水平的失调程度。

表4-10 父亲受教育水平影响学前儿童家庭功能的方差分析表

		平均值	标准差	F	显著性
问题解决	初中及以下	2.00	0.620	51.060	0.000
	中等职业/技术/师范学校	1.94	0.550		
	普通高中	1.91	0.566		
	大专	1.87	0.517		
	本科	1.83	0.490		
	硕士及以上	1.77	0.497		
沟通	初中及以下	2.15	0.446	91.329	0.000
	中等职业/技术/师范学校	2.08	0.448		
	普通高中	2.05	0.446		
	大专	2.00	0.454		
	本科	1.95	0.461		
	硕士及以上	1.90	0.456		
角色	初中及以下	2.27	0.410	142.598	0.000
	中等职业/技术/师范学校	2.19	0.397		
	普通高中	2.19	0.393		
	大专	2.12	0.385		
	本科	2.06	0.378		
	硕士及以上	2.00	0.368		
情感反应	初中及以下	2.34	0.508	157.202	0.000
	中等职业/技术/师范学校	2.24	0.501		
	普通高中	2.20	0.485		
	大专	2.13	0.494		
	本科	2.05	0.503		
	硕士及以上	1.97	0.494		

续表

		平均值	标准差	F	显著性
情感介入	初中及以下	2.23	0.621	33.656	0.000
	中等职业/技术/师范学校	2.19	0.560		
	普通高中	2.14	0.567		
	大专	2.12	0.528		
	本科	2.09	0.501		
	硕士及以上	2.05	0.487		
行为控制	初中及以下	2.22	0.397	94.877	0.000
	中等职业/技术/师范学校	2.18	0.372		
	普通高中	2.13	0.384		
	大专	2.10	0.363		
	本科	2.06	0.364		
	硕士及以上	2.00	0.359		
一般功能	初中及以下	2.04	0.449	168.506	0.000
	中等职业/技术/师范学校	1.95	0.445		
	普通高中	1.91	0.431		
	大专	1.83	0.442		
	本科	1.77	0.451		
	硕士及以上	1.70	0.446		

表 4-11 母亲受教育水平影响学前儿童家庭功能的方差分析表

		平均值	标准差	F	显著性
问题解决	初中及以下	2.01	0.614	56.200	0.000
	中等职业/技术/师范学校	1.94	0.562		
	普通高中	1.89	0.561		
	大专	1.87	0.499		
	本科	1.82	0.499		
	硕士及以上	1.79	0.466		
沟通	初中及以下	2.16	0.438	100.584	0.000
	中等职业/技术/师范学校	2.06	0.455		
	普通高中	2.04	0.437		
	大专	2.00	0.455		
	本科	1.94	0.463		
	硕士及以上	1.91	0.454		

续表

		平均值	标准差	F	显著性
角色	初中及以下	2.29	0.400	167.791	0.000
	中等职业/技术/师范学校	2.18	0.402		
	普通高中	2.16	0.387		
	大专	2.12	0.382		
	本科	2.05	0.382		
	硕士及以上	2.02	0.350		
情感反应	初中及以下	2.33	0.497	156.044	0.000
	中等职业/技术/师范学校	2.23	0.511		
	普通高中	2.17	0.483		
	大专	2.14	0.500		
	本科	2.04	0.501		
	硕士及以上	1.98	0.488		
情感介入	初中及以下	2.22	0.625	31.422	0.000
	中等职业/技术/师范学校	2.17	0.563		
	普通高中	2.13	0.547		
	大专	2.14	0.523		
	本科	2.08	0.503		
	硕士及以上	2.08	0.452		
行为控制	初中及以下	2.22	0.393	98.972	0.000
	中等职业/技术/师范学校	2.17	0.376		
	普通高中	2.11	0.369		
	大专	2.11	0.361		
	本科	2.04	0.366		
	硕士及以上	2.04	0.360		
一般功能	初中及以下	2.05	0.440	182.767	0.000
	中等职业/技术/师范学校	1.92	0.453		
	普通高中	1.89	0.424		
	大专	1.84	0.441		
	本科	1.76	0.452		
	硕士及以上	1.73	0.443		

（二）学前儿童家庭功能可分为 4 个潜在类型

以 7 个维度的得分为观察变量建立潜在剖面分析模型，对学前儿童家庭功能进行潜在剖面分析的模型拟合度估计，依次抽取 2~6 个潜在类型产生的 5 个模型的拟合指标见表 4-12。由表 4-12 可知，拟合信息指标显示的结论并不一致，5 个模型的 Entropy 值均超过了建议值 0.8，随抽取类型数的增加，AIC、BIC 和 aBIC 的值持续下降。6 类型模型的 Entropy 值是 0.866，AIC、BIC、aBIC 值最小，但 aLRT 值不显著，因此排除 6 类型模型。4 类型模型的 Entropy 值最大，5 类型模型的 Entropy 值虽小于 4 类型模型，但是其 aLRT 和 BLRT 指标也小于 4 类型模型且达到显著水平。在 4 类型模型中，家庭（行）归属于每个潜在类型的平均概率（列）分别为 0.935、0.911、0.955 和 0.929，在 5 类型模型中，家庭（行）归属于每个潜在类型的平均概率（列）分别为 0.934、0.901、0.884、0.923 和 0.951。综合考虑后，选择 4 类型模型为最佳模型。4 类型模型在 7 个维度的估计条件均值见图 4-1。

表 4-12　潜在剖面分析拟合信息汇总表

	Model	AIC	BIC	aBIC	aLRT(p)	BLRT(p)	Entropy
家庭功能	2 类	10 673.213	106 905.260	106 835.345	<0.001	<0.001	0.877
	3 类	93 167.964	93 398.483	93 303.145	<0.001	<0.001	0.866
	4 类	86 901.228	87 193.219	87 072.457	<0.001	<0.001	0.892
	5 类	81 496.483	81 849.945	81 703.760	<0.001	<0.001	0.861
	6 类	78 313.971	78 728.905	78 557.297	0.132 7	<0.001	0.866

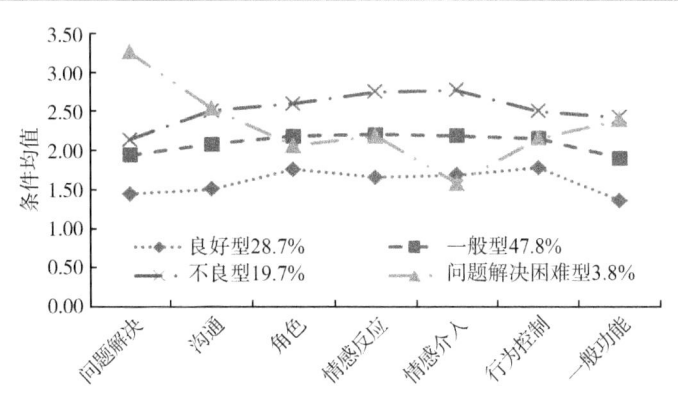

图 4-1　学前儿童家庭功能 4 个潜在类型的估计条件均值图

由图 4-1 可知，4 个潜在类型（图中折线由下到上依次为类型 1、2、3、4）在 7

个维度的条件均值差别明显,显示出不同的特征。类型1、类型2、类型3的变化趋势相似,类型4的变化趋势比较独特。类型1除在情感介入维度的条件均值高于类型4外,在其他6个维度的条件均值都是4个类型中最低的,根据得分特征,把这一类型命名为良好型,有4 598名调查对象的家庭属于此类型,比例为28.7%。类型2的条件均值显著高于类型1、低于类型3,根据这些得分特征,把类型2命名为一般型,有7 678名调查对象的家庭属于此类型,比例为47.8%。把类型3命名为不良型,有3 169名调查对象的家庭属于此类型,比例为19.7%。类型4在问题解决维度的条件均值是4个类型中最高的,在情感介入维度的条件均值则是4个类型中最低的,根据此得分特征,把类型4命名为问题解决困难型,有613名调查对象的家庭属于此类型,比例为3.8%。

(三) 学前儿童家庭功能的潜在类型间差异显著

为探索学前儿童家庭功能的潜在分类是否具备显著的异质性,把4个潜在类型的维度得分进行均值比较,结果见表4-13。由表4-13可知,4个潜在类型在7个维度上均存在着显著的均值差异,说明潜在剖面分析能够区分和甄别学前儿童家庭功能的群体内差异,潜在分类有效。

表4-13 家庭功能4个潜在类型间的维度均值比较

	问题解决	沟通	角色	情感反应	情感介入	行为控制	一般功能
良好型(a)	1.44±0.373	1.50±0.297	1.75±0.289	1.65±0.348	1.68±0.364	1.78±0.318	1.35±0.231
一般型(b)	1.95±0.345	2.09±0.257	2.18±0.244	2.21±0.326	2.19±0.345	2.16±0.258	1.90±0.234
不良型(c)	2.14±0.462	2.51±0.276	2.61±0.285	2.76±0.372	2.78±0.460	2.51±0.285	2.43±0.279
问题解决困难型(d)	3.28±0.460	2.55±0.225	2.05±0.260	2.19±0.311	1.57±0.448	2.15±0.241	2.40±0.227
F值	5 321.246***	9 983.542***	6 538.330***	6 644.245***	5 732.762***	4 298.264***	13 681.994***
多重比较(邓尼特T3)	a<b<c<d	a<b<c<d	a<d<b<c	a<b<c;a<d<c	d<a<b<c	a<b<c;a<d<c	a<b<c;a<b<d

(四) 学前儿童家庭功能的潜在分类受多种因素影响

为进一步探析学前儿童家庭功能潜在分类的影响因素,在潜在剖面分析的基础上,以家庭功能的潜在分类为因变量,以父母年龄、家庭居住地、孩子数量、家庭结构、育儿方式、父母受教育程度为自变量进行多元Logistic回归分析,结果见表4-14。由表4-14可知,回归模型有统计学意义,表示这些因素对学前儿童家庭功能的潜在分类有显著影响。

在家庭功能潜在分类的回归分析中,不良型被选为比较类型。良好型与不良型相比,母亲年龄越大,家庭属于良好型的概率越高,但父亲年龄越大,家庭属于良好型的概率越低。城市家庭属于良好型的概率大于乡村家庭。一孩家庭属于良好型的概率大于两孩家庭和多孩家庭。双亲家庭属于良好型的概率大于单亲家庭。育儿方式是"完全父母"的家庭属于良好型的概率大于"祖辈为主父母为辅""完全祖辈""其他方式"的家庭。父/母受教育程度是硕士及以上的家庭属于良好型的概率大于父/母受教育程度是大专及以下的家庭。

一般型与不良型相比,母亲年龄越大,家庭属于一般型的概率越高。城市家庭属于一般型的概率大于乡村家庭。双亲家庭属于一般型的概率大于单亲家庭。育儿方式是"完全父母"的家庭属于一般型的概率大于"祖辈为主父母为辅""完全祖辈""其他方式"的家庭,但小于"父母为主祖辈为辅"的家庭。父亲受教育程度为硕士及以上的家庭属于一般型的概率大于父亲受教育程度是初中及以下的家庭,母亲受教育程度是硕士及以上的家庭属于一般型的概率大于母亲受教育程度是初中及以下、中等职业/技术/师范学校的家庭。

问题解决困难型与不良型相比,育儿方式是"完全父母"的家庭与"祖辈为主父母为辅"的家庭之间有显著差异:前者属于问题解决困难型的概率较高,后者属于不良型的概率较高。在本研究样本中,问题解决困难型家庭占比最少。问题解决困难型家庭相对特殊,其情感介入功能是4个类型中最优的,但问题解决功能却是最弱的。这类家庭大多是由新手父母和年幼的孩子组成的育儿方式为"完全父母"的家庭,夫妻之间有稳定的情感基础、亲子之间有紧密的依恋关系,但可能因父母缺乏维持家庭运行经验或囿于经济条件、生活习惯有待磨合等因素,家庭功能便呈现出这样的状态。而在育儿方式为"祖辈为主父母为辅"的家庭中,祖辈能够帮助幼儿父母解决一些家庭日常运行问题或减轻一些经济负担,但也可能因家庭决策权等问题,给年轻夫妻之间的情感表达、积极亲子关系发展带来消极影响。

表4-14 学前儿童家庭功能潜在分类的Logistic回归分析摘要表

	家庭功能(χ^2=1 264.669,p<0.001)					
	一般型		问题解决困难型		良好型	
	B	OR	B	OR	B	OR
父亲年龄	.	.	.	.	−0.02*	0.98

续表

	家庭功能($\chi^2=1\,264.669, p<0.001$)					
	一般型		问题解决困难型		良好型	
	B	OR	B	OR	B	OR
母亲年龄	0.03**	1.03	.	.	0.04***	1.04
家庭居住地①城市	0.24***	1.28	.	.	0.42***	1.51
孩子数量①	.	.	.	.	−0.35*	0.71
孩子数量②	.	.	.	.	−0.15**	0.86
家庭结构①	.	.	.	.	.	.
家庭结构②	−0.52***	0.59	.	.	−0.48**	0.62
育儿方式①	−0.83***	0.43	.	.	−0.57**	0.57
育儿方式②	−0.46*	0.63	.	.	−0.92**	0.40
育儿方式③	−0.25***	0.78	−0.37*	0.69	−0.61***	0.54
育儿方式④	0.12*	1.13	.	.	.	.
父亲受教育程度①	−0.44**	0.64	.	.	−0.87***	0.42
父亲受教育程度②	.	.	.	.	−0.69***	0.50
父亲受教育程度③	.	.	.	.	−0.52**	0.60
父亲受教育程度④	.	.	.	.	−0.38*	0.69
父亲受教育程度⑤	.	.	.	.	.	.
母亲受教育程度①	−0.49**	0.61	.	.	−1.05***	0.35
母亲受教育程度②	−0.33*	0.72	.	.	−0.56***	0.57
母亲受教育程度③	.	.	.	.	−0.40*	0.68
母亲受教育程度④	.	.	.	.	−0.39*	0.68
母亲受教育程度⑤	.	.	.	.	.	.

注：父亲年龄和母亲年龄是连续变量；家庭居住地变量包括①城市②乡村2个水平，以②乡村为参照水平；孩子数量变量包括①3个及以上②2个③1个3个水平，以③1个为参照水平；家庭结构变量包括①再婚或其他结构②单亲家庭③双亲家庭3个水平，以③双亲家庭为参照水平；育儿方式变量包括①其他方式②完全祖辈③祖辈为主父母为辅④父母为主祖辈为辅⑤完全父母5个水平，以⑤完全父母为参照水平；父亲/母亲受教育程度变量均包括①初中及以下②中等职业/技术/师范学校③高中④大专⑤本科⑥硕士及以上6个水平，以⑥硕士及以上为参照水平。不显著的偏回归系数和OR值以"."代替。

四、研究结果分析

(一) 学前儿童家庭的一般状况

本次调查发现,调查对象中95.6%的学前儿童家庭是双亲家庭结构。费孝通认为,在过去的历史中,人们似乎找到了一个相对最有效的抚养方式,那就是双亲抚养。他把父母和子女比作社会结构中真正的三角,如果三角失去一条边,子女从父母那里得到的爱和教育便不完整了[①]。由此可以说,双亲家庭为主的家庭结构为学前儿童家庭教育提供了比较稳定的结构环境。本次调查还发现,学前儿童的父亲和母亲中拥有大专及以上学历的占比分别是60.1%和58.9%,初中及以下学历的占比分别是17.5%和20.2%,说明学前儿童父母的受教育水平较高。父母的文化水平越高、家庭教育知识越丰富,越倾向于采取民主型教育方式[②]。学前儿童父母较高的文化水平为学前儿童家庭教育提供了良好的文化环境。本次调查还发现,53.2%的学前儿童家庭的育儿方式是"父母为主祖辈为辅",25.5%是"完全父母",父母的高育儿参与率为学前儿童家庭教育主体责任的落实提供了有力保障。

(二) 学前儿童家庭功能的一般状况

本研究发现,学前儿童家庭功能的平均水平为中等水平,相对薄弱的3项功能是情感反应、情感介入和角色。情感反应和情感介入功能薄弱可能与中国家庭的情感表达特点有关。中国家庭重情感,但家人之间羞于或不善于表达情感。一项调查显示,在中国患上"家庭情感表达尴尬症"的人群相当普遍,超过30%的受访者认为"家人之间不好意思说爱",约40%的受访者是"想表达,但找不到合适的方式"。本研究中,研究者在与调查对象的互动中也发现,很多幼儿父母习惯采用消极的教育方式,亲子互动中对消极情感的明确表达多于对积极情感的明确表达,有时甚至以消极方式表达对孩子的积极情感。

学前儿童家庭的角色功能相对薄弱,可能与社会性别角色变化及年轻父母对性别角色的认知有关。一方面,越来越多的年轻女性尝试摆脱传统家庭性别角色的束缚。另一方面,许多男性还拘泥于传统的家庭性别角色分工,不能胜任

---

① 费孝通.生育制度[M].天津:天津人民出版社,1981:73.
② 陈会昌.儿童社会性发展的特点、影响因素及其测量——《中国3~9岁儿童的社会性发展》课题总报告[J].心理发展与教育,1994(4):1-17.

社会发展对男性提出的新角色要求,在照料和教育孩子过程中发挥的作用有限。关于学前儿童家庭教育问题的研究也反映出,父职缺失已成为当下学前儿童家庭教育的一个显性问题。

(三) 学前儿童家庭功能的类型特征

本研究通过潜在剖面分析发现,学前儿童的家庭功能存在显著的群体内差异,可分为4个潜在类型。其中,良好型、一般型和不良型家庭的问题解决、沟通、行为控制功能均优于角色、情感介入和情感反应功能。问题解决困难型的情感介入功能最优,但问题解决功能最弱。良好的情感介入有助于家庭教育取得良好的效果,如父母对子女积极的情感接纳和回应能够促进子女心理和行为的健康发展,降低问题行为的发生概率[1],但低效的问题解决会削弱家庭教育的效果。因此,为这类家庭提供问题解决方面的指导服务,非常有利于其家庭教育的开展。

(四) 学前儿童家庭功能潜在分类的影响因素

本研究发现,家庭居住地区、家庭结构、孩子数量、育儿方式、父母的年龄和受教育程度显著地影响学前儿童家庭功能的潜在分类,单因素方差分析结果与多元Logistic回归分析结果一致。城市家庭的家庭功能优于乡村家庭,这可能与城市社会发展水平高于乡村有关。因为家庭系统是社会系统的子系统,家庭系统的功能与社会系统的功能正相关。母亲年龄越大家庭功能越好,而父亲年龄的增长却有相反的效应。这可能是因为,囿于传统的家庭性别角色分工,母亲一般会把更多的时间和精力放在家庭上,承担更多的家务活动和家庭关系建设活动,她们的经验随年龄的增长而丰富,因而对家庭功能的贡献也就越多。而父亲的情况则相反,他们一般把较多的时间和精力投放在获取社会成就上,在家庭中的被照顾者角色甚至多于照顾者角色。

本研究发现,双亲家庭的家庭功能优于单亲家庭,一孩家庭的家庭功能好于两孩和多孩家庭。家庭结构与儿童的健康发展之间不是简单的线性关系,单亲家庭不一定是儿童成长的危险因素。但总体而言,与双亲家庭相比,单亲家庭会

---

[1] 贾守梅.学龄前儿童攻击性行为的家庭系统研究[D].上海:复旦大学,2013:3.

遭遇更多的家庭问题,特别是家庭角色[1]、亲子沟通[2][3]、工作-家庭冲突方面的问题[4]。孩子数量的增加会提高家庭需求水平,增加家庭关系和家庭问题的数量和类型,这些均会提高家庭功能的实现难度。这一研究结果提示:实施鼓励生育的政策,要切实考虑到孩子数量对家庭成员和家庭功能的影响,要完善和落实配套支持措施,生育政策方能取得积极的成效。

本研究发现,育儿方式是"父母为主祖辈为辅"的家庭的家庭功能发挥水平相对较好,这是因为祖辈参与育儿能提高家庭的问题解决功能,但也会弱化角色、情感介入和行为控制等功能,"父母为主祖辈为辅"可能是比较适宜的参与方式和程度。"完全父母"式家庭的功能优于"其他方式"的家庭,可能是因为"完全父母"式家庭的家庭系统相对简单,家庭成员亲密度较高,父母的家庭责任意识更强、家庭角色更清晰。

本研究还发现,学前儿童家庭功能的发挥水平随父母受教育程度的提高而提升。这可能是因为受教育程度的提高,提升了学前儿童父母的学习、问题解决、社会适应等能力,从而提高了家庭功能的发挥水平。学习是持续终身的事情,拥有终身学习意识,保持持续学习,不仅能提升个人的生活质量,还能惠及整个家庭。父母作为"自己孩子的专家"和熟悉孩子整体情况的家庭教育指导者相互学习、携手合作,一定能为自己的孩子提供最适宜的家庭教育。

五、教育建议

基于本次实证研究的结果,研究者提出以下三条进行学前儿童家庭教育指导的建议。

(一) 依据学前儿童家庭功能的潜在类型进行分类指导

学前儿童家庭功能存在差异显著的多种潜在类型,不同类型的家庭功能对家庭教育的影响不同。因此在进行学前儿童家庭教育指导时,可以先综合考察家庭所在地区环境、家庭结构、孩子数量、育儿方式、父母受教育程度、家庭成员

---

[1] Bernstein G A, Borchardt C M. School refusal: Family constellation and family functioning[J]. Journal of Anxiety Disorders, 1996,10(1):1-19.
[2] 张晓夕. 单亲家庭亲子沟通能力提升的小组工作干预研究[D]. 西安:西北大学,2021:13-16.
[3] 闫杰,荣荣. 父母难为:黑龙江省离异单亲家庭的家庭教育和亲子互动[J]. 大庆社会科学,2022(3):103-107.
[4] 赵仁珺. 角色互动的分化与整合:改善单亲家庭复原力的社会工作服务成效研究[D]. 哈尔滨:黑龙江大学,2022:21.

情感表达状况、家庭角色分工等因素，大致了解其家庭功能的类型，再依据家庭功能的类型特征进行适宜性指导。开展学前儿童家庭教育指导时，要有意识地引导父母提高家庭情感反应和情感介入功能的发挥水平，指导父母正确理解家庭角色分工，进而总体提升家庭功能的发挥水平，为家庭教育创设良好的功能环境。

（二）优先满足功能失调严重的学前儿童家庭的家庭教育指导需要

学前儿童家庭中，乡村家庭、单亲家庭、再婚或其他结构家庭、育儿方式是"完全祖辈""祖辈为主父母为辅"的家庭、多孩家庭、父母受教育程度是初中及以下家庭的家庭功能发挥水平相对较低，不能为儿童的健康成长和家庭教育提供适宜的环境条件，其家庭教育指导服务需要比较迫切。学前儿童家庭教育指导应优先满足这些家庭的指导服务需要，以期为学前儿童营造更适宜的家庭环境。

（三）立足社会大系统提升学前儿童家庭的功能发挥水平

对学前儿童家庭教育的支持和指导要超越家庭系统自身，扩展到它所在的社会系统。家庭治疗专家早已提出，除非家庭治疗能超越其所在的有限系统，扩展到它后面更为广大的社会结构，否则不可能有太大的成效[1]。这一建议同样适用于促进学前儿童家庭教育的工作，因为家庭教育发生在家庭系统中，家庭系统又嵌套在社会系统中，受社会系统及其他社会系统要素的影响，所以对学前儿童家庭教育的支持和指导要超越家庭系统本身，努力为学前儿童家庭教育营造良好的社会生态环境。比如，实施家庭友好政策，国家和社会帮家庭分担育儿职责；建设家庭友好型社区，为家庭需求的满足提供便利的环境条件；创建家庭友好型工作场所，帮助父母更好地平衡家庭与工作的关系。

六、研究结论

本研究对 16 058 名学前儿童父母进行家庭功能的问卷调查，通过对调查数据的潜在剖面分析探析学前儿童家庭功能的潜在分类，并通过多元 Logistic 回归分析，探索父母年龄、家庭居住地、孩子数量、家庭结构、育儿方式、父母受教育程度等因素对家庭功能潜在分类的影响。研究得出以下结论：(1)学前儿童家庭的 6 项家庭功能的发挥水平不均衡，问题解决、沟通、行为控制 3 项功能的发挥水平高于角色、情感介入和情感反应的发挥水平。(2)学前儿童家庭的家庭功能

---

[1] 赵芳.结构式家庭治疗的理论技术及其与中国文化的契合性研究[D].南京：南京师范大学，2006：74.

可分为差异显著的4个类型:良好型(28.7%)、一般型(47.8%)、不良型(19.7%)和问题解决困难型(3.8%)。良好型、一般型和不良型3个类型的结构相似,只是水平差异显著,问题解决困难型比较特殊,它的问题解决功能水平最低,情感介入功能水平最高。(3)家庭居住地、家庭结构、孩子数量、育儿方式以及父母受教育程度不同,学前儿童家庭的家庭功能会呈现不同的类型特征。

第五章

学前儿童父母亲职压力的潜在分类与影响因素研究[①]

一、问题提出

中国现代幼儿教育奠基人陈鹤琴指出,小孩子不但是难养的,而且也难教得很[②]。父母在养育孩子的过程中会遇到诸多困难和问题,当然也会收获满足和幸福,这是一个痛并快乐的过程。父母在育儿过程中感受到的,由父母角色、亲子互动和儿童个性引起的压力被称为亲职压力[③]。多项实证研究发现,高亲职压力既危害父母的身心健康,又影响父母的养育行为,阻碍儿童的语言、社会性、情绪等多方面的发展[④]。同时,高亲职压力还降低父母的生育意愿和未来生育更多孩子的可能性[⑤][⑥]。虽然育儿过程充满了压力,但是孩子也会给父母带来特别的满足,如心理上的鼓舞和兴奋、特别的社会联结[⑦][⑧],生活的意义感和目标感

[①] 本研究的主要内容发表于《中华家教》2023 年第 6 期,页码:53-64.
[②] 陈鹤琴.家庭教育[M].武汉:长江文艺出版社,2013:7.
[③] 张明浩,陈平,邓慧华,等.父母养育压力及日常活动对婴儿气质的影响[J].中国妇幼保健,2009,24(29):4111-4113.
[④] 洪秀敏,刘倩倩.父母养育压力的类型及其影响因素——基于一孩父母和两孩父母的潜在剖面分析[J].中国临床心理学杂志,2020,28(4):766-772.
[⑤] 严晓雨,张昌瑾.我国城镇居民生育意愿及其影响因素研究——基于近 10 年文献的调查分析[J].陕西学前师范学院学报,2021,37(1):9-17.
[⑥] 高玉春.推拉模型视角下的生育意愿影响因素研究[J].中国青年研究,2022(3):15-21.
[⑦] 小野浩,克里斯滕·舒予茨·李.幸福再分配:论社会政策对生活满意度的塑造[M].郑越之,译.北京:中国金融出版社,2020:25.
[⑧] Nelson S K, Kushlev K, Lyubomirsky S. The pains and pleasures of parenting: When, why, and how is parenthood associated with more or less well-being? [J]. Psychological Bulletin, 2014, 140 (3):846-895.

等积极感受[1]。父母对亲职角色、育儿活动的胜任感和满意感称为养育效能感[2]。研究发现,养育效能感能够缓解亲职压力[3],正向预测婴幼儿的认知发展水平[4],与家庭教养活动参与显著正相关,养育效能感越高,越会对婴幼儿表现出积极的情感接纳和回应[5]。学前阶段既是一生中快速发展的阶段,也是终身发展的奠基阶段,学前儿童父母又是生育的主力军,因此研究学前儿童父母亲职压力和养育效能感的类型特征以及养育效能感对亲职压力的缓解作用,具有重要的早期教育和人口发展价值。

已有关于学前儿童父母亲职压力类型的研究发现,婴幼儿父母亲职压力的总体水平偏高。亲职压力可划分为低压力型、中压力型、高压力型3种潜在类别[6][7],关于学前儿童父母亲职压力群体内差异的研究发现,农村父母亲职压力比城市父母高[8],两孩父母的亲职压力高于一孩父母[9][10],父亲与母亲的亲职压力呈现不同的特征[11]。有关亲职压力影响因素的研究有两种迥异的结果:一种认为受教育水平是缓解母亲亲职压力的积极因素[12][13],祖辈参与教养能缓解母亲的

---

[1] Matthias P. Parenthood and life satisfaction: Why don't children make people happy? [J]. Journal of Marriage and Family, 2014, 76(2), 319-336.

[2] Jones T L, Prinz R J. Potential roles of parental self-efficacy in parent and child adjustment: A review[J]. Clinical Psychology Review, 2005, 25(3):341-363.

[3] Raikes H A, Thompson R A. Efficacy and social support as predictors of parenting stress among families in poverty[J]. Infant Mental Health Journal, 2005, 26(3):177-190.

[4] 刘婷,王诗尧,张明红.父母养育效能感与家庭教养活动参与对婴幼儿认知发展的影响——基于流动与非流动家庭的对比研究[J].学前教育研究,2018(7):26-37.

[5] Junttila N, Vauras M. Latent profiles of parental self-efficacy and children's multisource evaluated social competence[J]. British Journal of Educational Psychology,2014,84(3):397-414.

[6][9] 洪秀敏,刘倩倩.父母养育压力的类型及其影响因素——基于一孩父母和两孩父母的潜在剖面分析[J].中国临床心理学杂志,2020,28(4):766-772.

[7] 严晓雨,张吕瑾.我国城镇居民生育意愿及其影响因素研究——基于近10年文献的调查分析[J].陕西学前师范学院学报,2021,37(1):9-17.

[8] 洪秀敏,朱文婷,赵思婕.青年父母婴幼儿照护支持与养育压力研究——基于全国13个城市的调研数据[J].中国青年社会科学,2020,39(2):106-114.

[10][11] 蔡迎旗,刘庆.城市0~6岁婴幼儿父母养育压力差异及影响因素研究——基于一孩家庭与两孩家庭的对比[J].南方人口,2021,36(4):26-36.

[12] 李彩娜,邹泓,段冬梅.幼儿母亲育儿压力的特点及其与婚姻质量的关系[J].中国心理卫生杂志,2005(2):136-138.

[13] 吴靖宇,周佩琪,刘丽伟.0~3岁婴幼儿家长养育压力及影响因素研究[J].早期儿童发展,2022(2):44-59.

育儿压力[①][②];另一种则认为,两孩父母受教育程度越高,越可能归属于高压力型[③],祖辈参与教养会加重父辈的养育压力[④]。同时,对父母亲职压力与养育效能感关系的研究发现,母亲育儿压力对母亲养育效能感有显著的负向预测作用[⑤],养育效能感越高,一孩父母、两孩父母的亲职压力都越小[⑥]。

对相关文献的梳理发现,当下对亲职压力潜在分类的研究只涉及 0～3 岁婴幼儿父母、有一个和两个孩子的幼儿父母;父母因素和家庭因素影响亲职压力的一些研究结果存在差异;不同类型的养育效能感如何影响亲职压力还未被探析。因此,对于学前儿童父母亲职压力和养育效能感的研究还需要进一步的拓展和深化。

基于以上文献梳理和思考,本研究拟采用潜在剖面分析方法,解析学前儿童父母亲职压力、养育效能感的潜在分类以及养育效能感的潜在类型、父母受教育程度、孩子数量、家庭结构、育儿方式等父母因素、儿童因素和家庭因素对亲职压力潜在分类的影响,扩大亲职压力潜在分类的研究对象,进一步厘清关于亲职压力影响因素的冲突性研究结果,为缓解学前儿童父母的亲职压力,提升学前儿童家庭教育质量提供有效的指导。

二、研究方法

(一) 研究对象

本研究首先通过整群抽样的方法在 J 省选取 26 所幼儿园,然后请被选取幼儿园的教师将电子问卷发放给幼儿园所有幼儿的母亲或父亲,请他们在自愿参与的基础上匿名填写问卷,问卷清理后共保留 16 058 份有效问卷。调查对象的基本信息详见表 5-1。

[①] 李晓巍,谢娟,宋雅婷.祖辈-父辈共同养育的特点及其与母亲养育压力、幼儿问题行为的关系[J].中国特殊教育,2016(4):71-78.

[②][⑤] 龚扬,姜露,秦雯雯.祖辈参与教养与幼儿社会能力的关系:母亲育儿压力和母亲教养效能感的链式中介作用[J].心理与行为研究,2021,19(3):348-353.

[③][⑥] 洪秀敏,刘倩倩.父母养育压力的类型及其影响因素——基于一孩父母和两孩父母的潜在剖面分析[J].中国临床心理学杂志,2020,28(4):766-772.

[④] 陈佳,金语嫣,袁鸣扬,等.县域儿童家庭抗逆力与父母养育压力的关系——祖辈参与儿童照料会有影响吗?[J].中华家教,2022(5):77-86.

表 5-1　调查对象的基本信息统计表（N＝16 058）

变量	水平	频次(N)	占比(%)
亲职角色	母亲	12 964	80.7
	父亲	3 094	19.3
居住地区	城市	10 636	66.2
	乡村	5 422	33.8
孩子数量	1 个	7 591	47.3
	2 个	8 062	50.2
	3 个及以上	405	2.5
家庭结构	双亲家庭	15 351	95.6
	单亲家庭	463	2.9
	再婚或其他	244	1.5
育儿方式	完全父母	4 096	25.5
	父母为主祖辈为辅	8 544	53.2
	祖辈为主父母为辅	3 028	18.9
	完全祖辈	122	0.8
	其他	268	1.6
母亲受教育水平	初中及以下	3 264	20.2
	中等职业/技术/师范学校	2 208	13.8
	高中	1 150	7.2
	大专	4 094	25.5
	本科	4 729	29.4
	硕士及以上	640	4.0
父亲受教育水平	初中及以下	2 810	17.5
	中等职业/技术/师范学校	2 282	14.2
	高中	1 308	8.2
	大专	4 155	25.9
	本科	4 744	29.5
	硕士及以上	759	4.7

(二) 研究工具

1. 亲职压力量表

本研究采用由阿比丁(R. Abidin)等人编制的亲职压力简表(Parenting Stress Index-Short Form,PSI-SF)评估学前儿童父母的亲职压力[①]。该量表包括亲职愁苦、亲子互动失调(又称"亲子冲突")和困难儿童3个维度,共18个项目,采用Likert 5级评分法。亲职愁苦维度(6个项目)评估父母受困于亲职角色的感受,得分越高表示父母因亲职角色导致的压力越大;亲子冲突维度(6个项目)评估亲子间的互动情况,得分越高表示亲子互动质量越差,父母在亲子关系上感受到的压力越大;困难儿童维度(6个项目)评估父母对自己孩子个性的看法,得分越高表示孩子个性让父母感受到的养育压力越大。3个维度得分之和为亲职压力得分,得分越高代表压力越大。本研究中,量表及3个维度的Cronbach's α系数分别是0.95、0.91、0.92、0.90。

2. 养育效能感量表

本研究采用由吉博德·沃斯顿(Gibaud-Wallston)和万德斯曼(Wandersman)编制的养育效能感量表(Parenting Sense of Competence Scale,PSOC)评估学前儿童父母的养育效能感[②]。该量表包括满足感和效能感两个维度,共17个项目,采用Likert 6级评分法。满足感维度(8个项目)评估父母从养育子女活动中获得的满足,得分越高表示满足感越强;效能感维度(9个项目)评估父母对自己养育能力的自信程度,得分越高表示效能感越强。两个维度得分之和为养育效能感得分,得分越高代表养育效能感越强。本研究中,量表及两个维度的Cronbach's α系数分别是0.66和0.81、0.75。

3. 统计方法

本研究的调查数据均来自调查对象的自我报告,为减少共同方法偏差,在测试阶段通过匿名方法进行程序控制。在统计分析阶段,采用Harman单因素因子分析方法检验共同方法偏差,将两个量表的所有题目进行未旋转的主成分因素分析发现,特征值大于1的因子共有8个,第一因子的方差贡献率为31.1%,

---

[①] 杨玉凤. 儿童发育行为心理评定量表[M]. 北京:人民卫生出版社,2016:538.
[②] 杨玉凤. 儿童发育行为心理评定量表[M]. 北京:人民卫生出版社,2016:539-541.

低于40%的临界值,因此可认为本研究不存在严重的共同方法偏差。利用SPSS 24.0进行数据管理、信效度检验、共同方法偏差检验和描述统计分析、相关分析、方差分析和多元Logistic回归分析,利用Mplus 8.3进行潜在剖面分析。

三、研究结果

(一) 学前儿童父母的亲职压力平均处于中等水平

本研究中,学前儿童父母亲职压力量表的具体得分详见表5-2。由表5-2可知,学前儿童父母亲职压力的项目均值是2.31,低于临界值3;3个维度的项目均值由高至低依次是亲职愁苦、困难儿童和亲子冲突;亲职压力的3个维度之间均显著正相关。

表5-2 学前儿童父母亲职压力的描述统计表($N=16\ 058$)

	平均值	标准差	亲职愁苦	亲子互动失调	困难儿童	亲职压力
亲职愁苦	2.64	0.908	1			
亲子冲突	1.95	0.771	0.628**	1		
困难儿童	2.34	0.806	0.616**	0.737**	1	
亲职压力	2.31	0.728	0.865**	0.887**	0.885**	1

注:*:$p<0.05$,**:$p<0.01$,***:$p<0.001$,下同。

1. 学前儿童父母亲职压力的差异:父亲的亲职压力高于母亲

学前儿童父母之间的亲职压力差异见表5-3。从表中内容可知,学前儿童父亲在亲职愁苦、亲子冲突、困难儿童3个维度上的得分都显著高于学前儿童母亲,即学前儿童父亲的亲职压力显著高于学前儿童母亲。

表5-3 学前儿童父亲和母亲亲职压力差异的方差分析($N=16\ 058$)

		平均值	标准差	F	显著性
亲职愁苦	母亲	2.63	0.903	11.106	0.001
	父亲	2.69	0.928		
亲子冲突	母亲	1.90	0.737	295.768	0.000
	父亲	2.17	0.867		

续表

		平均值	标准差	F	显著性
困难儿童	母亲	2.31	0.793	144.304	0.000
	父亲	2.50	0.839		
亲职压力	母亲	2.28	0.708	140.929	0.000
	父亲	2.45	0.790		

2. 学前儿童父母亲职压力的城乡差异：乡村学前儿童父母的亲职压力高于城市学前儿童父母

学前儿童父母亲职压力的城乡差异见表5-4。从表中内容可知，城市和乡村学前儿童父母的亲职压力存在显著的差异，乡村学前儿童父母在亲职愁苦、亲子冲突、困难儿童3个维度上的得分都显著高于城市学前儿童父母，说明乡村学前儿童父母的亲职压力显著高于城市学前儿童父母。

表5-4 学前儿童父母亲职压力城乡差异的方差分析（$N=16\ 058$）

		平均值	标准差	F	显著性
亲职愁苦	城市	2.56	0.885	223.924	0.000
	乡村	2.79	0.935		
亲子冲突	城市	1.89	0.740	230.052	0.000
	乡村	2.08	0.813		
困难儿童	城市	2.28	0.792	177.855	0.000
	乡村	2.46	0.821		
亲职压力	城市	2.24	0.706	273.481	0.000
	乡村	2.44	0.752		

3. 家庭结构对学前儿童父母亲职压力的影响：双亲家庭的亲职压力最小

家庭结构对学前儿童父母亲职压力的影响见表5-5。从表中内容可知，家庭结构对学前儿童父母亲职压力的影响显著，不同家庭结构下，学前儿童父母的亲职压力存在显著差异。具体的组间差异检验见表5-6，从表中内容可知，双亲家庭的父母在亲职愁苦、亲子冲突、困难儿童3个维度的压力都显著小于单亲家庭、再婚或其他结构家庭的父母。

表 5-5　家庭结构影响学前儿童父母亲职压力的方差分析

		平均值	标准差	F	显著性
亲职愁苦	再婚或其他结构	2.92	0.952	22.257	0.000
	单亲家庭	2.82	0.961		
	双亲家庭	2.63	0.905		
亲子冲突	再婚或其他结构	2.22	0.911	34.165	0.000
	单亲家庭	2.17	0.873		
	双亲家庭	1.94	0.764		
困难儿童	再婚或其他结构	2.51	0.877	9.576	0.000
	单亲家庭	2.45	0.858		
	双亲家庭	2.34	0.803		
亲职压力	再婚或其他结构	2.55	0.798	26.647	0.000
	单亲家庭	2.48	0.802		
	双亲家庭	2.30	0.723		

表 5-6　家庭结构影响学前儿童父母亲职压力的多重比较表

因变量			平均值差值（I-J）	标准误差	显著性
	I	J			
亲职愁苦	再婚或其他结构	单亲家庭	0.100	0.076	0.461
		双亲家庭	0.293*	0.061	0.000
	单亲家庭	再婚或其他结构	−0.100	0.076	0.461
		双亲家庭	0.193*	0.045	0.000
	双亲家庭	再婚或其他结构	**−0.293***	0.061	0.000
		单亲家庭	**−0.193***	0.045	0.000
亲子冲突	再婚或其他结构	单亲家庭	0.055	0.071	0.822
		双亲家庭	0.279*	0.059	0.000
	单亲家庭	再婚或其他结构	−0.055	0.071	0.822
		双亲家庭	0.224*	0.041	0.000
	双亲家庭	再婚或其他结构	**−0.279***	0.059	0.000
		单亲家庭	**−0.224***	0.041	0.000
困难儿童	再婚或其他结构	单亲家庭	0.067	0.069	0.697
		双亲家庭	0.176*	0.057	0.006
	单亲家庭	再婚或其他结构	−0.067	0.069	0.697
		双亲家庭	0.108*	0.040	0.022

续表

	因变量		平均值差值（I-J）	标准误差	显著性
	I	J			
困难儿童	双亲家庭	再婚或其他结构	**−0.176***	0.057	0.006
		单亲家庭	**−0.108***	0.040	0.022
亲职压力	再婚或其他结构	单亲家庭	0.074	0.063	0.563
		双亲家庭	0.249*	0.051	0.000
	单亲家庭	再婚或其他结构	−0.074	0.063	0.563
		双亲家庭	0.175*	0.038	0.000
	双亲家庭	再婚或其他结构	**−0.249***	0.051	0.000
		单亲家庭	**−0.175***	0.038	0.000

4. 育儿方式对学前儿童父母亲职压力的影响：父母为主祖辈为辅养育孩子的父母的亲职压力最小

育儿方式对学前儿童父母亲职压力的影响见表5-7。从表中内容可知，育儿方式对学前儿童父母亲职压力的影响达到显著水平，采用不同育儿方式的父母在亲职愁苦、亲子冲突、困难儿童3个维度的差异都达到显著水平，采用完全祖辈育儿方式的父母的亲职压力最大，采用父母为主祖辈为辅育儿方式的父母的亲职压力最小。具体的组间差异检验结果见表5-8。根据表5-8可知，在亲职愁苦维度，完全祖辈育儿、祖辈为主父母为辅育儿的压力都大于父母为主祖辈为辅育儿的，完全父母育儿的压力大于祖辈参与育儿的。在亲子冲突维度，完全祖辈育儿的压力大于祖辈为主父母为辅育儿的、完全父母育儿的、父母为主祖辈为辅育儿的，祖辈为主父母为辅育儿的和完全父母育儿的压力都大于父母为主祖辈为辅育儿的。在困难儿童维度，祖辈为主父母为辅育儿的和完全父母育儿的压力都大于父母为主祖辈为辅育儿的。

表5-7 育儿方式影响学前儿童父母亲职压力的方差分析

		平均值	标准差	F	显著性
亲职愁苦	其他	2.71	1.004	52.164	0.000
	完全祖辈	**2.87**	1.098		
	祖辈为主父母为辅	2.64	0.890		
	父母为主祖辈为辅	**2.56**	0.881		
	完全父母	2.80	0.942		

续表

		平均值	标准差	F	显著性
亲子冲突	其他	2.12	0.929	32.157	0.000
	完全祖辈	**2.37**	0.969		
	祖辈为主父母为辅	2.03	0.784		
	父母为主祖辈为辅	**1.90**	0.743		
	完全父母	1.99	0.788		
困难儿童	其他	2.46	0.894	14.227	0.000
	完全祖辈	**2.55**	0.989		
	祖辈为主父母为辅	2.41	0.804		
	父母为主祖辈为辅	**2.30**	0.794		
	完全父母	2.36	0.814		
亲职压力	其他	2.43	0.839	33.537	0.000
	完全祖辈	**2.59**	0.923		
	祖辈为主父母为辅	2.36	0.726		
	父母为主祖辈为辅	**2.25**	0.710		
	完全父母	2.38	0.740		

表 5-8 育儿方式影响学前儿童父母亲职压力的多重比较表

因变量	I	J	平均值差值（I-J）	标准误差	显著性
亲职愁苦	其他	完全祖辈	−0.164	0.117	0.826
		祖辈为主父母为辅	0.069	0.063	0.960
		父母为主祖辈为辅	0.150	0.062	0.149
		完全父母	−0.092	0.063	0.791
	完全祖辈	其他	0.164	0.117	0.826
		祖辈为主父母为辅	0.233	0.101	0.201
		父母为主祖辈为辅	**0.314**[*]	0.100	0.021
		完全父母	0.072	0.101	0.998
	祖辈为主父母为辅	其他	−0.069	0.063	0.960
		完全祖辈	−0.233	0.101	0.201
		父母为主祖辈为辅	**0.081**[*]	0.019	0.000
		完全父母	−0.161[*]	0.022	0.000

续表

因变量			平均值差值（I-J）	标准误差	显著性
	I	J			
亲职愁苦	父母为主祖辈为辅	其他	−0.150	0.062	0.149
		完全祖辈	−0.314*	0.100	0.021
		祖辈为主父母为辅	−0.081*	0.019	0.000
		完全父母	−0.242*	0.018	0.001
	完全父母	其他	0.092	0.063	0.791
		完全祖辈	−0.072	0.101	0.998
		祖辈为主父母为辅	**0.161***	0.022	0.000
		父母为主祖辈为辅	**0.242***	0.018	0.001
亲子冲突	其他	完全祖辈	−0.249	0.105	0.165
		祖辈为主父母为辅	0.089	0.058	0.749
		父母为主祖辈为辅	**0.219***	0.057	0.002
		完全父母	0.129	0.058	0.234
	完全祖辈	其他	0.249	0.105	0.165
		祖辈为主父母为辅	**0.338***	0.089	0.002
		父母为主祖辈为辅	**0.468***	0.088	0.000
		完全父母	**0.378***	0.089	0.000
	祖辈为主父母为辅	其他	−0.089	0.058	0.749
		完全祖辈	−0.338*	0.089	0.002
		父母为主祖辈为辅	**0.130***	0.016	0.000
		完全父母	0.041	0.019	0.268
	父母为主祖辈为辅	其他	−0.219*	0.057	0.002
		完全祖辈	−0.468*	0.088	0.000
		祖辈为主父母为辅	−0.130*	0.016	0.000
		完全父母	−0.090*	0.015	0.001
	完全父母	其他	−0.129	0.058	0.234
		完全祖辈	−0.378*	0.089	0.000
		祖辈为主父母为辅	−0.041	0.019	0.268
		父母为主祖辈为辅	**0.090***	0.015	0.001

续表

因变量			平均值差值（I-J）	标准误差	显著性
I		J			
困难儿童	其他	完全祖辈	−0.092	0.105	0.991
		祖辈为主父母为辅	0.046	0.057	0.995
		父母为主祖辈为辅	0.152	0.055	0.061
		完全父母	0.093	0.056	0.646
	完全祖辈	其他	0.092	0.105	0.991
		祖辈为主父母为辅	0.138	0.091	0.743
		父母为主祖辈为辅	0.244	0.090	0.072
		完全父母	0.185	0.090	0.350
	祖辈为主父母为辅	其他	−0.046	0.057	0.995
		完全祖辈	−0.138	0.091	0.743
		父母为主祖辈为辅	**0.106***	0.017	0.000
		完全父母	0.047	0.019	0.150
	父母为主祖辈为辅	其他	−0.152	0.055	0.061
		完全祖辈	−0.244	0.090	0.072
		祖辈为主父母为辅	−0.106*	0.017	0.000
		完全父母	−0.059*	0.015	0.002
	完全父母	其他	−0.093	0.056	0.646
		完全祖辈	−0.185	0.090	0.350
		祖辈为主父母为辅	−0.047	0.019	0.150
		父母为主祖辈为辅	**0.059***	0.015	0.002
亲职压力	其他	完全祖辈	−0.168	0.098	0.594
		祖辈为主父母为辅	0.068	0.053	0.891
		父母为主祖辈为辅	**0.174***	0.052	0.009
		完全父母	0.043	0.053	0.995
	完全祖辈	其他	0.168	0.098	0.594
		祖辈为主父母为辅	0.236	0.085	0.058
		父母为主祖辈为辅	**0.342***	0.084	0.001
		完全父母	0.212	0.084	0.124

续表

因变量			平均值差值（I-J）	标准误差	显著性
	I	J			
亲职压力	祖辈为主父母为辅	其他	−0.068	0.053	0.891
		完全祖辈	−0.236	0.085	0.058
		父母为主祖辈为辅	**0.106***	0.015	0.000
		完全父母	−0.024	0.018	0.831
	父母为主祖辈为辅	其他	−0.174*	0.052	0.009
		完全祖辈	−0.342*	0.084	0.001
		祖辈为主父母为辅	−0.106*	0.015	0.000
		完全父母	−0.130*	0.014	0.001
	完全父母	其他	−0.043	0.053	0.995
		完全祖辈	−0.212	0.084	0.124
		祖辈为主父母为辅	0.024	0.018	0.831
		父母为主祖辈为辅	**0.130***	0.014	0.001

5. 孩子数量对学前儿童父母亲职压力的影响：数量越多压力越大

养育子女的数量对学前儿童父母亲职压力的影响见表5-9。从表中内容可知，养育子女的数量对学前儿童父母亲职压力有显著的影响，养育1个、2个、3个及以上子女的父母在亲职愁苦、亲子冲突、困难儿童维度的压力有显著的差异，呈现出养育的子女越多亲职压力越大的趋势。具体的组间差异检验见表5-10。根据表5-10可知，除在困难儿童维度，养育3个及以上孩子父母的压力不显著大于养育2个孩子的父母，在亲职愁苦和亲子冲突维度，孩子数量对亲职压力的影响呈现线性趋势，亲职压力随孩子数量的增加递增。

表 5-9 孩子数量影响学前儿童父母亲职压力的方差分析

	平均值		标准差	F	显著性
亲职愁苦	1个	**2.50**	0.868	175.494	0.000
	2个	2.75	0.925		
	3个及以上	**2.98**	0.938		
亲子冲突	1个	**1.84**	0.722	152.860	0.000
	2个	2.05	0.798		
	3个及以上	**2.17**	0.842		

续表

	平均值	标准差	F	显著性
困难儿童	1个	**2.27**	0.787	61.337	0.000
	2个	2.41	0.817		
	3个及以上	**2.47**	0.818		
亲职压力	1个	**2.21**	0.692	162.940	0.000
	2个	2.40	0.745		
	3个及以上	**2.54**	0.748		

表5-10 孩子数量影响学前儿童父母亲职压力的多重比较表

因变量	I	J	平均值差值（I-J）	标准误差	显著性
亲职愁苦	1个	2个	−0.244*	0.014	0.000
		3个及以上	−0.482*	0.048	0.000
	2个	1个	**0.244***	0.014	0.000
		3个及以上	−0.238*	0.048	0.000
	3个及以上	1个	**0.482***	0.048	0.000
		2个	**0.238***	0.048	0.000
亲子冲突	1个	2个	−0.202*	0.012	0.000
		3个及以上	−0.324*	0.043	0.000
	2个	1个	**0.202***	0.012	0.000
		3个及以上	−0.122*	0.043	0.013
	3个及以上	1个	**0.324***	0.043	0.000
		2个	**0.122***	0.043	0.013
困难儿童	1个	2个	−0.136*	0.013	0.000
		3个及以上	−0.202*	0.042	0.000
	2个	1个	**0.136***	0.013	0.000
		3个及以上	−0.066	0.042	0.304
	3个及以上	1个	**0.202***	0.042	0.000
		2个	0.066	0.042	0.304

续表

因变量		平均值差值（I-J）	标准误差	显著性
I	J			
亲职压力	1个 → 2个	−0.194*	0.011	0.000
	1个 → 3个及以上	−0.336*	0.038	0.000
	2个 → 1个	**0.194***	0.011	0.000
	2个 → 3个及以上	−0.142*	0.038	0.001
	3个及以上 → 1个	**0.336***	0.038	0.000
	3个及以上 → 2个	**0.142***	0.038	0.001

6. 父母受教育水平对学前儿童父母亲职压力的影响：受教育水平越高亲职压力越小

父母受教育水平对学前儿童父母亲职压力的影响见表5-11和表5-12。根据两个表格中的内容可知，父亲受教育水平和母亲受教育水平对亲职愁苦、亲子冲突、困难儿童3个维度压力的影响都达到显著水平，都呈现出受教育水平越高压力越小的趋势。具体的组间差异检验发现，受教育水平每提高一个等级，压力的减少都达到显著水平。

表5-11 父亲受教育水平影响学前儿童父母亲职压力的方差分析

		平均值	标准差	F	显著性
亲职愁苦	初中及以下	2.94	0.951	122.930	0.000
	中等职业/技术/师范学校	2.72	0.915		
	普通高中	2.75	0.900		
	大专	2.58	0.888		
	本科	2.48	0.853		
	硕士及以上	2.36	0.827		
亲子冲突	初中及以下	2.22	0.856	119.399	0.000
	中等职业/技术/师范学校	2.03	0.771		
	普通高中	2.02	0.787		
	大专	1.90	0.722		
	本科	1.82	0.720		
	硕士及以上	1.76	0.687		

续表

		平均值	标准差	F	显著性
困难儿童	初中及以下	2.57	0.840	80.125	0.000
	中等职业/技术/师范学校	2.41	0.799		
	普通高中	2.41	0.805		
	大专	2.30	0.789		
	本科	2.23	0.778		
	硕士及以上	2.16	0.751		
亲职压力	初中及以下	2.58	0.772	139.711	0.000
	中等职业/技术/师范学校	2.38	0.720		
	普通高中	2.39	0.727		
	大专	2.26	0.698		
	本科	2.17	0.688		
	硕士及以上	2.09	0.662		

表 5-12 母亲受教育水平影响学前儿童父母亲职压力的方差分析

		平均值	标准差	F	显著性
亲职愁苦	初中及以下	2.96	0.950	152.850	0.000
	中等职业/技术/师范学校	2.74	0.898		
	普通高中	2.72	0.882		
	大专	2.56	0.878		
	本科	2.45	0.853		
	硕士及以上	2.40	0.846		
亲子冲突	初中及以下	2.25	0.865	164.645	0.000
	中等职业/技术/师范学校	2.04	0.761		
	普通高中	1.99	0.745		
	大专	1.88	0.695		
	本科	1.79	0.718		
	硕士及以上	1.77	0.715		
困难儿童	初中及以下	2.58	0.849	103.224	0.000
	中等职业/技术/师范学校	2.43	0.792		
	普通高中	2.38	0.777		
	大专	2.27	0.776		
	本科	2.21	0.776		
	硕士及以上	2.20	0.775		

续表

	平均值		标准差	F	显著性
	初中及以下	2.60	0.780		
	中等职业/技术/师范学校	2.40	0.705		
亲职压力	普通高中	2.36	0.692	182.022	0.000
	大专	2.24	0.680		
	本科	2.15	0.687		
	硕士及以上	2.12	0.689		

（二）学前儿童父母的养育满足感低于效能感

学前儿童父母养育效能感量表的得分详见表5-13。学前儿童父母养育效能感的项目均值为3.84，满足感维度的项目均值低于效能感维度的项目均值；养育效能感的两个维度之间显著负相关。

表5-13 学前儿童父母养育效能感的描述统计（$N=16\,058$）

	平均值	标准差	满足感	效能感	养育效能感
满足感	3.62	0.944	1		
效能感	4.08	0.807	−0.210**	1	
养育效能感	3.84	0.56	0.749**	0.490**	1

1. 学前儿童父母养育效能感的差异：母亲的满足感高于父亲、效能感低于父亲

学前儿童父亲和母亲的养育效能感差异见表5-14。从表中内容可知，学前儿童父亲和母亲的满足感、效能感都存在显著的差异，满足感维度，母亲高于父亲；效能感维度，父亲高于母亲；在整体的养育效能感方面，父亲和母亲之间不存在显著的差异。

表5-14 学前儿童父亲和母亲养育效能感差异的方差分析表（$N=16\,058$）

		平均值	标准差	F	显著性
满足感	母亲	3.63	0.928	15.171	0.000
	父亲	3.56	1.004		
效能感	母亲	4.07	0.794	9.739	0.002
	父亲	4.12	0.861		

续表

		平均值	标准差	F	显著性
养育效能感	母亲	3.84	0.562	1.839	0.175
	父亲	3.82	0.555		

2. 学前儿童父母养育效能感的城乡差异：城市学前儿童父母的养育效能感高于乡村学前儿童父母

城市学前儿童父母与乡村学前儿童父母养育效能感的差异见表5-15。从表中内容可知，城市学前儿童父母与乡村学前儿童父母在满足感、效能感以及整体的养育效能感上的差别都达到显著水平，城市学前儿童父母满足感、效能感与整体养育效能感都显著高于乡村学前儿童父母。

表 5-15　学前儿童父母养育效能感城乡差异的方差分析表（$N=16\ 058$）

		平均值	标准差	F	显著性
满足感	城市	3.69	0.926	178.409	0.000
	乡村	3.48	0.962		
效能感	城市	4.10	0.792	12.610	0.000
	乡村	4.05	0.835		
养育效能感	城市	3.88	0.574	205.568	0.000
	乡村	3.75	0.522		

3. 家庭结构对学前儿童父母养育效能感的影响：双亲家庭父母的养育效能感最高

家庭结构对学前儿童父母养育效能感的影响见表5-16所示。从表中内容可知，家庭结构对学前儿童父母养育效能感的影响是显著的，不同家庭结构的父母在满足感、效能感、整体养育效能感方面的差异都达到显著水平，具体的组间差异检验结果见表5-17。从表5-17内容可知，双亲家庭父母的满足感显著高于单亲家庭、再婚或其他结构家庭的父母，再婚或其他结构家庭父母的效能感显著高于双亲家庭的父母，双亲家庭父母的养育效能感显著高于再婚或其他结构家庭的父母。

表 5-16　家庭结构影响学前儿童父母养育效能感的方差分析表

		平均值	标准差	F	显著性
满足感	再婚或其他结构	3.33	1.025	19.874	0.000
	单亲家庭	3.45	1.042		
	双亲家庭	3.62	0.938		
效能感	再婚或其他结构	4.21	0.847	4.658	0.009
	单亲家庭	4.15	0.886		
	双亲家庭	4.08	0.804		
养育效能感	再婚或其他结构	3.74	0.511	6.336	0.002
	单亲家庭	3.77	0.569		
	双亲家庭	3.84	0.561		

表 5-17　家庭结构影响学前儿童父母养育效能感的多重比较表

因变量	I	J	平均值差值 (I-J)	标准误差	显著性
满足感	再婚或其他结构	单亲家庭	−0.120	0.082	0.366
		双亲家庭	−0.300*	0.066	0.000
	单亲家庭	再婚或其他结构	0.120	0.082	0.366
		双亲家庭	−0.179*	0.049	0.001
	双亲家庭	再婚或其他结构	**0.300***	0.066	0.000
		单亲家庭	**0.179***	0.049	0.001
效能感	再婚或其他结构	单亲家庭	0.067	0.068	0.695
		双亲家庭	**0.133***	0.055	0.047
	单亲家庭	再婚或其他结构	−0.067	0.068	0.695
		双亲家庭	0.066	0.042	0.305
	双亲家庭	再婚或其他结构	−0.133*	0.055	0.047
		单亲家庭	−0.066	0.042	0.305
养育效能感	再婚或其他结构	单亲家庭	−0.032	0.042	0.828
		双亲家庭	−0.096*	0.033	0.012
	单亲家庭	再婚或其他结构	0.032	0.042	0.828
		双亲家庭	−0.064	0.027	0.052
	双亲家庭	再婚或其他结构	**0.096***	0.033	0.012
		单亲家庭	0.064	0.027	0.052

4. 育儿方式对学前儿童父母养育效能感的影响：采取父母为主祖辈为辅育儿方式的父母的养育效能感最高

育儿方式对学前儿童父母养育效能感的影响见表 5-18。从表中内容可知，育儿方式对学前儿童父母的养育效能感影响显著，采取不同育儿方式的父母在满足感、效能感以及整体的养育效能感上都存在显著的差别，采取父母为主祖辈为辅育儿方式的父母的养育效能感最高。具体的组间差异检验结果见表 5-19。从表 5-19 可知，育儿方式为父母为主祖辈为辅的父母的满足感显著高于育儿方式是完全祖辈、完全父母、祖辈为主父母为辅的父母；育儿方式是完全父母、父母为主祖辈为辅的父母的效能感显著高于育儿方式是祖辈为主父母为辅的父母；在整体的养育效能感方面，育儿方式是父母为主祖辈为辅的显著高于育儿方式是完全祖辈、完全父母、祖辈为主父母为辅的，育儿方式是完全父母的显著高于育儿方式是完全祖辈、祖辈为主父母为辅的。

表 5-18　育儿方式影响学前儿童父母养育效能感的方差分析表

		平均值	标准差	F	显著性
满足感	其他	3.50	1.012	12.583	0.000
	完全祖辈	3.35	1.193		
	祖辈为主父母为辅	3.57	0.929		
	父母为主祖辈为辅	**3.66**	0.923		
	完全父母	3.57	0.978		
效能感	其他	4.08	0.932	12.096	0.000
	完全祖辈	4.01	1.014		
	祖辈为主父母为辅	3.99	0.796		
	父母为主祖辈为辅	4.10	0.762		
	完全父母	**4.11**	0.883		
养育效能感	其他	3.78	0.623	22.523	0.000
	完全祖辈	3.66	0.560		
	祖辈为主父母为辅	3.77	0.544		
	父母为主祖辈为辅	**3.87**	0.562		
	完全父母	3.82	0.559		

表 5-19 育儿方式影响学前儿童父母养育效能感的多重比较表

因变量	I	J	平均值差值（I-J）	标准误差	显著性
满足感	其他	完全祖辈	0.152	0.124	0.916
		祖辈为主父母为辅	−0.067	0.064	0.969
		父母为主祖辈为辅	−0.158	0.063	0.115
		完全父母	−0.066	0.064	0.972
	完全祖辈	其他	−0.152	0.124	0.916
		祖辈为主父母为辅	−0.219	0.109	0.376
		父母为主祖辈为辅	−0.310*	0.108	0.048
		完全父母	−0.218	0.109	0.381
	祖辈为主父母为辅	其他	0.067	0.064	0.969
		完全祖辈	0.219	0.109	0.376
		父母为主祖辈为辅	−0.091*	0.020	0.000
		完全父母	0.001	0.023	1.000
	父母为主祖辈为辅	其他	0.158	0.063	0.115
		完全祖辈	**0.310***	0.108	0.048
		祖辈为主父母为辅	**0.091***	0.020	0.000
		完全父母	**0.092***	0.018	0.001
	完全父母	其他	0.066	0.064	0.972
		完全祖辈	0.218	0.109	0.381
		祖辈为主父母为辅	−0.001	0.023	1.000
		父母为主祖辈为辅	−0.092*	0.018	0.001
效能感	其他	完全祖辈	0.072	0.108	0.999
		祖辈为主父母为辅	0.087	0.059	0.773
		父母为主祖辈为辅	−0.023	0.058	1.000
		完全父母	−0.030	0.059	1.000
	完全祖辈	其他	−0.072	0.108	0.999
		祖辈为主父母为辅	0.015	0.093	1.000
		父母为主祖辈为辅	−0.094	0.092	0.972
		完全父母	−0.102	0.093	0.957

续表

因变量			平均值差值(I-J)	标准误差	显著性
	I	J			
效能感	祖辈为主父母为辅	其他	−0.087	0.059	0.773
		完全祖辈	−0.015	0.093	1.000
		父母为主祖辈为辅	−0.110*	0.017	0.000
		完全父母	−0.117*	0.020	0.000
	父母为主祖辈为辅	其他	0.023	0.058	1.000
		完全祖辈	0.094	0.092	0.972
		祖辈为主父母为辅	**0.110***	0.017	0.000
		完全父母	−0.007	0.016	1.000
	完全父母	其他	0.030	0.059	1.000
		完全祖辈	0.102	0.093	0.957
		祖辈为主父母为辅	**0.117***	0.020	0.000
		父母为主祖辈为辅	0.007	0.016	1.000
养育效能感	其他	完全祖辈	0.114	0.063	0.523
		祖辈为主父母为辅	0.005	0.039	1.000
		父母为主祖辈为辅	−0.094	0.039	0.141
		完全父母	−0.049	0.039	0.906
	完全祖辈	其他	−0.114	0.063	0.523
		祖辈为主父母为辅	−0.109	0.052	0.308
		父母为主祖辈为辅	−0.209*	0.051	0.001
		完全父母	−0.163*	0.051	0.019
	祖辈为主父母为辅	其他	−0.005	0.039	1.000
		完全祖辈	0.109	0.052	0.308
		父母为主祖辈为辅	−0.100*	0.012	0.000
		完全父母	−0.054*	0.013	0.001
	父母为主祖辈为辅	其他	0.094	0.039	0.141
		完全祖辈	**0.209***	0.051	0.001
		祖辈为主父母为辅	**0.100***	0.012	0.000
		完全父母	**0.045***	0.011	0.001
	完全父母	其他	0.049	0.039	0.906
		完全祖辈	**0.163***	0.051	0.019
		祖辈为主父母为辅	**0.054***	0.013	0.001
		父母为主祖辈为辅	−0.045*	0.011	0.001

5. 孩子数量对学前儿童父母养育效能感的影响：养育1个孩子的父母的养育效能感最高

养育子女的数量对学前儿童父母养育效能感的影响见表5-20。从表中内容可知，养育子女的数量显著影响学前儿童父母的养育效能感，养育孩子的数量不同，父母体验到的满足感显著不同，整体的养育效能感差异也显著，养育1个孩子的父母的满足感和整体养育效能感都是最高的。但是，在效能感维度，孩子数量的影响不显著，即无论养育几个孩子，父母的效能感没有显著差异。具体的组间差异检验结果见表5-21。从表5-21可知，养育1个孩子的父母的满足感和整体养育效能感显著高于养育2个及以上孩子的父母，养育2个孩子的父母的满足感和整体养育效能感显著高于养育3个及以上孩子的父母。

表 5-20 孩子数量影响学前儿童父母养育效能感的方差分析表

		平均值	标准差	F	显著性
满足感	1个	**3.70**	0.912	65.809	0.000
	2个	3.55	0.964		
	3个及以上	3.39	0.973		
效能感	1个	4.08	0.780	0.681	0.506
	2个	4.09	0.829		
	3个及以上	4.11	0.872		
养育效能感	1个	**3.88**	0.560	44.422	0.000
	2个	3.80	0.559		
	3个及以上	3.73	0.533		

表 5-21 孩子数量影响学前儿童父母养育效能感的多重比较表

因变量			平均值差值 (I-J)	标准误差	显著性
	I	J			
满足感	1个	2个	**0.156***	0.015	0.000
		3个及以上	**0.312***	0.049	0.000
	2个	1个	−0.156*	0.015	0.000
		3个及以上	**0.155***	0.050	0.005
	3个及以上	1个	−0.312*	0.049	0.000
		2个	−0.155*	0.050	0.005

续表

因变量		平均值差值（I-J）	标准误差	显著性
I	J			
效能感	1个	2个	−0.013	0.013	0.683
		3个及以上	−0.032	0.044	0.856
	2个	1个	0.013	0.013	0.683
		3个及以上	−0.019	0.044	0.965
	3个及以上	1个	0.032	0.044	0.856
		2个	0.019	0.044	0.965
养育效能感	1个	2个	**0.077***	0.009	0.000
		3个及以上	**0.150***	0.027	0.000
	2个	1个	−0.077*	0.009	0.000
		3个及以上	**0.074***	0.027	0.021
	3个及以上	1个	−0.150*	0.027	0.000
		2个	−0.074*	0.027	0.021

6. 父母受教育水平对学前儿童父母养育效能感的影响：受教育水平越高养育效能感越高

学前儿童父母的受教育水平对养育效能感的影响见表5-22和表5-23。从两个表格中的内容可知，父亲和母亲的受教育水平显著影响学前儿童父母的满足感和整体养育效能感，对效能感的影响则不显著。父母受教育水平对满足感和整体养育效能感的影响是正向的，呈线性趋势。组间差异的多重比较分析发现，父母的受教育水平每上升一个等级，满足感和整体养育效能感的提高都达到显著水平。

表5-22 父亲受教育水平影响学前儿童父母养育效能感的方差分析表

	父亲	平均值	标准差	F	显著性
满足感	初中及以下	**3.33**	1.001	105.311	0.000
	中等职业/技术/师范学校	3.51	0.938		
	普通高中	3.54	0.928		
	大专	3.65	0.910		
	本科	3.77	0.902		
	硕士及以上	**3.93**	0.891		

续表

	父亲	平均值	标准差	F	显著性
效能感	初中及以下	**4.11**	0.893	1.150	0.331
	中等职业/技术/师范学校	4.07	0.822		
	普通高中	4.06	0.828		
	大专	4.08	0.783		
	本科	4.08	0.773		
	硕士及以上	4.09	0.733		
养育效能感	初中及以下	**3.70**	0.508	78.325	0.000
	中等职业/技术/师范学校	3.77	0.542		
	普通高中	3.79	0.527		
	大专	3.85	0.558		
	本科	3.92	0.582		
	硕士及以上	**4.01**	0.596		

表5-23 母亲受教育水平影响学前儿童父母养育效能感的方差分析表

	母亲	平均值	标准差	F	显著性
满足感	初中及以下	**3.33**	1.008	118.805	0.000
	中等职业/技术/师范学校	3.52	0.941		
	普通高中	3.55	0.905		
	大专	3.66	0.895		
	本科	3.79	0.894		
	硕士及以上	**3.92**	0.925		
效能感	初中及以下	**4.10**	0.905	0.986	0.425
	中等职业/技术/师范学校	4.06	0.838		
	普通高中	4.08	0.797		
	大专	4.07	0.775		
	本科	4.09	0.759		
	硕士及以上	4.09	0.742		
养育效能感	初中及以下	3.69	0.501	94.293	0.000
	中等职业/技术/师范学校	3.77	0.533		
	普通高中	3.80	0.549		
	大专	3.85	0.553		
	本科	**3.94**	0.585		
	硕士及以上	4.00	0.619		

（三）学前儿童父母亲职压力与养育效能感显著负相关

学前儿童父母亲职压力与养育效能感之间的相关分析结果见表5-24。从表中内容可知,亲职压力与养育效能感显著负相关,但是,亲子互动失调维度与效能感维度显著正相关。

表5-24 学前儿童父母亲职压力与养育效能感的相关矩阵($N=16\ 058$)

	亲职愁苦	亲子冲突	困难儿童	亲职压力	满足感	效能感	养育效能感
亲职愁苦	1						
亲子冲突	0.628**	1					
困难儿童	0.616**	0.737**	1				
亲职压力	0.865**	0.887**	0.885**	1			
满足感	−0.623**	−0.590**	−0.639**	−0.703**	1		
效能感	0.003	**0.018***	0.003	0.008	**−0.210****	1	
养育效能感	−0.553**	−0.514**	−0.568**	−0.621**	0.749**	0.490**	1

（四）学前儿童父母的亲职压力可分为4个潜在类型

把亲职愁苦、亲子冲突、困难儿童作为亲职压力的观察变量,建立潜在剖面模型,对亲职压力进行潜在剖面分析的模型拟合性估计。依次抽取2~5个类型的模型拟合指数汇总详见表5-25。由表5-25可知,亲职压力的潜在剖面分析中,有3个模型的Entropy值超过了建议值0.8,随抽取类型数的增加,AIC、BIC和aBIC的值持续下降。4类型模型的Entropy值虽然小于5类型模型,但在4类型模型中,父母(行)归属于每个潜在类型的平均概率(列)分别为0.91、0.90、0.96和0.87,优于5类型模型(0.87、0.88、0.92、0.98、0.92)。综合拟合指标信息,选择4类型模型为最佳模型。亲职压力4类型模型的估计条件均值详见图5-1。

表5-25 亲职压力潜在剖面分析拟合信息汇总表

Model		AIC	BIC	aBIC	aLRT(p)	BLRT(p)	Entropy
亲职压力	2类	105 045.434	105 122.274	105 090.494	<0.001	<0.001	0.762
	3类	97 066.090	97 173.665	97 129.174	<0.001	<0.001	0.825
	4类	93 495.702	93 634.013	93 576.810	<0.001	<0.001	0.815
	5类	91 952.951	92 121.998	92 052.083	<0.001	<0.001	0.847

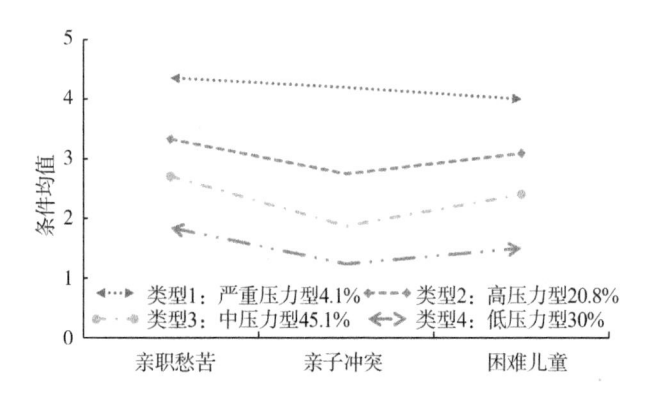

图 5-1 亲职压力 4 个潜在类型的估计条件均值图

由图 5-1 可知,4 个潜在类型在亲职愁苦、亲子冲突、困难儿童 3 个维度上的条件均值差别明显。类型 1 在 3 个维度上的条件均值是 4 个类型中最高的,介于 4～4.5 之间,根据得分特征,把类型 1 命名为严重压力型,有 660 名调查对象属于此类型,比例为 4.1%。类型 2 介于 3～3.5 之间,条件均值变化趋势是亲职愁苦和困难儿童高于亲子互动失调,根据得分特征,把类型 2 命名为高压力型,有 3 347 名调查对象属于这一类型,比例为 20.8%。类型 3 和类型 4 的条件均值变化趋势与类型 2 相似,类型 3 的条件均值介于 2～3 之间,类型 4 的条件均值介于 1～2 之间。将类型 3 定义为中压力型,有 7 234 名调查对象属于这一类型,比例为 45.1%;类型 4 定义为低压力型,有 4 817 名调查对象属于这一类型,比例为 30.0%。

(五)学前儿童父母的养育效能感可分为 4 个潜在类型

把满足感和效能感作为养育效能感的观察变量,建立潜在剖面模型,对养育效能感进行潜在剖面分析的模型拟合性估计。依次抽取 2～5 个类型的模型拟合指数汇总详见表 5-26。由表 5-26 可知,养育效能感的潜在剖面分析中,有 4 个模型的 Entropy 值超过了建议值 0.8,随抽取类型数的增加,AIC、BIC 和 aBIC 的值持续下降。4 类型模型的 Entropy 值大于 5 类型模型。综合拟合指标信息,选择 4 类型模型为最佳模型,养育效能感 4 类型模型的估计条件均值详见图 5-2。

表 5-26 养育效能感潜在剖面分析拟合信息汇总表

	Model	AIC	BIC	aBIC	aLRT(p)	BLRT(p)	Entropy
养育效能感	2 类	80 178.039	80 231.826	80 209.581	<0.001	<0.001	0.937
	3 类	78 481.066	78 557.905	78 526.126	<0.001	<0.001	0.953
	4 类	77 144.837	77 244.729	77 203.416	<0.001	<0.001	0.836
	5 类	76 866.785	76 989.728	76 938.882	<0.001	<0.001	0.809

第五章　学前儿童父母亲职压力的潜在分类与影响因素研究

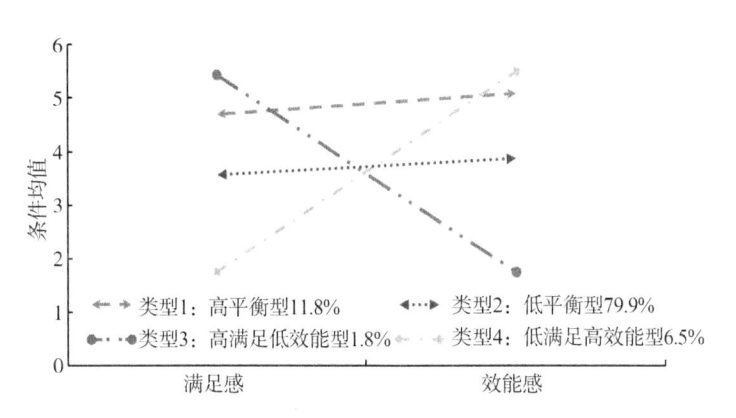

图 5-2　养育效能感 4 个潜在类型的估计条件均值图

由图 5-2 可知,养育效能感的 4 个潜在类型在满足感和效能感两个维度上的条件均值差别明显。类型 1 的条件均值位居 4 个类型中的第二高,而且两个维度的条件均值比较相近,介于 4～5 之间,根据得分特征,把类型 1 命名为高平衡型,有 1 891 名调查对象属于此类型,比例为 11.8%。类型 2 的条件均值变化趋势与类型 1 相似,但水平明显低于类型 1,介于 3～4 之间,因此把类型 2 命名为低平衡型,有 12 827 名调查对象属于此类型,比例为 79.9%。类型 3 在满足感维度上的条件均值是 4 个类型中最高的,但在效能感维度上的条件均值是 4 个类型中最低的,因此把类型 3 定义为高满足低效能型,有 297 名调查对象属于此类型,比例为 1.8%。类型 4 在满足感维度上的条件均值是 4 个类型中最低的,但在效能感维度上的条件均值是 4 个类型中最高的,因此把类型 4 定义为低满足高效能型,有 1 043 名调查对象属于此类型,比例为 6.5%。

(六) 学前儿童父母亲职压力和养育效能感的潜在类型间差异显著

为检验学前儿童父母亲职压力和养育效能感潜在分类是否具备显著的异质性,分别进行亲职压力 4 个潜在类型间、养育效能感 4 个潜在类型间的维度均值比较,结果详见表 5-27。由表 5-27 可知,亲职压力的 4 个潜在类型间、养育效能感的 4 个潜在类型间均存在显著均值差异,说明潜在剖面分析能够区分和甄别学前儿童父母在亲职压力和养育效能感上的群体内差异,潜在分类有效。

亲职压力的 4 个潜在类型在亲职愁苦、亲子冲突、困难儿童 3 个维度上的均值差异都达到显著水平,但是 3 个维度的得分变化趋势比较一致,说明学前儿童父母在亲职压力的水平上存在显著的群体内差异,但在亲职压力的结构形态上不存在明显的群体内差异。养育效能感的 4 个潜在类型在满足感和效能感两个维度上的均值差异都达到显著水平,而且它们的得分变化趋势也相差很多,说明学前儿童父母在养育效能感的水平和结构形态上均存在显著的群体内差异。

表5-27 亲职压力潜在类型间、养育效能感潜在类型间维度均值比较统计表

		亲职愁苦	亲子冲突	困难儿童
亲职压力	低压力型(a1)	1.84±0.625	1.23±0.186	1.49±0.384
	中压力型(b1)	2.70±0.671	1.87±0.332	2.41±0.464
	高压力型(c1)	3.32±0.627	2.75±0.357	3.09±0.480
	严重压力型(d1)	4.35±0.599	4.19±0.489	4.00±0.506
	F值	5 251.890***	27 591.220***	12 033.715***
	多重比较(邓尼特T3)	a1<b1<c1<d1	a1<b1<c1<d1	a1<b1<c1<d1
		满足感	效能感	
养育效能感	低平衡型(a2)	3.57±0.704	3.88±0.538	
	高平衡型(b2)	4.69±0.581	5.08±0.435	
	高满足低效能型(c2)	5.43±0.556	1.75±0.557	
	低满足高效能型(d2)	1.76±0.637	5.49±0.464	
	F值	4 832.140***	7 411.998***	
	多重比较(邓尼特T3)	d2<a2<b2<c2	c2<a2<b2<d2	

(七)学前儿童父母亲职压力的潜在分类受多种因素影响

为探析养育效能感的潜在类型、父母因素、儿童因素、家庭因素对亲职压力潜在分类的影响,以亲职压力潜在分类为因变量,以养育效能感的潜在类型、父母年龄、亲职角色、父亲受教育水平、母亲受教育水平、孩子数量、居住地区、家庭结构、育儿方式为自变量进行多元Logistic回归分析。回归模型有统计学意义($\chi^2=4\,944.712, p<0.001$),但是似然比检验发现父母年龄、亲职角色、父亲受教育水平的影响不显著。删除不显著的自变量再次进行回归分析,结果见表5-28,回归模型有统计学意义,似然比检验显示各个自变量的影响均显著,表示养育效能感的潜在类型、母亲受教育水平、居住地区、孩子数量、家庭结构、育儿方式对学前儿童父母亲职压力的潜在分类有显著影响。

在亲职压力潜在分类的回归分析中,选择中压力型为比较类型。低压力型与中压力型相比较,城市父母属于低压力型的概率大于乡村父母。养育效能感是低平衡型、高平衡型和高满足低效能型的父母属于低压力型的概率均大于低满足高效能型的父母。母亲受教育水平为硕士及以上的父母属于低压力型的概

率大于母亲受教育水平为初中及以下、中等职业/技术/师范学校以及高中的父母。

高压力型与中压力型相比较，有1个孩子的父母属于高压力型的概率大于有3个及以上孩子的父母。单亲家庭的父母属于高压力型的概率大于双亲家庭的父母。育儿方式是"完全祖辈""祖辈为主父母为辅"的父母属于高压力型的概率大于自己养育孩子的父母。养育效能感是低满足高效能型的父母属于高压力型的概率大于低平衡型、高平衡型和高满足低效能型的父母。母亲受教育水平是初中及以下的父母属于高压力型的概率大于母亲受教育水平为硕士及以上的父母。

严重压力型与中压力型相比较，乡村父母属于严重压力型的概率大于城市父母。单亲家庭的父母属于严重压力型的概率大于双亲家庭的父母。育儿方式是"其他方式""完全祖辈""祖辈为主父母为辅"的父母属于严重压力型的概率均大于自己养育孩子的父母。养育效能感是低满足高效能型的父母属于严重压力型的概率大于低平衡型、高平衡型和高满足低效能型的父母。

表5-28 亲职压力潜在分类的Logistic回归分析摘要表

	亲职压力(χ^2=4 939.022, $p<0.001$)					
	低压力型		高压力型		严重压力型	
	B	OR	B	OR	B	OR
①城市	0.11*	1.12	.	.	−0.27**	0.76
孩子数量①	.	.	−0.38**	0.68		
孩子数量②						
家庭结构①	.	.	.	.	.	.
家庭结构②	.	.	0.25*	1.28	0.47*	1.60
育儿方式①					1.05***	2.87
育儿方式②	.	.	0.70**	2.01	1.47***	2.66
育儿方式③			0.18*	1.20	0.40***	1.50
育儿方式④			.	.	.	.
养育效能感①	0.34**	1.41	−0.79***	0.46	−3.61***	0.03
养育效能感②	2.42***	11.23	−2.83***	0.06	−5.61***	0.01
养育效能感③	1.86***	6.45	−1.85***	0.16	−5.11***	0.01
母亲教育①	−0.62***	0.54	0.45**	1.57	.	.

续表

	亲职压力($\chi^2=4\,939.022, p<0.001$)					
	低压力型		高压力型		严重压力型	
	B	OR	B	OR	B	OR
母亲教育②	−0.52***	0.56	.	.	.	.
母亲教育③	−0.48***	0.62	.	.	.	.
母亲教育④						
母亲教育⑤						

注:家庭居住地变量包括①城市②乡村2个水平,以②乡村为参照水平;孩子数量变量包括①3个及以上②2个③1个3个水平,以水平③为参照水平;家庭结构变量包括①再婚或其他结构②单亲家庭③双亲家庭3个水平,以水平③为参照水平;育儿方式变量包括①其他方式②完全祖辈③祖辈为主父母为辅④父母为主祖辈为辅⑤完全父母5个水平,以水平⑤参照水平;养育效能感变量包括①低平衡型②高平衡型③高满足低效能型④低满足高效能型4个水平,以水平④为参照水平;母亲受教育水平变量包括①初中及以下②中等职业/技术/师范学校③高中④大专⑤本科⑥硕士及以上6个水平,以水平⑥为参照水平。不显著的偏回归系数和OR值以".""代替。

四、研究结果分析

(一) 学前儿童父母亲职压力和养育效能感的一般状况

本研究中,亲职压力量表的项目均值是2.31,低于阳性临界值3,说明学前儿童父母亲职压力的平均水平没有达到阳性水平。亲职愁苦、亲子冲突、困难儿童3类亲职压力的排序是亲职愁苦压力最大、亲子冲突压力最小,困难儿童压力居中,这与婴幼儿父母的亲职压力结构特征相似[1],这说明适应和胜任父母角色是年轻父母在育儿过程中要应对的首要挑战。养育效能感量表的项目均值是3.84,效能感维度均值高于满足感维度均值,说明学前儿童父母的养育效能感总体表现为中等水平,他们从育儿中获得的满足感低于他们的效能感。

本研究中,学前儿童父母的亲职压力与养育效能感显著负相关,这与已有研究结果相一致[2][3],说明养育效能感作为父母在育儿领域的自我效能感,是帮助父母缓解育儿压力的一项保护性因素。维度之间的相关分析发现,亲职愁苦、亲

---

[1] 洪秀敏,朱文婷,赵思婕.青年父母婴幼儿照护支持与养育压力研究——基于全国13个城市的调研数据[J].中国青年社会科学,2020,39(2):106-114.

[2] 洪秀敏,刘倩倩.父母养育压力的类型及其影响因素——基于一孩父母和两孩父母的潜在剖面分析[J].中国临床心理学杂志,2020,28(4):766-772.

[3] Raikes H A, Thompson R A. Efficacy and social support as predictors of parenting stress among families in poverty[J]. Infant Mental Health Journal, 2005, 26(3):177-190.

子冲突和困难儿童3个维度与满足感维度均显著负相关,但是亲子冲突维度与效能感维度显著正相关。这些相关结果说明,学前儿童父母的养育效能感之所以能缓解亲职压力,主要依靠的是在育儿过程中获得的满足感,而父母的效能感并非越高越好,因为偏离科学育儿理念和教养方式的效能感会阻碍儿童的发展、破坏亲子关系。

班杜拉(A. Bandura)认为效能感低会导致缺乏持续性、抑郁、自责,从而引起角色满足感下降[1]。但本研究中,学前儿童父母的效能感与满足感却显著负相关。进一步的潜在剖面分析发现,91.7%的学前儿童父母的效能感与满足感正相关,只有8.3%的学前儿童父母的效能感与满足感负相关。效能感与满足感负相关可能是因为,这些父母对自己育儿能力的自信是成人本位的,是基于自己的感受和想法,而不是基于对孩子发展特点、需求和个性的了解和尊重。这种效能感驱动的养育行为不仅不能满足孩子的心理发展需求,甚至会压抑孩子的心理发展,催生孩子的问题行为,这种成人本位的效能感越强,亲子间的冲突就越多,父母能够从育儿中获得的满足感就越少。现实中,许多家庭教育悲剧的发生,就是因为父母采用的是成人本位的、自认为对孩子好的教育方式,而不是孩子发展需要的、适合孩子的教育方式。这一研究结果提示我们,对学前儿童父母的养育效能感进行潜在剖面分析是很有必要的。

(二)学前儿童父母亲职压力和养育效能感的潜在类型特征

本研究通过潜在剖面分析发现,学前儿童父母在亲职压力和养育效能感上均存在显著的群体内差异。根据亲职压力的差异,学前儿童父母可分为低压力型父母(30%)、中压力型父母(45.1%)、高压力型父母(20.8%)和严重压力型父母(4.1%)4个类型。潜在剖面分析结果说明,虽然学前儿童父母亲职压力的平均水平没有达到阳性水平,但群体内部存在显著的差异,有近半数的父母承受着中等强度的育儿压力、近三分之一的父母承受着高强度的育儿压力。有研究也发现类似的结果:28%的学龄前儿童父母处于高亲职压力水平[2]。爱护孩子是父母的本能,但教育孩子是科学和艺术,需要高于本能的理智和情感投入。对父母而言,养育孩子的过程是一段充满期待和压力的人生历程,在这段历程中,很多父母都需要外部的指导和支持。

---

[1] 杨玉凤.儿童发育行为心理评定量表[M].北京:人民卫生出版社,2016:539-541.
[2] 陈羽双,周乐山.学龄前儿童家长亲职压力的现状及其影响因素[J].解放军护理杂志,2018,35(2):34-38.

根据养育效能感的差异,学前儿童父母可分为低平衡型父母(79.9%)、高平衡型父母(11.8%)、高满足低效能型父母(1.8%)和低满足高效能型父母(6.5%)4个类型。79.9%的学前儿童父母的养育效能感都比较低,表示学前儿童家庭对家庭教育指导服务的需求很普遍,相关职能部门和机构进行家庭教育指导非常有必要。虽然只有8.3%的学前儿童父母的效能感与满足感是反向关系,但它们的反向程度很严重,说明这8.3%的学前儿童父母在育儿过程中正被严重的冲突困扰着,特别需要能够帮助他们调整养育心态和养育方式的家庭教育指导服务。

(三)学前儿童父母亲职压力潜在分类的影响因素

本研究中,单因素方差分析发现,亲职角色、城乡、家庭结构、育儿方式、父母受教育水平因素显著影响学前儿童父母的亲职压力。多元 Logistic 回归分析发现,养育效能感的潜在类型、母亲的受教育水平、孩子数量、居住地区、家庭结构、育儿方式显著地影响学前儿童父母亲职压力的潜在分类。整体而言,城市父母的亲职压力低于乡村父母,这与已有研究结果一致[①]。这一差异可能缘于以下两点,一是城市父母的知识水平、收入水平整体高于乡村父母,提高了城市父母的育儿能力;二是城市的托育和早期教育服务帮助城市父母分担了一部分育儿压力。

与以往研究结果不同[②],本研究发现,在综合考虑家庭结构、育儿方式、父母的养育效能感和受教育水平等因素的影响下,孩子数量并不能正向预测亲职压力。在高压力型与中压力型的比较中,有3个及以上孩子的父母的亲职压力小于有1个孩子的父母,这可能因为这些父母是先具备了充足的育儿条件才选择养育多个孩子,也可能是其丰富的育儿经验缓解了亲职压力。这个研究结果说明,孩子数量增多并不必然伴随亲职压力增加。本研究还发现,单亲父母的亲职压力高于双亲父母,这一差异可能是因为单亲父母承担的亲职角色比双亲父母多。

本研究发现,祖辈参与养育对学前儿童父母亲职压力的影响与参与程度有很大关系,祖辈的过度参与会增加父辈的亲职压力。这可能是因为祖辈参与养育活动,虽然能减轻父辈育儿的生活负担,但是也会引发新的家庭问题。这些新

[①②] 洪秀敏,朱文婷,赵思婕.青年父母婴幼儿照护支持与养育压力研究——基于全国13个城市的调研数据[J].中国青年社会科学,2020,39(2):106-114.

问题会增加父辈的亲职压力,研究发现,祖辈的介入会影响积极亲子关系的建立[①]。

本研究发现,学前儿童父母的养育效能感之所以能够缓解亲职压力,主要得益于满足感的积极作用。效能感与满足感越一致、水平越高,养育效能感对亲职压力的缓解作用越大。但是,如果父母的效能感是成人本位的,反而会增加亲子冲突,减少满足感,加重亲职压力。本研究中,学前儿童母亲的受教育水平负向预测亲职压力,支持此前认为受教育程度能缓解学前儿童父母亲职压力的研究[②][③]。母亲受教育程度能缓解亲职压力的原因,可能是母亲受教育程度越高,她们的育儿知识越丰富,越有能力应对育儿过程中的各种问题,因此感受到的压力越小。另外,母亲受教育程度越高,可能越了解孩子成长的特点,因此能为孩子的成长创造适宜的条件,使得孩子的成长更顺利,从而收获更多的育儿满足感。

五、教育建议

本研究对缓解学前儿童父母的亲职压力,精确进行家庭教育指导以促进学前儿童家庭教育质量,促进学前儿童的健康发展有以下三点启示和建议。

(一)亲职压力成为社会问题,要重视年经父母的亲职压力缓解工作

本研究发现,70%的学前儿童父母承受着不同程度的亲职压力困扰,说明亲职压力已然是一个不容忽视的社会问题,而非个人问题了。年轻父母中,乡村年轻父母、单亲年轻父母、受教育程度较低的年轻父母、主要依靠祖辈教养孙辈的年轻父母的亲职压力更大。高水平的亲职压力伤害父母健康、危害儿童发展、降低生育意愿。国家、社会、教育机关以及其他相关职能部门,应把缓解年轻父母特别是相对弱势的年轻父母,如乡村父母、单亲父母、受教育程度较低的父母的亲职压力列入工作清单。

(二)分类型缓解学前儿童父母的亲职压力,提升科学的养育效能感

年轻父母在亲职压力和养育效能感上都存在显著的群体内差异。了解年轻

---

① 贾守梅.学龄前儿童攻击性行为的家庭系统研究[D].上海:复旦大学,2013:3.
② 李彩娜,邹泓,段冬梅.幼儿母亲育儿压力的特点及其与婚姻质量的关系[J].中国心理卫生杂志,2005(2):136-138.
③ 吴靖宇,周佩琪,刘丽伟.0~3岁婴幼儿家长养育压力及其影响因素研究[J].早期儿童发展,2022(2):44-59.

父母亲职压力的类型特征,有的放矢地提供缓解压力的支持水平和策略、因势利导地实施家庭教育指导,能更加有效地缓解不同类型年轻父母的亲职压力,提升他们的育儿幸福感、促进他们的家庭教育水平。现实中,有一些年轻父母的育儿理念和方法偏离科学的育儿要求,基于偏误理念和方法上的养育效能感不仅不能缓解亲职压力,反而会雪上加霜。研究也发现,年轻父母受教育水平越高,一般亲职压力也越小,说明了育儿知识缓解亲职压力的作用。因此,多渠道、多途径开展育儿知识、家庭教育知识的科普宣传,定期对年轻父母进行科学育儿的培训和指导,帮助他们发展儿童本位的养育效能感,帮助他们缓解亲职压力,提高家庭教育水平。

(三) 倡导祖辈以适宜的方式参与孙辈的教养,缓解父辈的亲职压力

在节奏快、压力大的现代社会,许多年轻父母在育儿过程中需要祖辈的帮助,但祖辈帮助年轻父母分担教养活动需要采取适宜的参与方式,祖辈和父辈要各展所长共同承担孙辈的教养活动。根据本研究的调查结果,"父母为主祖辈为辅"是比较适宜的参与方式。年轻父母承担主要的养育职责,理解和扮演温柔又坚定的父母角色,学习并实践科学的教养方式,通过尊重和无条件的爱培养良好的亲子关系。祖辈可以根据自身条件,通过生活照料、经验分享、解决家庭问题等方式协助年轻父母做好养育工作。

六、研究结论

本研究对 16 508 名学前儿童父母进行亲职压力和养育效能感的问卷调查,对调查数据进行潜在剖面分析以探析学前儿童父母的亲职压力、养育效能感的潜在分类,并通过多元 Logistic 回归分析,探索了养育效能感的潜在类型、亲职角色、父母受教育水平、孩子数量等因素对亲职压力潜在分类的影响。本研究得出以下结论:(1)学前儿童父母的亲职压力与养育效能感显著负相关,但亲子冲突维度与效能感维度显著正相关。(2)学前儿童父母在亲职压力和养育效能感上都存在显著的群体内差异,亲职压力可分为低压力型(30.0%)、中压力型(45.1%)、高压力型(20.8%)和严重压力型(4.1%)4 个潜在类型,养育效能感可分为低平衡型(79.9%)、高平衡型(11.8%)、高满足低效能型(1.8%)和低满足高效能型(6.5%)4 个潜在类型。(3)养育效能感的潜在类型、母亲的受教育水平、居住地区、家庭结构、孩子数量、育儿方式对学前儿童父母亲职压力的潜在分类有显著影响。

第六章

家庭功能、亲职效能感对学前儿童父母亲职压力的影响研究

一、问题提出

亲职压力是父母在承担抚养、照顾、陪伴和教育子女的责任时,因个人特质、子女特质、家庭情境等因素的影响,产生的诸如忧虑、不安、担心等消极体验[1]。较高的亲职压力不仅直接损害父母的身心健康、夫妻关系,还消极化父母对孩子的态度、教养行为,破坏亲子关系[2][3][4][5][6],给儿童的语言、社会性、情感等方面的

---

[1] Abidin R. Parenting stress index-professional manual[M]. 3rd ed. Lutz, FL: Psychological Assessment Resource, 1995:53-55.

[2] Hildingsson I, Haines H, Johansson M, et al. Childbirth fear in Swedish fathers is associated with parental stress as well as poor physical and mental health[J]. Midwifery, 2014, 30(2):248-254.

[3] Huang C Y, Costeines J, Ayala C, et al. Parenting stress, social support, and depression for ethnic minority adolescent mothers: Impact on child development[J]. Journal of Child and Family Studies, 2014, 23(2):255-262.

[4] Jackson A P, Huang C C. Parenting stress and behavior among single mothers of preschoolers: The mediating role of self-efficacy[J]. Journal of Social Service Research, 2000, 26(4):29-42.

[5] 关文军,颜廷睿,邓猛.残疾儿童家长亲职压力的特点及其与生活质量的关系:社会支持的中介作用[J].心理发展与教育,2015,31(4):411-419.

[6] 钱小芳,苏晓娟,刘桂华,等.极低出生体质量早产儿母亲心理状态与亲职压力的相关性分析[J].护理管理杂志,2018,18(2):85-88.

发展造成即时的或长期的阻碍[1][2][3]，而且还会降低父母的生育意愿和未来生育更多孩子的可能性[4][5][6][7]。因此，缓解年轻父母的亲职压力既是提升家庭生活质量、促进家庭教育发展的需要，又有助于提升生育率。已有研究或从个人因素视角[8]，或从子女因素视角[9][10]，或从家庭情境或社会支持视角[11][12]探讨亲职压力的影响因素并提出相应的压力缓解建议，但尚未有研究基于家庭系统视角，综合考察家庭因素、个人因素、子女因素对亲职压力的影响及作用机制。基于此，本研究旨在探析家庭因素、个人因素、子女因素对学前儿童父母亲职压力的联合影响及作用机制，据此提出缓解学前儿童父母亲职压力的措施建议，积累从家庭内部提高家庭幸福感、家庭教育质量和生育率的经验。

布朗芬布伦纳（Urie Bronfenbrenner）提出的生态系统理论认为，个体的发展是个体与环境系统的复合函数，个体嵌套在由一系列相互影响的系统组成的生态系统中，个体在发展过程中与生态系统发生着千丝万缕的联系与互动，这些系统以各种方式和途径影响着个体的认知、感受和行为。其中，最里层的微观系

---

[1] Noel M, Peterson C, Jesso B. The relationship of parenting stress and child temperament to language development among economically disadvantaged preschoolers[J]. Journal of Child Language, 2008, 35(4):823-843.

[2] Carapito E, Ribeiro M T, Pereira A I, et al. Parenting stress and preschoolers' socio-emotional adjustment: The mediating role of parenting styles in parent-child dyads[J]. Journal of Family Studies, 2018(1):1-17.

[3] 陈羽双,周乐山.学龄前儿童家长亲职压力的现状及其影响因素[J].解放军护理杂志,2018,35(2):34-38.

[4] Margolis R, Myrskyla M. Parental well-being surrounding first birth as a determinant of further parity progression[J]. Demography, 2015, 52(4):1147-1166.

[5] Luppi F. When is the second one coming? The effect of couple's subjective well-being following the onset of parenthood[J]. European Journal of Population, 2016, 32(3):1-24.

[6] Luppi F, Mencarini L. Parents' subjective well-being after their first child and declining fertility expectations[J]. Demographic Research, 2018, 39(9):285-314.

[7] 高玉春.推拉模型视角下的生育意愿影响因素研究[J].中国青年研究,2022(3):15-21.

[8] Finzi-Dottan R, Triwitz Y S, Golubchik P. Predictors of stress-related growth in parents of children with ADHD[J]. Research in Developmental Disabilities, 2011,32(2):510-519.

[9] Mcstay R L, Dissanayake C, Scheeren A, et al. Parenting stress and autism: The role of age, autism severity, quality of life and problem behaviour of children and adolescents with autism[J]. Autism the International Journal of Research & Practice, 2014,18(5):502-510.

[10] 黄赛君,俞红,刘珂,等.不同类型抽动障碍儿童父母亲职压力水平分析[J].中国儿童保健杂志,2018,26(2):202-205.

[11] Wiener J, Biondic D, Grimbos T, et al. Parenting stress of parents of adolescents with attention-deficit hyperactivity disorder[J]. Journal of Abnormal Child Psychology,2016,44(3):561-574.

[12] 张焱,钟永碧.孤独症谱系障碍儿童父亲亲职压力现状及影响因素研究[J].中国特殊教育,2015(4),38-44.

统对个体的影响最深远,往往在潜移默化中形塑个体的行为方式、价值观念和人际关系模式[①]。对大多数人来说,家庭是最重要的微观系统。家庭的基本功能就是为家庭成员的健康发展提供一定的物质和心理环境条件。家庭功能是一个包含多种家庭因素的综合变量,被认为是家庭规则、家庭沟通、家庭氛围以及家庭应对外部事件有效性的体现[②]。家庭功能的实现水平越高,家庭成员的身心健康状况就越好,若家庭功能失调,家庭成员易出现各种心理和行为问题[③][④]。据此,本研究提出研究假设 1。

研究假设 1:家庭功能影响学前儿童父母的亲职压力,家庭功能失调越严重,亲职压力越大。

父母对自身的教养能力或成功影响子女发展能力的自信程度,被称为亲职效能感[⑤]。研究发现,亲职效能感与亲职压力是负相关关系[⑥][⑦][⑧],高亲职效能感的父母往往能更积极地应对教养过程中的挑战[⑨],缓解亲职压力[⑩][⑪][⑫]。在家庭系统中,家庭功能同样会影响父母养育孩子的信心和胜任感,生活稳定、成员关系融洽、情感氛围积极的家庭中的父母,一般比较有信心胜任亲职角色。如研究

---

① 卓彩琴.生态系统理论在社会工作领域的发展脉络及展望[J].江海学刊,2013(3):113-119.

② Olson D H. Circumplex model of marital and family systems[J]. Journal of Family Therapy, 2000,22(2):144-167.

③ Miller I W, Ryan C E, Keitner G I, et al. The McMaster approach to families: Theory, assessment, treatment and research[J]. Journal of Family Therapy, 2010, 22(2):168-189.

④ Skinner H, Steinhauer P, Sitarenios G. Family assessment measure(FAM) and process model of family functioning[J]. Journal of Family Therapy, 2010, 22(2):190-210.

⑤ Halberstadt A G, Cassidy J, Stifter C A, et al. Self-expressiveness within the family context: Psychometric support for a new measure[J]. Psychological Assessment,1995,7(1):93-103.

⑥ Raikes H A, Thompson R A. Efficacy and social support as predictors of parenting stress among families in poverty[J]. Infant Mental Health Journal, 2005, 26(3):177-190.

⑦ 洪秀敏,刘倩倩.父母养育压力的类型及其影响因素——基于一孩父母和两孩父母的潜在剖面分析[J].中国临床心理学杂志,2020,28(4):766-772.

⑧ 贾云.学前儿童父母亲职压力的潜在分类与影响因素研究——基于 16 058 份调研数据的潜在剖面分析[J].中华家教,2023(6):53-64.

⑨ 叶妍,符ικ弘,陈瑶.国内关于父母教养效能感研究的文献综述[J].青年与社会,2014(1):296-297.

⑩ 张文婷.父母效能感在一般自我效能感与父母养育压力之间的中介作用[J].桂林师范高等专科学校学报,2016,30(2):73-77.

⑪ 刘文元.自闭症儿童父母亲职压力与家庭生活质量关系的研究:亲职效能和社会支持的中介作用[D].上海:华东师范大学,2019.

⑫ 詹佩珊,任杰,李星凯,等.亲子关系对父母心理健康的影响:养育压力和养育效能的链式中介作用[J].中国临床心理学杂志,2021,29(1):123-127.

发现流动家庭父母的亲职效能感整体水平不如非流动家庭父母[1]。基于此,本研究提出研究假设 2 和 3。

研究假设 2:家庭功能影响学前儿童父母的亲职效能感,家庭功能失调越严重,亲职效能感越低。

研究假设 3:亲职效能感在家庭功能与亲职压力间起中介效应。

对亲职压力和亲职效能感的研究还发现,父母抚养子女的数量正向预测亲职压力[2],负向预测亲职效能感,一孩父母的亲职效能感与二孩父母的亲职效能感存在显著差异[3]。亲职压力与父母受教育水平的关系尚存争议,一些研究发现,父母的受教育水平越低,亲职压力越高[4][5],受过高中教育的母亲比大专以上文化程度的父母承受更大的亲职压力[6];另一些研究则发现,父母受教育水平越高,亲职压力越大[7]。基于对以上研究的梳理和分析,本研究提出研究假设 4、5、6。

研究假设 4:子女数量能调节亲职效能感在家庭功能与亲职压力间的中介效应。

研究假设 5:父亲受教育水平能调节亲职效能感在家庭功能与亲职压力间的中介效应。

研究假设 6:母亲受教育水平能调节亲职效能感在家庭功能与亲职压力间的中介效应。

二、研究方法

(一) 研究对象

本研究以 40 周岁及以下的学前儿童父母为研究对象。通过方便抽样法在 J

---

[1] 刘婷,王诗尧,张明红.父母养育效能感与家庭教养活动参与对婴幼儿认知发展的影响——基于流动与非流动家庭的对比研究[J].学前教育研究,2018(7):26-37.

[2] 洪秀敏,刘倩倩.父母养育压力的类型及其影响因素——基于一孩父母和两孩父母的潜在剖面分析[J].中国临床心理学杂志,2020,28(4):766-772.

[3] 杜雨茜,左志宏.3~6 岁幼儿父母教养效能感类别及与亲子关系的联系——基于一孩父母和二孩父母的潜在剖面分析[J].幼儿教育,2021(Z3):65-70.

[4] 任文香.幼儿母亲亲职压力、因应策略与亲子关系满意之间关系研究[D].台北:台湾师范大学,1995.

[5] 项紫霓,张兴慧,黎亚军,等.3~5 岁儿童母亲抚养压力类型特点及其影响因素[J].心理发展与教育,2014,30(4):427-434.

[6] 李彩娜,邹泓,段冬梅.幼儿母亲育儿压力的特点及其与婚姻质量的关系[J].中国心理卫生杂志,2005(2):136-138.

[7] Chang Y, Fine M A. Modeling parenting stress trajectories among low-income young mothers across the child's second and third years: Factors accounting for stability and change[J]. Journal of Family Psychology, 2007, 21(4):584-594.

省选取26所幼儿园,邀请在园幼儿的父母在知情自愿的基础上匿名参与电子问卷调查,共收到3 135份有效问卷。调查对象中,有2 524位母亲(80.5%),平均年龄是33.5岁($SD=4.1$),有611位父亲(19.5%),平均年龄是34.6岁($SD=4.3$);1 456位一孩父母(46.4%),1 679位二孩或多孩父母(53.6%)。按照各类学制的修业年限:义务教育9年、高中或中专3年、大专3年、本科4年、研究生3年,本研究在整理数据时将调查对象的受教育水平划分为初中及以下、高中或中专、大专、本科、研究生五个等级,分别赋值为9、12、15、16和19。调查对象的受教育水平结构如表6-1所示。

表6-1　调查对象受教育水平的描述统计表(%)

	9	12	15	16	19	平均值	标准差
父亲	17.2	22.9	25.5	29.9	4.6	13.77	2.78
母亲	19.8	22.1	25.2	29.6	3.3	13.58	2.82

(二) 研究工具

1. 家庭功能量表。依据McMaster家庭功能模式编制的家庭功能量表(Family Assessment Device,FAD)包括6个维度和1个一般功能[1]。本研究选取FAD的沟通、角色、情感反应、情感介入和行为控制5个维度,评估学前儿童家庭的家庭功能,5个维度得分之和为学前儿童家庭功能总分。量表采用Likert 4级评分法,得分越高说明家庭功能失调越严重。本研究中,5个维度的Cronbach's α系数分别是0.68、0.63、0.63、0.76和0.53。

2. 亲职压力量表。本研究采用阿比丁(R. Abidin)等人编制的亲职压力简表(Parenting Stress Index-Short Form,PSI-SF)评估学前儿童父母的亲职压力[2]。PSI-SF包含3个维度:评估父母受困于亲职角色感受到的亲职愁苦维度,评估父母感受到的亲子关系压力的亲子冲突维度,评估父母因孩子个性特点感受到的压力的困难儿童维度,3个维度得分之和为亲职压力总分。PSI-SF采用Likert 5级评分法,分数越高代表亲职压力越大。本研究中,3个维度的Cronbach's α系数分别是0.91、0.92、0.90。

3. 亲职效能感量表。吉博德·沃斯顿(Gibaud-Wallston)等编制的养育效

---

[1] 汪向东,王希林,马弘.心理卫生评定量表手册(增订版)[M].北京:中国心理卫生杂志社,1999:149-152.
[2] 杨玉凤.儿童发育行为心理评定量表[M].北京:人民卫生出版社,2016:538.

能感量表(Parenting Sense of Competence Scale,PSOC),常被作为一个包含满足感和效能感 2 个维度的量表使用[1],中文版 PSOC 的 2 维度结构也得到过验证[2][3]。但也有研究论证,PSOC 分效能感、满足感和养育兴趣 3 个维度时拟合度更好[4][5]。本研究在试测时也发现,3 维度结构的拟合度优于 2 维度结构。本研究选取 3 维度中的效能感维度作为亲职效能感量表,评估学前儿童父母的亲职效能感。本研究中亲职效能感量表包含以下 4 个题项:"鉴于我当父母已经这么长时间,我觉得我已经很熟悉自己的这个角色了""我认为自己拥有当好父母所需要的所有技能""我养育孩子的知识技能达到了我对自己的要求""我愿意成为青年父母的榜样,使他们知道怎样成为好父母"。亲职效能感量表采用 Likert 6 级评分法,4 个题项得分之和为亲职效能感得分,得分越高代表亲职效能感越高。本研究中,亲职效能感量表的 Cronbach's α 系数是 0.72。

(三) 统计分析

本研究的调查数据均来自调查对象的自我报告,为减少共同方法偏差,在调查阶段通过自愿匿名参与的方式进行程序控制。在统计分析阶段,采用 Harman 单因素因子分析方法检验共同方法偏差,将家庭功能量表的 42 个题项、亲职压力量表的 36 个题项和亲职效能感量表的 4 个题项共同进行未旋转的主成分因素分析,发现特征值大于 1 的因子共有 11 个,第一因子的方差贡献率为 23.3%,低于 40% 的临界值。采用单一的共同方法因子控制法进行检验,结果显示,单一因子模型的拟合指数不理想。两种检验方法的结果均表明,本研究的共同方法偏差不严重,能够进行进一步的数据分析。

本研究按照方杰和温忠麟的建议,使用潜调节结构方程(latent moderate structural equations,LMS)方法得到偏差校正的 bootstrap 置信区间来进行基于结构方程模型的有调节的中介效应分析[6]。利用 SPSS 25.0 进行数据管理和

---

[1] 杨玉凤.儿童发育行为心理评定量表[M].北京:人民卫生出版社,2016:539-541.

[2] Ngai F W, Chan W C, Holroyd E. Translation and validation of a Chinese version of the parenting sense of competence scale in Chinese mothers[J]. Nursing Research, 2007, 56(5):348-354.

[3] Li X Y, Mao K N, Mi X Y, et al. Reliability and validity of the Chinese version of parenting sense of competence scale in mothers of preschool children[J]. Journal of Peking University (Health sciences), 2021, 53(3):479-484.

[4] Gilmore L, Cuskelly M. Factor structure of the Parenting Sense of Competence scale using a normative sample[J]. Child Care Health & Development, 2010, 35(1):48-55.

[5] Rogers H, Matthews J. The parenting sense of competence scale: Investigation of the factor structure, reliability and validity for an Australian sample[J]. Australian Psychologist, 2011, 39(1):88-96.

[6] 方杰,温忠麟.基于结构方程模型的有调节的中介效应分析[J].心理科学,2018,41(2):453-458.

描述统计、相关分析，利用 Mplus 8.3 进行有调节的中介效应分析。

三、研究结果

（一）学前儿童父母的亲职压力与家庭功能失调程度显著正相关

学前儿童父母亲职压力、家庭功能量表的平均值、标准差和相关矩阵见表 6-2。由表 6-2 可知，家庭功能失调程度与亲职压力（$r=0.491, p<0.01$）显著正相关，家庭功能的 5 个维度与亲职压力的 3 个维度之间均显著正相关。学前儿童父母亲职效能感的项目均值是 4.07，标准差是 0.95。亲职压力与亲职效能感的相关分析结果见表 6-3。亲职效能感与亲职压力负相关，但不显著，亲职效能感与困难儿童（$r=-0.035, p<0.01$）显著负相关。

表 6-2 亲职压力与家庭功能失调程度的描述分析和相关分析表

	1沟通	2角色	3情感反应	4情感介入	5行为控制	6家庭功能	7亲职愁苦	8亲子冲突	9困难儿童	10亲职压力
1	1									
2	0.611**	1								
3	0.658**	0.600**	1							
4	0.514**	0.664**	0.584**	1						
5	0.547**	0.616**	0.545**	0.574**	1					
6	0.810**	0.839**	0.838**	0.830**	0.781**	1				
7	0.482**	0.442**	0.393**	0.295**	0.321**	**0.467****	1			
8	0.469**	0.399**	0.338**	0.252**	0.341**	**0.432****	0.644**	1		
9	0.400**	0.379**	0.319**	0.262**	0.287**	**0.398****	0.639**	0.738**	1	
10	**0.511****	**0.462****	**0.398****	**0.306****	**0.358****	**0.491****	0.873**	0.888**	0.891**	1
平均值	2.01	2.12	2.15	2.13	2.11	2.1	2.62	1.95	2.33	6.91
标准差	0.45	0.40	0.51	0.54	0.38	0.38	0.91	0.77	0.81	2.2

表 6-3 亲职压力与亲职效能感的相关分析表

	亲职愁苦	亲子冲突	困难儿童	亲职压力	亲职效能感
亲职愁苦	1				
亲子冲突	0.644**	1			
困难儿童	0.639**	0.738**	1		
亲职压力	0.873**	0.888**	0.891**	1	
亲职效能感	−0.006	−0.016	**−0.035***	−0.021	1

（二）学前儿童父母的亲职效能感与家庭功能失调程度显著负相关

学前儿童父母的亲职效能感与家庭功能失调的相关分析结果见表 6-4。据表可知，亲职效能感与家庭功能失调程度显著负相关，并且与每一项家庭功能的失调程度均显著负相关。

表 6-4 亲职效能感与家庭功能失调程度的相关分析表

	沟通	角色	情感反应	情感介入	行为控制	家庭功能	亲职效能感
沟通	1						
角色	0.611**	1					
情感反应	0.658**	0.600**	1				
情感介入	0.514**	0.664**	0.584**	1			
行为控制	0.547**	0.616**	0.545**	0.574**	1		
家庭功能	0.810**	0.839**	0.838**	0.830**	0.781**	1	
亲职效能感	−0.189**	−0.266**	−0.195**	−0.257**	−0.228**	−0.276**	1

（三）亲职效能感中介家庭功能对亲职压力的影响

本研究中有 3 个潜变量：家庭功能潜变量（沟通、角色、情感反应、情感介入和行为控制 5 个因子作为观察变量）、亲职压力潜变量（亲职愁苦、亲子冲突和困难儿童 3 个因子作为观察变量）和亲职效能感潜变量（4 个题项作为观察变量）。运用验证性因子分析检验 3 个潜变量组成的测量模型的拟合情况，模型的拟合指标、组合信度与收敛效度见表 6-5 和表 6-6。由两表内容可知，测量模型的整体拟合程度良好，除亲职效能感的收敛效度偏低外，其余指标都大于建议值。潜变量之间的相关情况如下:家庭功能与亲职压力显著正相关($r=0.56$, $p<0.001$)、与亲职效能感显著负相关($r=-0.32,p<0.001$),亲职效能感与亲职压力之间相关不显著($r=-0.02,p=0.307$)。

表 6-5 测量模型的拟合指标

拟合指标	建议值	模型拟合指标值	是否符合情况
χ^2/df	<5	18.5	
CFI	>0.90	0.946	√
TLI	>0.90	0.93	√
RMSEA	<0.08	0.075	√
SRMR	<0.08	0.049	√

表 6-6 测量模型的组合信度和收敛效度

潜变量	标准化负荷值(λ)	组合信度(CR)	收敛效度(AVE)
家庭功能	0.77、0.83、0.77、0.75、0.73	0.88	0.59
亲职压力	0.76、0.86、0.84	0.86	0.68
亲职效能感	0.45、0.62、0.70、0.76	0.73	0.42

(四) 父母受教育水平显著调节亲职效能感的中介效应

利用 LMS 方法进行有调节的中介效应分析包括三个步骤:步骤一,判断不包含调节变量的基准模型是否可接受,接受进入步骤二;步骤二,判断有调节的中介模型是否可接受,接受进入步骤三;步骤三,利用系数乘积法进行有调节的中介效应分析,如果 bootstrap 置信区间不包括 0,就表示有调节的中介效应显著[1]。本研究按此流程进行分析的结果如下。

1. 基准模型拟合检验。只包含家庭功能和亲职压力两个潜变量的简单结构模型拟合良好,家庭功能影响亲职压力的标准化路径系数是 0.56($p<0.001$),95%的偏差校正 bootstrap 置信区间(以下简称置信区间)是[0.519, 0.597]。将亲职效能感作为中介变量加入模型,简单中介效应模型即基准模型的拟合指数为 $\chi^2=943.544,df=51,CFI=0.95,TLI=0.93,RMSEA=0.075,SRMR=0.05$。拟合指数良好,代表基准模型可接受,基准模型的标准化

---

[1] 方杰,温忠麟.基于结构方程模型的有调节的中介效应分析[J].心理科学,2018,41(2):453-458.

估计值模型图见图6-1。

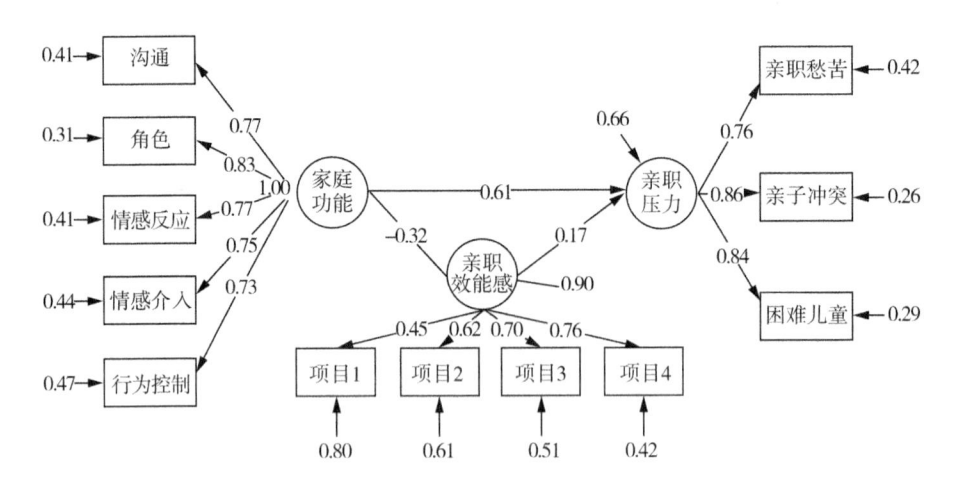

图6-1 基准模型的标准化估计值模型图

基准模型中,家庭功能直接影响亲职压力的标准化路径系数是0.614($p<0.001$),表示家庭功能显著影响学前儿童父母的亲职压力,家庭功能失调程度越严重,亲职压力越大,假设1得到验证。家庭功能影响亲职效能感的标准化路径系数是-0.315($p<0.001$),代表家庭功能也显著影响学前儿童父母的亲职效能感,家庭功能失调程度越严重,亲职效能感越低,假设2得到验证。亲职效能感影响亲职压力的标准化路径系数是0.171($p<0.001$),代表亲职效能感显著影响亲职压力,亲职效能感越高,亲职压力越大。标准化中介效应值是-0.054($p<0.001$),95%置信区间是$[-0.076, -0.033]$,不包括0,说明中介效应显著,中介效应与直接效应比例的绝对值是8.8%,表示亲职效能感在家庭功能和亲职压力间起中介效应,假设3得到验证。控制中介变量后,家庭功能对亲职压力的直接效应(0.614)大于原来的总效应(0.56),说明亲职效能感遮掩了家庭功能对亲职压力的影响,亲职效能感发挥的是一种遮掩效应[①]。

2. 有调节的中介模型拟合检验。基准模型经检验可以接受,接下来依次检验加入调节变量子女数量、父亲受教育水平和母亲受教育水平,有调节的中介模型是否能够接受。本研究利用AIC值进行判断:相对基准模型的AIC值,如果包含潜调节项的有调节的中介模型的AIC值变小或不变,表示有调节的模型至少没有变坏或者有改善,可以接受[②]。本研究中,基准模型和有调节的中介模型

---

① 温忠麟,叶宝娟.中介效应分析:方法和模型发展[J].心理科学进展,2014,22(5):731-745.
② 方杰,温忠麟.基于结构方程模型的有调节的中介效应分析[J].心理科学,2018,41(2):453-458.

的 AIC 值之间的比较见表 6-7。

表 6-7　基准模型和有调节的中介模型的 AIC 值汇总表

	基准模型	子女数量作为调节变量的模型	父亲受教育水平调节前半路径的模型	父亲受教育水平调节后半路径的模型	母亲受教育水平调节前半路径的模型	母亲受教育水平调节后半路径的模型
AIC	69 069.73	69 259.99	69 059.28	68 988.54	69 055.28	68 972.98

由表 6-7 可知,子女数量作为调节变量的模型的 AIC 值大于基准模型的 AIC 值,表示这个有调节的中介模型不可以接受,即子女数量不能调节亲职效能感的中介效应,假设 4 没有得到验证。其他 4 个有调节的中介模型的 AIC 值均小于基准模型的 AIC 值,说明它们相比基准模型有改善,可以接受。

3. 有调节的中介效应分析。利用乘积系数法对可接受的 4 个有调节的中介模型进行有调节的中介效应分析。父亲受教育水平和母亲受教育水平调节亲职效能感中介效应前半路径的模型虽然可以接受,但中介效应检验结果并不显著,因此不再进行后续分析。父亲受教育水平和母亲受教育水平调节亲职效能感中介效应后半路径的中介效应检验结果显著,具体的调节作用见表 6-8。

表 6-8　有调节的中介效应检验结果汇总表

模型	路径	非标准化路径系数(B)	P	95%置信区间 Lower	95%置信区间 Upper
父亲受教育水平的调节效应（调节后半路径）	家庭功能→亲职效能感(a1)	−0.494	***	−0.60	−0.388
	家庭功能→亲职压力(c)	1.191	***	1.098	1.285
	亲职效能感→亲职压力(b1)	1.119	***	0.799	1.633
	父亲受教育水平→亲职压力(b2)	−0.017	***	−0.026	−0.009
	潜交互项→亲职压力(b3)	−0.067	***	−0.101	−0.046
	中介效应(a1×b1)	−0.553	***	−0.848	−0.375
母亲受教育水平的调节效应（调节后半路径）	家庭功能→亲职效能感(a1)	−0.499	***	−0.614	−0.397
	家庭功能→亲职压力(c)	1.177	***	1.089	1.274
	亲职效能感→亲职压力(b1)	1.107	***	0.800	1.481
	母亲受教育水平→亲职压力(b2)	−0.022	***	−0.030	−0.013
	潜交互项→亲职压力(b3)	−0.068	***	−0.094	−0.046
	中介效应(a1×b1)	−0.552	***	−0.845	−0.383

由表 6-8 可知,亲职效能感中介家庭功能与亲职压力关系后的半路径受父亲受教育水平、母亲受教育水平的显著调节。在父亲受教育水平作为调节变量

的模型中,亲职效能感的非标准化中介效应值为-0.553($p<0.001$),95%置信区间为[-0.848,-0.375],不包括0,说明中介效应显著。潜交互项的非标准化路径系数是-0.067($p<0.001$),95%置信区间为[-0.101,-0.046],不包括0,说明调节效应显著。有条件的中介效应为a1(b1+b3×父亲受教育水平)=$-0.553+0.033$×父亲受教育水平,中介效应值随父亲受教育水平的变化而变化。简单效应分析结果显示,当父亲受教育水平取均值减一个标准差的值10.99时,中介效应值为-0.19,当取均值13.77时,中介效应值为-0.1,当取均值加一个标准差的值16.55时,中介效应值为-0.007。这些结果表明,随父亲受教育水平的变化,亲职效能感的中介效应值也发生变化,即父亲教育水平显著调节亲职效能感的中介效应,假设5得到验证。

在母亲受教育水平作为调节变量的模型中,亲职效能感的非标准化中介效应值为-0.552($p<0.001$),95%置信区间为[-0.845,-0.383],不包括0,说明中介效应显著。潜交互项的非标准化路径系数是-0.068($p<0.001$),95%置信区间为[-0.094,-0.046],不包括0,说明调节效应显著。有条件的中介效应为a1(b1+b3×母亲受教育水平)=$-0.552+0.034$×母亲受教育水平。简单效应分析结果显示,当母亲受教育水平取均值减一个标准差的值10.76时,中介效应值为-0.19,当取均值13.58时,中介效应值为-0.09,当取均值加一个标准差的值16.4时,中介效应值为0.06。以上结果表明,随着母亲受教育水平的提高,亲职效能感的中介效应值和方向都在发生变化,即母亲受教育水平能够显著调节亲职效能感的中介效应,假设6得到验证。

为了更清晰地说明父亲和母亲受教育水平的调节效应,分别取父亲和母亲受教育水平的均值和均值加减1个标准差、亲职效能感的均值加减1个标准差时亲职压力对应的值,绘制简单斜率图,分别见图6-2(a)和图6-2(b)。从图6-2可以看出,亲职效能感在父亲和母亲受教育水平较低时对亲职压力的正向影响较大,在父亲和母亲受教育水平较高时对亲职压力的正向影响较小。

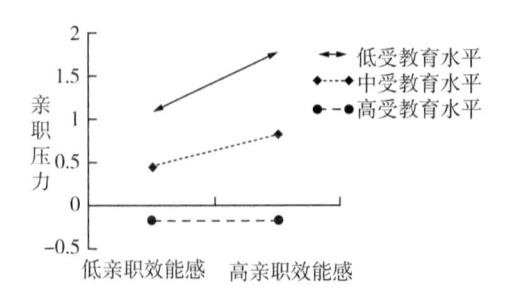

(a) 父亲受教育水平对亲职效能感与亲职压力间关系的调节作用

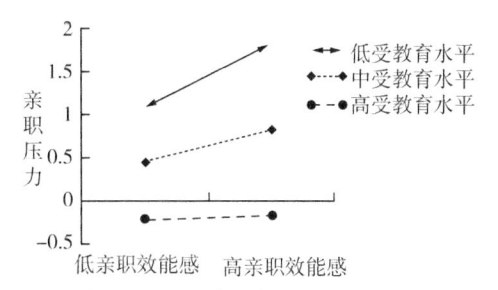

(b) 母亲受教育水平对亲职效能感与亲职压力间关系的调节作用

图 6-2　父亲和母亲受教育水平对亲职效能感中介效应的调节作用图

四、研究结果分析

(一) 家庭功能对学前儿童父母亲职压力和亲职效能感的影响

本研究发现,家庭功能的失调程度越严重,学前儿童父母的亲职压力越大,亲职效能感越低。家庭功能良好,代表家庭系统运行顺畅,家庭成员明确自己的家庭角色并能履行自己的家庭责任,家庭成员间沟通通畅,能够相互理解和支持。在这样的环境和条件下,养育孩子的生活需求和心理需求能够得到适宜的满足,从而减少了教养过程中的消极体验,提升了养育孩子的信心和胜任感。在这样的家庭环境中,父母能够更多地感受到养儿育女带来的价值感和生命意义感,也更愿意以积极的态度和方式履行亲职,为孩子提供良好的成长环境。这样的养育经验才可能提高父母生育更多孩子的意愿和可能性。简而言之,一个功能良好的家庭不仅是人们幸福生活的港湾,也是儿童成长的友好环境、生育的友好环境。

(二) 亲职效能感对家庭功能影响亲职压力的中介效应

本研究中,相关分析发现学前儿童父母的亲职效能感与亲职压力存在负相关关系,但没有达到显著水平(与困难儿童因子的负相关显著),两者之间负相关不显著的原因可能是,不同于以往研究[1][2][3][4]对亲职效能感的评估,本研究对学

---

[1] Raikes H A, Thompson R A. Efficacy and social support as predictors of parenting stress among families in poverty[J]. Infant Mental Health Journal, 2005, 26(3):177-190.
[2] 张文婷.父母效能感在一般自我效能感与父母养育压力之间的中介作用[J].桂林师范高等专科学校学报,2016,30(2):73-77.
[3] 刘文元.自闭症儿童父母亲职压力与家庭生活质量关系的研究:亲职效能和社会支持的中介作用[D].上海:华东师范大学,2019.
[4] 詹佩珊,任杰,李星凯,等.亲子关系对父母心理健康的影响:养育压力和养育效能的链式中介作用[J].中国临床心理学杂志,2021,29(1):123-127.

前儿童父母亲职效能感的评估不包括育儿满足感,而育儿满足感恰是对抗亲职压力的重要积极因素。利用结构方程模型综合分析家庭功能、亲职效能感对亲职压力的联合影响时发现,学前儿童父母的亲职效能感正向预测亲职压力,亲职效能感遮掩了家庭功能对亲职压力的影响,这一研究发现表示,学前儿童父母的亲职效能感并非越高越好。

自班杜拉提出效能感的概念后,效能感一直被认为是支持个体发展的一种积极的内在力量,效能感越高取得成功的可能性越大。然而,学前儿童父母的亲职效能感却并非总是能缓解亲职压力。出现这种情况的原因可能是,儿童虽然在生活中与父母紧密依存,但他们其实是不同于父母的发展主体,他们有自己的认知体验、兴趣需求和成长任务,在成长中具有主体性、主动性和个体差异性。养育子女理应是父母与孩子之间的相互影响,需要双方持续地理解对方、根据反馈调整自己的行为,是一个相互调适、共同成长的过程。如果学前儿童父母认为自己已经掌握了足够的教养知识和技能,反而说明他们还没有真正明白教养孩子的道理,拥有的是一种消极的固定型教养心态。基于此种教养心态的教育行为与儿童的发展要求相冲突,势必激起儿童的反抗,父母不能理解孩子反抗的真正原因,反而认为孩子个性不温顺,难以管教。

(三) 父母受教育水平对亲职效能感中介效应的调节作用

本研究在综合分析家庭功能、亲职效能感、子女数量、父母受教育水平对亲职压力的联合作用时发现,父母受教育水平显著调节亲职效能感对家庭功能与亲职压力的中介效应,子女数量对此的调节作用不显著。这个研究发现说明,学前儿童父母养育一个还是两个及以上的孩子,在家庭功能、亲职效能感一样时,他们感受到的亲职压力并没有显著差异。但是,受教育水平不同时,学前儿童父母感受到的亲职压力会有所不同,随受教育水平的提高,亲职压力会降低。母亲受教育水平对此的调节作用相对更明显,当母亲的受教育水平值为 16.4,即本科水平时,有条件的中介效应值为正,表示此时亲职效能感负向预测亲职压力。受教育水平的积极调节作用,可能缘于受教育水平的提高,丰富了学前儿童父母的育儿知识和对亲职角色的理解,使他们能够更多地从满足孩子成长需要的角度评价自己的育儿能力,秉持成长型的心态教养孩子,理解接纳孩子的个性特点和成长速度,从而减轻了他们的亲职压力。

五、教育建议

(一) 实施积极的家庭政策，发挥幸福家庭的关键性作用

一个世纪以来，中国家庭在经受了指向家庭制度的批判、指向家庭情感的政治运动、指向家庭责任的经济理性入侵三次冲击下，处于压力增加和能力下降的失衡状态[1]，家庭功能日渐弱化。一项对家庭压力的社会调查发现，子女教养负担位列家庭压力源的首位[2]。基于以上研究结果，本研究建议通过积极的家庭建设政策，帮助家庭高效地发挥功能来减轻学前儿童父母的亲职压力。比我们早一步面临人口老龄化、少子化等人口问题的欧美国家，解决问题的主要措施就是进行积极的家庭建设[3]。家庭系统嵌套在社会系统中，受社会系统和其他社会系统要素的影响，积极的家庭建设就是为家庭创建良好的生态系统环境，如实施家庭友好政策，提高家庭福利，国家和社会帮家庭分担育儿责任；建设家庭友好型社区，为家庭运行需求的满足提供便利的环境条件；创建家庭友好型工作场所，帮助父母更好地平衡家庭与工作的关系。

积极的家庭建设在我国有着更为丰富的内涵和价值，因为"家"对中国人和中国社会有着特殊的意义，家文化是中国人的精神基因，是中华民族文化的根基。在新时代，我们在传承诸如尊老爱幼、和睦团结、勤俭持家、重家教家风等优秀的传统家文化的基础上，更需要积极地丰富家文化的时代内涵，以通过积极宣传充满时代感的新型家文化，如人人平等、共建共享等，引领家庭建设，让优秀的家文化持续润养新时代中国人。

(二) 父母端正教养心态，和孩子共同成长

"小孩子不但是难养的，而且也难教得很"[4]。儿童既是某一特定年龄群体中的一员，发展遵循该年龄阶段的规律并呈现出该年龄阶段的特征，又是一个有着独特气质、生长速度、兴趣特长的个体，同时也是某一具体文化群体的成员。他们的成长需求和成长问题层出不穷，父母没办法事先准备好应对所有需求的技术资源包、解决所有问题的知识锦囊，为他们提供发展适宜性的教育需要秉持

---

[1] 孟宪范.家庭：百年来的三次冲击及我们的选择[J].清华大学学报(哲学社会科学版),2008(3)：133-145+160.
[2] 徐安琪,张亮.转型期家庭压力特征和社会网络资源的运用[J].社会科学研究,2008(2):112-119.
[3] 全国妇联妇女研究所.部分国家家庭政策介绍[J].中国妇运,2014(1):44-46+41.
[4] 陈鹤琴.家庭教育[M].武汉:长江文艺出版社,2013:7.

一种积极的成长型教养心态。基于固定型教养心态的亲职效能感越强,父母越可能囿于对亲职角色、家庭教育的刻板理解,强制孩子服从自己的期望和规划,忽视孩子个性化的、当下的兴趣和需要,不做寻求适宜的问题解决方法的努力,这样的教养方式自然容易造成教养失败,引发亲子冲突,加重亲职压力。现实中,许多家庭教育的失败正是缘于此。

基于本研究发现,研究者建议学前儿童父母秉持一种开放的成长型心态教养孩子,把"我会做父母"的思想态度转变为"学习做父母"的思想态度,在与孩子的互动中,尊重孩子发展的主体性,因材施教、因势利导,这样更有助于父母和孩子的和谐相处,减轻父母的亲职压力。

(三) 持续推进家庭教育指导服务,为父母解压增能

本研究发现学前儿童父母的受教育水平能显著调节家庭功能经过亲职效能感影响亲职压力的半路径。知识能改变教育心态,改善教育行为。因此,学校、儿童医院等儿童发展相关部门提供以儿童发展知识为中心的家庭教育指导和亲职教育,能有效帮助学前儿童父母缓解亲职压力。把"学习做父母"作为一生的必修课,父母作为"最熟悉自己孩子的人"和熟悉孩子整体情况的家庭教育指导者相互学习、携手合作,一定能为自己的孩子提供发展适宜性的家庭教育,体验到更多为人父母的积极感受。

六、研究结论

本研究基于家庭系统视角,探析家庭功能、亲职效能感、子女数量、父母受教育水平对学前儿童父母亲职压力的联合影响及影响机制。运用家庭功能量表、亲职压力量表和亲职效能感量表对 3 135 名学前儿童进行问卷调查、收集研究数据,运用有调节的结构方程模型分析研究数据得出如下结论:家庭功能越差,学前儿童父母的亲职效能感越低、亲职压力越大;亲职效能感虽能缓解亲职压力,但并非越高越好,重要的是亲职效能感要以儿童为本;亲职效能感中介家庭功能对亲职压力的影响;父母的受教育水平能够显著调节亲职效能感对家庭功能和亲职压力的中介效应,子女数量对此的调节作用不显著。

第七章

幼儿园家庭教育指导的契合度研究

一、问题提出

为提升家庭教育质量以促进儿童的全面发展,国家先后颁布实施了《全国家庭教育指导大纲》(2010年)和《中华人民共和国家庭教育促进法》(2021年),其中都规定了幼儿园的家庭教育指导责任并提出了相应的指导要求。经过多年的实践努力,幼儿园家庭教育指导满足幼儿家长指导需求、促进幼儿家庭教育的效果逐渐成为研究者关注的问题。一项在全国范围内进行的,旨在了解我国中小学(幼儿园)家庭教育指导服务体系现状的调查发现:大多数中小学(幼儿园)都十分重视家庭教育指导服务,普遍建立了专门的领导小组,制订了工作计划并建立了相关机制开展这一工作;82.9%的婴幼儿家长和84.5%的中小学(幼儿园)学生家长在家庭教育过程中遇到过困难,其中有40.7%的婴幼儿家长和45.6%的中小学(幼儿园)学生家长表示自己不知道正确的家庭教育方式方法;75.2%的婴幼儿家长和74.7%的中小学(幼儿园)学生家长表示比较需要或很需要接受家庭教育指导服务,但是,也有24.5%的婴幼儿家长和31.4%的中小学(幼儿园)学生家长表示没有接受过任何渠道提供的家庭教育指导服务;家长最希望接受家庭教育指导服务的渠道是学校(幼儿园),但家长实际接受家庭教育指导服务的最主要渠道是大众传播媒介(66.9%),其次才是学校(幼儿园)(37.4%);接受过学校(幼儿园)家庭教育指导服务的家长中,96.7%的家长"比较愿意"和"很愿意"继续接受学校提供的家庭教育指导服务,但也有39.8%的家长认为从学校(幼儿园)接受到的家庭教育指导服务几乎没有或只有一些帮助,79%的家长认为学校(幼儿园)开展的家庭教育指导服务工作存在需要改进的地方;认为当前家庭教育指导服务在总体上"完全能满足"指导需要的家长比例仅为9.3%,

认为"基本能满足"指导需要的家长比例为57.7%[1][2]。该调查表明，中小学（幼儿园）开展家庭教育指导服务非常有必要，而且指导服务取得了一定的成效，但也有许多待提升之处，其中一个亟待提升之处就是对家长指导需要的满足程度。

如同教育要遵循以学定教的原则，幼儿园的家庭教育指导也要依据幼儿家长的指导需要进行指导，满足了幼儿家长的指导需要方能实现良好的指导效果。因此，对幼儿家长指导需要的满足程度是决定幼儿园家庭教育指导质量的关键要素。要提升幼儿园家庭教育指导对幼儿家长指导需要的满足程度，关键就是提升幼儿园家庭教育指导服务供给与幼儿家长指导服务需要的契合程度。基于此，本研究拟依据个人-环境契合理论（person-environment fit）分析幼儿园家庭教育指导服务供给与幼儿家长指导服务需要的契合程度问题，以期通过研究总结经验、发现问题并提出相应的解决办法，为提高指导服务对幼儿家长指导需要的满足程度提供参考。

个人-环境契合理论是组织行为学的核心理论，指个人与环境间的一致性、匹配、相似性或者对应。个人-环境契合的类型包括相似性契合与互补性契合，相似性契合指个人与环境在价值观、目标等方面的相似性；互补性契合指个人或组织满足相互需要的能力。现有研究定义了两种互补性契合，即需要供给契合（needs-supplies fit）与要求能力契合（demands-abilities fit）。需要供给契合指环境能够为个体的偏好、兴趣、价值和动机提供资源与报酬，需要供给契合认为个人有不同的需求、偏好与动机，依赖于组织提供的各种资源加以满足。要求能力契合则聚焦于个体能够为环境提供什么，其认为个人必须掌握满足环境要求、期望与标准的知识、技术与能力。该理论认为个人与环境的契合能够对个人与组织收益产生积极的影响[3]。本研究主要运用需要供给契合类型分析幼儿园家庭教育指导的内容和方式与幼儿家长需要的指导内容和方式之间的契合程度，如果幼儿园家庭教育指导的内容和方式与幼儿家长需要的指导内容和方式比较一致，说明两者间的契合程度较高，即幼儿园的家庭教育指导能很好地满足幼儿家长的指导需要，反之，则是不能满足幼儿家长的指导需要，契合程度越低的方面是越要重点改进的方面。运用要求能力契合类型分析幼儿园家庭教育指导工作要求的

---

[1] 边玉芳,袁柯曼,张馨宇.我国学校家庭教育指导服务体系的现状、挑战与对策分析——基于我国9个省(市)的调查结果[J].中国教育学刊,2021(12):22-27+78.

[2] 边玉芳,田微微,梁丽婵.家庭教育指导离《家庭教育促进法》的要求有多远[J].教育发展研究,2022,42(20):26-32.

[3] 冯利伟.知识型员工个人-环境契合、自我决定感对敬业度的影响研究[D].北京:中央财经大学,2018:72.

应然能力与幼儿园教师的实然能力之间的契合程度,两种能力越相近,幼儿园教师越能高质量地进行家庭教育指导,也就能更好地满足幼儿家长的指导需要。

二、研究方法

(一)研究对象

本研究通过整群取样的方法在 J 省的 3 个地级市选取了 9 所幼儿园的在职教师(包括园长、业务园长、家长工作负责人、主班教师、副班教师)和幼儿家长作为调查对象。研究者先与选中幼儿园负责家长工作的教师联系,向他们说明调查的目的、内容、要求和调查结果使用规则,在获得他们的合作授权后,请他们将教师问卷转发给各班级教师,再请班级教师将家长问卷转发给幼儿家长,教师问卷和家长问卷均是以自愿、匿名的方式填写。最后,共回收 2 171 份有效的家长问卷,178 份有效的教师问卷。参与调查的家长和教师的基本情况见表 7-1 和表 7-2。

表 7-1 参与调查的幼儿家长基本信息统计表($N=2\ 171$)

		频率	百分比(%)	累积百分比(%)
家长身份	爸爸	505	23.3	23.3
	妈妈	1 643	75.7	98.9
	其他家长	23	1.1	100.0
居住地	乡村	912	42.0	42.0
	城市	1 259	58.0	100.0
职业	农民	111	5.1	5.1
	公司职员	869	40.0	45.1
	自主创业	205	9.4	54.6
	事业单位职员	346	15.9	70.5
	公务员	153	7.0	77.6
	其他	487	22.4	100.0
学历	高中及以下	412	19.0	19.0
	职业中专	218	10.0	29.0
	大专或同等学力	473	21.8	50.8
	本科	758	34.9	85.7
	硕士及以上	310	14.3	100.0

表 7-2　参与调查的幼儿园教师基本信息统计表($N=178$)

		频率	百分比(%)	累积百分比(%)
园所性质	乡村幼儿园	82	46.1	46.1
	城市幼儿园	96	53.9	100.0
教龄	1 年以下	4	2.2	2.2
	1~5 年	53	29.8	32.0
	6~10 年	44	24.7	56.7
	11~20 年	42	23.6	80.3
	20 年以上	35	19.7	100.0
学历	大专	30	16.9	16.9
	本科	143	80.3	97.2
	硕士及以上	5	2.8	100.0

(二) 研究工具

本研究在参考相关研究的调查内容的基础上，自编《幼儿园家庭教育指导服务调查问卷》，问卷包括家长版和教师版两个版本。家长版问卷的主要内容包括家长对家庭教育重要性的认知、对家庭教育的满意度、对家庭教育指导的认知和需要情况、家庭教育知识的来源、对家庭教育指导内容的需要、偏好的家庭教育指导形式。教师版问卷的主要内容包括对幼儿家长指导需要的评价、对家庭教育指导目的的认知、幼儿园家庭教育指导工作现状、家庭教育指导知识的来源、家庭教育指导内容和形式、家庭教育指导能力、家庭教育指导培训。

家长版问卷中有 1 个题目调查幼儿家长对家庭教育指导内容的需要程度："请您客观评价您对下列家庭教育指导内容的需要程度"，使用 Likert 5 级评分法（1~5 分别代表：根本不需要、不太需要、无所谓、比较需要、非常需要），得分越高代表需要程度越高。

教师版问卷中有 2 个题目从两个角度调查家庭教育指导内容，分别是"请您客观评价幼儿家长对下列指导内容的需要程度"（使用 Likert 5 级评分法，得分越高代表需要程度越高）、"请您客观评价下列指导内容在您的指导活动中所占的比重"（使用 Likert 5 级评分法，1~5 分别代表：没有此内容、非常少、比较少、比较多、非常多，得分越高代表比重越大）。

家长版和教师版问卷中，列举的家庭教育指导的具体内容是一样的。这些家庭教育指导内容既有直接借鉴相关调查的内容①,也有研究者根据布赖德肖的需要理论提出的内容,具体包含以下 7 个维度:教育政策法规宣讲、儿童健康发展与教育、家庭教育内容与方法、家庭沟通、家庭问题解决、亲职角色调适、家庭社会关系建设。教育政策法规宣讲和家庭教育内容与方法各包含 1 个题目,儿童健康与教育包括行为习惯培养、学习和智力开发、心理发展规律和健康心理培养、营养与健康、个性和品质培养、特殊发展问题的解决 6 个题目,家庭沟通包括亲子沟通和家人间沟通 2 个题目,家庭问题解决包括家庭矛盾处理方法和家庭活动安排 2 个题目,亲职角色调适包括父母角色与职责、自我情绪管理、养育压力舒缓、工作与家庭平衡 4 个题目,家庭社会关系建设包括家园合作与家庭社会关系的拓展与维护 2 个题目。

两个版本的问卷中都有 1 个题目调查家庭教育指导的形式。家长版中的相应题目是"您希望幼儿园以下列哪些形式提供家庭教育指导服务?"以此问题调查幼儿家长偏好的指导形式。教师版中的相应题目是"您希望通过下列哪些形式进行家庭教育指导?"以此问题调查幼儿园教师偏好的指导形式。两个版本列举的具体指导形式是一样的。

在教师版问卷中有 1 个题目调查幼儿园教师的指导能力:"请您客观评价您对下列家庭教育指导能力的提升需要",使用 Likert 5 级评分法(1~5 分别代表:根本不需要、不太需要、无所谓、比较需要、非常需要),得分越高代表需求程度越高。本研究中提出了 9 种指导能力:与家长沟通的能力、分析解决儿童发展问题的能力、分析解决家庭教育问题的能力、分析解决家庭矛盾的能力、发现和洞察家长指导需要的能力、为家长提供个性化指导的能力、宣讲和传播家庭教育知识的能力、设计和实施指导活动的能力、为有特殊需要儿童的家长提供指导的能力。

(三) 统计分析

本研究主要利用 SPSS 25.0 进行数据管理,进行描述统计分析、相关分析、多重响应分析等。

三、研究结果

(一) 幼儿家长重视家庭教育但不满意现有的家庭教育水平

幼儿家长对家庭教育重要性的认知、对家庭教育的满意程度、对家庭教育指

---

① 刘莉,张政. 幼儿家长参与家庭教育指导服务现状及其需求调研——以北京市为例[J]. 中国教育技术装备,2022(21):36-39.

导的了解以及对幼儿园家庭教育指导的需要情况如表 7-3 所示。由表 7-3 可知,几乎全部的幼儿家长都认识到家庭教育的重要性(99.9%),但对自己家的家庭教育现状"比较满意"和"非常满意"的家长刚过半数(48.5%+6.9%=55.4%)。有 12.9% 的家长没有听说过家庭教育指导,28.6% 的家长虽然听说过但不了解,只有 18.4% 的家长比较了解或非常了解家庭教育指导。高达 93% 的家长认为比较需要或非常需要幼儿园的家庭教育指导。

幼儿家长家庭教育经验的主要来源见表 7-4。由表 7-4 可知,幼儿家长进行家庭教育的经验最主要的来源是书籍、网络等大众媒介,其次是自己在教育孩子过程中的积累,再次是对自身成长经历的总结反思,来源于专业的家庭教育指导的经验还少于父母传授的经验。

表 7-3 幼儿家长的家庭教育基本情况统计表($N=2\,171$)

		频率	百分比(%)	累积百分比(%)
家庭教育的重要性	不太重要	2	0.1	0.1
	比较重要	327	15.1	15.2
	非常重要	1842	84.8	100.0
对家庭教育的满意度	非常不满意	14	0.6	0.6
	比较不满意	110	5.1	5.7
	一般	844	38.9	44.6
	比较满意	1 053	48.5	93.1
	非常满意	150	6.9	100.0
对家庭教育指导的认知	没听说过	279	12.9	12.9
	听说过但不了解	620	28.6	41.4
	了解一点	874	40.3	81.7
	比较了解	342	15.8	97.4
	非常了解	56	2.6	100.0
对幼儿园家庭教育指导的需要程度	根本不需要	2	0.1	0.1
	不太需要	33	1.5	1.6
	无所谓	116	5.3	7.0
	比较需要	1114	51.3	58.3
	非常需要	906	41.7	100.0

表7-4 幼儿家长的家庭教育经验来源统计表($N=2\ 171$)

		响应		个案百分比(%)
		个案数	百分比(%)	
家庭教育经验的主要来源	父母传授	1 518	17.9	69.9
	书籍、网络等媒介	1 868	22.0	86.0
	对自身成长经历的总结反思	1 549	18.2	71.3
	在自己教育孩子过程中的积累	1 741	20.5	80.2
	社区或幼儿园提供的培训和指导	1 514	17.8	69.7
	其他	311	3.7	14.3
总计		8 501	100.0	391.4

(二)幼儿园家庭教育指导工作处在起步阶段

幼儿园教师对幼儿家长指导需要的评价、对家庭教育指导的了解程度、对家庭教育指导目的的认知以及幼儿园家庭教育指导工作现状如表7-5所示。由表7-5可知,对家庭教育指导比较了解和非常了解的教师的占比为56.2%,认识到家庭教育指导的目的是"帮助家长提高家庭教育能力,改善家庭教育"的教师占比为57.3%,有36%的教师认为家庭教育指导的目的是"让家长了解孩子在园情况,使家园保持一致",97.2%的教师认为幼儿家长比较需要和非常需要家庭教育指导。目前,幼儿园家庭教育指导工作的组织现状如下:16.9%的幼儿园没有进行这项工作安排或让教师自行安排且没有具体工作要求;34.3%的幼儿园已经把家庭教育指导纳入常规工作,但没有建立专门的指导团队;23.6%的幼儿园把家庭教育指导纳入常规工作而且建立了专门的指导团队;25.3%的幼儿园建立了专门的指导团队并且能开展家庭教育指导教研。

表7-5 幼儿园家庭教育指导基本情况统计表($N=178$)

		频率	百分比(%)	累积百分比(%)
对家庭教育指导的了解程度	听说过但不了解	17	9.6	9.6
	了解一点	61	34.3	43.8
	比较了解	69	38.8	82.6
	非常了解	31	17.4	100.0

续表

		频率	百分比（%）	累积百分比（%）
对家庭教育指导目的的认知	让家长了解孩子在园情况，使家园保持一致	64	36.0	36.0
	让家长配合幼儿园工作	5	2.8	38.8
	帮助家长提高家庭教育能力，改善家庭教育	102	57.3	96.1
	提升教师专业水平	6	3.4	99.4
	其他	1	0.6	100.0
对幼儿家长指导需要的评价	不太需要	4	2.2	2.2
	不知道	1	0.6	2.8
	比较需要	44	24.7	27.5
	非常需要	129	72.5	100.0
幼儿园家庭教育指导工作现状	没有这项工作安排	7	3.9	3.9
	幼儿园让老师自己安排，没有明确的工作要求	23	12.9	16.9
	纳入常规工作，但没有专门的团队	61	34.3	51.1
	纳入常规工作而且建立专门的团队	42	23.6	74.7
	已经常规化，有专门的团队和家庭教育指导教研	45	25.3	100.0

（三）幼儿园家庭教育指导内容的需要供给契合度低

1. 幼儿家长家庭教育指导内容需要的一般情况：对各项指导内容的需要程度都较高

幼儿家长对家庭教育指导内容需求的整体情况如表7-6所示。从表7-6可知，幼儿家长在家庭教育指导内容7个维度上的平均分介于4.46～4.65之间，都是高分，说明幼儿家长对这些内容的需要程度都很高。

表7-6 幼儿家长对指导内容需要程度的描述统计表

	N	最小值	最大值	平均值	标准差
家庭教育内容与方法	2 171	1	5	4.62	0.690
教育政策法规宣讲	2 171	1	5	4.46	0.875
儿童健康发展与教育	2 171	1	5	4.65	0.602
家庭沟通	2 171	1	5	4.59	0.733
家庭问题解决	2 171	1	5	4.49	0.823
家庭社会关系建设	2 171	1	5	4.52	0.784
亲职角色调适	2 171	1	5	4.52	0.765

2. 幼儿家长家庭教育指导内容需要的群体内差异分析：城乡家长之间、不同学历家长之间的需要存在显著差异

本次调查对象中绝大多数都是幼儿的父母，只有23位其他家长，因此在分析家长身份对指导内容和指导方式的需要差异时，只选择了幼儿的父母进行分析，其中包括505位爸爸、1 643位妈妈。通过均值比较发现，幼儿父母在指导内容的需求上不存在显著差异，城市和乡村的幼儿家长对家庭教育指导内容的需求存在显著差异，乡村幼儿父母对各项内容的需求程度都高于城市幼儿父母，除家庭教育内容与方法、儿童健康发展与教育两个维度外，其他5个维度的均分都显著高于城市幼儿父母，具体差异详见表7-7。

学历不同的幼儿父母对家庭教育指导内容的需求程度也不同，整体趋势是学历越低对指导内容的需要程度越高，详细的显著性差异见表7-8。由表7-8可知，在对家庭教育内容与方法的需要上，不同学历的幼儿家长之间不存在显著差异；在对教育政策法规宣讲内容的需要上，高中及以下、职业中专、大专或同等学力的幼儿家长显著高于本科及以上学历的幼儿家长；在对儿童健康发展与教育内容的需要上，职业中专、大专或同等学力的幼儿家长显著高于本科及以上学历的幼儿家长；在对家庭沟通内容的需要上，高中及以下、大专或同等学力的幼儿家长显著高于硕士及以上学历的幼儿家长；在对家庭问题解决内容的需要上，职业中专、大专或同等学力的幼儿家长显著高于硕士及以上学历的幼儿家长；在对家庭社会关系建设内容的需要上，高中及以下学历的幼儿家长显著高于硕士及以上学历的幼儿家长，职业中专、大专或同等学力的幼儿家长显著高于本科及以上学历的幼儿家长；在对亲职角色调适内容的需要上，高中及以下、大专或同等学力的幼儿家长显著高于硕士及以上的幼儿家长，职业中专学历的幼儿家长显著高于本科及以上学历的幼儿家长。

表7-7 乡村和城市幼儿家长的指导内容需要比较分析表（$N=2\ 171$）

		平均值	标准差	F	显著性
家庭教育内容与方法	乡村	4.63	0.679	0.813	0.367
	城市	4.61	0.696		
	总计	4.62	0.689		
教育政策法规宣讲	乡村	4.58	0.723	30.371	**0.000**
	城市	4.37	0.963		
	总计	4.46	0.877		

续表

		平均值	标准差	F	显著性
儿童健康发展与教育	乡村	4.67	0.588	3.316	0.069
	城市	4.63	0.615		
	总计	4.65	0.604		
家庭沟通	乡村	4.62	0.704	3.921	**0.048**
	城市	4.56	0.757		
	总计	4.58	0.736		
家庭问题解决	乡村	4.53	0.788	5.437	**0.020**
	城市	4.45	0.846		
	总计	4.48	0.823		
家庭社会关系建设	乡村	4.59	0.714	12.537	**0.000**
	城市	4.46	0.828		
	总计	4.52	0.785		
亲职角色调适	乡村	4.57	0.733	6.397	**0.012**
	城市	4.48	0.789		
	总计	4.52	0.767		

表7-8 不同学历幼儿家长的指导内容需要比较分析表（$N=2\,171$）

	因变量		平均值差	标准误差	显著性
家庭教育内容与方法	高中及以下	职业中专	−0.056	0.057	0.981
		大专或同等学力	−0.074	0.045	0.665
		本科	0.018	0.043	1.000
		硕士及以上	0.064	0.055	0.935
	职业中专	高中及以下	0.056	0.057	0.981
		大专或同等学力	−0.018	0.053	1.000
		本科	0.074	0.052	0.809
		硕士及以上	0.120	0.062	0.410
	大专或同等学力	高中及以下	0.074	0.045	0.665
		职业中专	0.018	0.053	1.000
		本科	0.092	0.038	0.155
		硕士及以上	0.138	0.051	0.065

续表

因变量			平均值差	标准误差	显著性
家庭教育内容与方法	本科	高中及以下	−0.018	0.043	1.000
		职业中专	−0.074	0.052	0.809
		大专或同等学力	−0.092	0.038	0.155
		硕士及以上	0.046	0.049	0.986
	硕士及以上	高中及以下	−0.064	0.055	0.935
		职业中专	−0.120	0.062	0.410
		大专或同等学力	−0.138	0.051	0.065
		本科	−0.046	0.049	0.986
教育政策法规宣讲	高中及以下	职业中专	−0.060	0.060	0.979
		大专或同等学力	−0.016	0.050	1.000
		本科	**0.185***	0.050	0.002
		硕士及以上	**0.457***	0.073	0.000
	职业中专	高中及以下	0.060	0.060	0.979
		大专或同等学力	0.044	0.058	0.997
		本科	**0.245***	0.058	0.000
		硕士及以上	**0.516***	0.079	0.000
	大专或同等学力	高中及以下	0.016	0.050	1.000
		职业中专	−0.044	0.058	0.997
		本科	**0.201***	0.047	0.000
		硕士及以上	**0.473***	0.071	0.000
	本科	高中及以下	−0.185*	0.050	0.002
		职业中专	−0.245*	0.058	0.000
		大专或同等学力	−0.201*	0.047	0.000
		硕士及以上	0.271*	0.071	0.002
	硕士及以上	高中及以下	−0.457*	0.073	0.000
		职业中专	−0.516*	0.079	0.000
		大专或同等学力	−0.473*	0.071	0.000
		本科	−0.271*	0.071	0.002
儿童健康发展与教育	高中及以下	职业中专	−0.043	0.048	0.991
		大专或同等学力	−0.060	0.039	0.732
		本科	0.041	0.037	0.956
		硕士及以上	0.129	0.047	0.060

续表

因变量			平均值差	标准误差	显著性
儿童健康发展与教育	职业中专	高中及以下	0.043	0.048	0.991
		大专或同等学力	−0.017	0.046	1.000
		本科	0.084	0.044	0.461
		硕士及以上	**0.172**[*]	0.053	0.013
	大专或同等学力	高中及以下	0.060	0.039	0.732
		职业中专	0.017	0.046	1.000
		本科	**0.101**[*]	0.034	0.028
		硕士及以上	**0.189**[*]	0.044	0.000
	本科	高中及以下	−0.041	0.037	0.956
		职业中专	−0.084	0.044	0.461
		大专或同等学力	−0.101[*]	0.034	0.028
		硕士及以上	0.088	0.043	0.341
	硕士及以上	高中及以下	−0.129	0.047	0.060
		职业中专	−0.172[*]	0.053	0.013
		大专或同等学力	−0.189[*]	0.044	0.000
		本科	−0.088	0.043	0.341
家庭沟通	高中及以下	职业中专	0.014	0.058	1.000
		大专或同等学力	−0.017	0.045	1.000
		本科	0.091	0.043	0.298
		硕士及以上	**0.190**[*]	0.059	0.012
	职业中专	高中及以下	−0.014	0.058	1.000
		大专或同等学力	−0.030	0.057	1.000
		本科	0.077	0.055	0.830
		硕士及以上	0.177	0.068	0.093
	大专或同等学力	高中及以下	0.017	0.045	1.000
		职业中专	0.030	0.057	1.000
		本科	0.107	0.041	0.089
		硕士及以上	**0.207**[*]	0.057	0.003
	本科	高中及以下	−0.091	0.043	0.298
		职业中专	−0.077	0.055	0.830
		大专或同等学力	−0.107	0.041	0.089
		硕士及以上	0.100	0.056	0.528

续表

	因变量		平均值差	标准误差	显著性
家庭沟通	硕士及以上	高中及以下	−0.190*	0.059	0.012
		职业中专	−0.177	0.068	0.093
		大专或同等学力	−0.207*	0.057	0.003
		本科	−0.100	0.056	0.528
家庭问题解决	高中及以下	职业中专	−0.103	0.063	0.671
		大专或同等学力	−0.034	0.055	1.000
		本科	0.057	0.050	0.947
		硕士及以上	0.158	0.064	0.129
	职业中专	高中及以下	0.103	0.063	0.671
		大专或同等学力	0.069	0.062	0.956
		本科	0.159	0.058	0.058
		硕士及以上	**0.261***	0.070	0.002
	大专或同等学力	高中及以下	0.034	0.055	1.000
		职业中专	−0.069	0.062	0.956
		本科	0.090	0.049	0.480
		硕士及以上	**0.192***	0.063	0.024
	本科	高中及以下	−0.057	0.050	0.947
		职业中专	−0.159	0.058	0.058
		大专或同等学力	−0.090	0.049	0.480
		硕士及以上	0.102	0.058	0.572
	硕士及以上	高中及以下	−0.158	0.064	0.129
		职业中专	−0.261*	0.070	0.002
		大专或同等学力	−0.192*	0.063	0.024
		本科	−0.102	0.058	0.572
家庭社会关系建设	高中及以下	职业中专	−0.077	0.059	0.874
		大专或同等学力	−0.039	0.049	0.995
		本科	0.114	0.046	0.128
		硕士及以上	**0.230***	0.063	0.003
	职业中专	高中及以下	0.077	0.059	0.874
		大专或同等学力	0.038	0.057	0.999
		本科	**0.192***	0.055	0.005
		硕士及以上	**0.307***	0.070	0.000

续表

因变量			平均值差	标准误差	显著性
家庭社会关系建设	大专或同等学力	高中及以下	0.039	0.049	0.995
		职业中专	−0.038	0.057	0.999
		本科	**0.154**＊	0.044	0.005
		硕士及以上	**0.269**＊	0.062	0.000
	本科	高中及以下	−0.114	0.046	0.128
		职业中专	−0.192＊	0.055	0.005
		大专或同等学力	−0.154＊	0.044	0.005
		硕士及以上	0.115	0.060	0.432
	硕士及以上	高中及以下	−0.230＊	0.063	0.003
		职业中专	−0.307＊	0.070	0.000
		大专或同等学力	−0.269＊	0.062	0.000
		本科	−0.115	0.060	0.432
亲职角色调适	高中及以下	职业中专	−0.071	0.056	0.900
		大专或同等学力	−0.011	0.049	1.000
		本科	0.076	0.045	0.610
		硕士及以上	**0.213**＊	0.061	0.006
	职业中专	高中及以下	0.071	0.056	0.900
		大专或同等学力	0.059	0.056	0.966
		本科	**0.147**＊	0.052	0.048
		硕士及以上	**0.284**＊	0.067	0.000
	大专或同等学力	高中及以下	0.011	0.049	1.000
		职业中专	−0.059	0.056	0.966
		本科	0.087	0.045	0.399
		硕士及以上	**0.224**＊	0.061	0.003
	本科	高中及以下	−0.076	0.045	0.610
		职业中专	−0.147＊	0.052	0.048
		大专或同等学力	−0.087	0.045	0.399
		硕士及以上	0.137	0.058	0.165
	硕士及以上	高中及以下	−0.213＊	0.061	0.006
		职业中专	−0.284＊	0.067	0.000
		大专或同等学力	−0.224＊	0.061	0.003
		本科	−0.137	0.058	0.165

3. 幼儿园家庭教育指导内容的需要供给契合度分析:实际供给低于需要

使用独立样本 T 检验分析幼儿家长自评的指导内容需要程度、教师评价的幼儿家长对指导内容的需要程度、教师现实指导中指导内容的比重之间是否存在显著差异,比较结果见表 7-9。根据表 7-9 中数据可知,幼儿家长自评的对各项内容的需要程度与教师评价的需要程度之间差异不显著,但与现实指导中内容所占比重的差异显著,特别是亲职角色调适、家庭问题解决、教育政策法规宣讲这三个方面的差异特别显著,现实指导中的内容比重明显不能满足幼儿家长的需要。检验结果说明,幼儿园家庭教育指导内容的需要供给契合程度比较低,教师虽然准确认识到了幼儿家长对一些内容的需要,但在指导实践中却不能提供相应的内容指导。

表 7-9 幼儿园家庭教育指导内容的需要供给契合度分析

	家长自评		教师评价		现实指导		家长-教师(P)	家长-现实(P)
	平均值	标准差	平均值	标准差	平均值	标准差		
家庭教育内容与方法	4.62	0.690	4.69	0.592	4.71	0.463	0.107	0.018
教育政策法规宣讲	4.46	0.875	4.44	0.876	3.60	0.504	0.790	0.000
儿童健康发展与教育	4.65	0.602	4.67	0.550	4.73	0.41	0.649	0.017
家庭沟通	4.59	0.733	4.59	0.682	4.67	0.456	0.977	0.034
家庭问题解决	4.49	0.823	4.48	0.834	2.57	0.489	0.942	0.000
家庭社会关系建设	4.52	0.784	4.58	0.643	4.16	0.516	0.236	0.000
亲职角色调适	4.52	0.765	4.54	0.750	2.31	0.465	0.757	0.000

(四)幼儿园家庭教育指导形式的需要供给契合度低

1. 幼儿家长家庭教育指导形式需要的一般情况:偏好的指导形式比较多样

幼儿家长偏好的家庭教育指导形式如表 7-10 所示。由表 7-10 可知,平均每位家长选择了 4 种偏好的指导形式,幼儿家长最偏好的家庭教育指导形式是亲子活动(16.3%)、家长开放日(16.1%),然后是家长会或家长学校(14.6%),电话或网络方式与推送专家讲座视频或家庭教育信息两种形式所占比重相同(10.8%),家园联系栏或联系手册与家访两种形式的接受度相似(9.9%、

8.0%),组建家长学习小组方式也得到6.9%的响应率。相对来说,个别接待形式最不受家长欢迎,响应率是4.8%。

表7-10 幼儿家长偏好的指导形式描述统计表(N=2 171)

	响应 个案数	响应 百分比(%)	个案百分比(%)
通过电话或网络	1 094	10.8	50.4
家长会或家长学校	1 474	14.6	67.9
家访	809	8.0	37.3
亲子活动	1 648	16.3	75.9
家长开放日	1 624	16.1	74.8
家园联系栏或联系手册	995	9.9	45.8
个别接待	486	4.8	22.4
推送专家讲座视频或家庭教育信息	1 086	10.8	50.0
组建家长学习小组	692	6.9	31.9
其他	178	1.8	8.2
总计	10 086	100.0	464.6

2. 幼儿家长家庭教育指导形式需要的群体内差异分析:父母之间、城乡家长之间、不同职业家长之间、不同学历家长之间的需要差异显著

本研究运用多种响应分析结合交叉表卡方检验,解析幼儿家长对家庭教育指导形式需要的群体内差异。幼儿父母对指导形式的偏好差异详见表7-11。对偏好差异的卡方检验结果是$P=0.001$,表示差异显著,即幼儿父母偏好的指导形式存在显著差异。从表7-11可以看出,爸爸更偏好家长会或家长学校、亲子活动、家访、个别接待、组建家长学习小组方式,妈妈更偏好家长开放日、家园联系栏或联系册方式,在通过电话或网络与推送专家讲座视频或家庭教育信息两种方式上,爸爸妈妈的偏好差别不大。

表7-11 幼儿父母对家庭教育指导形式的偏好统计表(N=2 171)

		身份 爸爸	身份 妈妈
通过电话或网络	计数	271	813
	占家长身份的百分比	10.3%	10.8%
家长会或家长学校	计数	437	1 110
	占家长身份的百分比	**16.5%**	**14.7%**

续表

		身份	
		爸爸	妈妈
家访	计数	228	576
	占家长身份的百分比	**8.6%**	**7.7%**
亲子活动	计数	470	1 259
	占家长身份的百分比	**17.8%**	**16.7%**
家长开放日	计数	357	1 252
	占家长身份的百分比	13.5%	16.6%
家园联系栏或联系手册	计数	237	745
	占家长身份的百分比	9.0%	9.9%
个别接待	计数	148	334
	占家长身份的百分比	**5.6%**	**4.4%**
推送专家讲座视频或家庭教育信息	计数	265	811
	占家长身份的百分比	10.0%	10.8%
组建家长学习小组	计数	186	496
	占家长身份的百分比	**7.0%**	**6.6%**
其他	计数	42	131
	占家长身份的百分比	1.6%	1.7%

乡村和城市幼儿家长对指导形式的偏好差异见表7-12。对偏好差异的卡方检验结果是$P=0.01$,表示差异显著,即乡村幼儿家长与城市幼儿家长偏好的指导形式存在显著差异。从表7-12可以看出,乡村的幼儿家长对家长会或家长学校、家访2种形式的偏好度比城市家长高,城市幼儿家长对家长开放日、亲子活动、个别接待和推送专家讲座视频或家庭教育信息4种形式的偏好度比乡村幼儿家长高,在其他几种形式上差异不大。

表7-12 乡村和城市幼儿家长指导形式偏好的差异分析($N=2\,171$)

		地区	
		乡村	城市
通过电话或网络	计数	480	614
	占地区的百分比	10.8%	10.9%
家长会或家长学校	计数	676	798
	占地区的百分比	**15.2%**	**14.2%**

续表

		地区	
		乡村	城市
家访	计数	386	423
	占地区的百分比	**8.7%**	**7.5%**
亲子活动	计数	714	934
	占地区的百分比	16.0%	16.6%
家长开放日	计数	692	932
	占地区的百分比	15.5%	16.6%
家园联系栏或联系手册	计数	443	552
	占地区的百分比	9.9%	9.8%
个别接待	计数	199	287
	占地区的百分比	4.5%	5.1%
推送专家讲座视频或家庭教育信息	计数	462	624
	占地区的百分比	10.4%	11.1%
组建家长学习小组	计数	305	387
	占地区的百分比	6.8%	6.9%
其他	计数	100	78
	占地区的百分比	2.2%	1.4%

不同职业的幼儿家长对指导形式的偏好差异见表7-13。对偏好差异的卡方检验结果是$P=0.034$，表示差异显著，即不同职业的幼儿家长偏好的指导形式存在显著差异。从表7-13可以看出，电话或网络形式最受公司职员幼儿家长偏好；家长会或家长学校最受农民、自主创业的幼儿家长偏好，最不受公务员幼儿家长偏好；家访最受农民、公务员幼儿家长偏好；亲子活动和家长开放日最不受农民幼儿家长偏好；家园联系栏或联系手册最不受自主创业的幼儿家长偏好；个别接待最受公务员幼儿家长偏好；组建家长学习小组最受农民幼儿家长偏好，最不受公司职员幼儿家长偏好。

表7-13 不同职业幼儿家长指导形式偏好的差异分析($N=2\,171$)

		农民	公司职员	自主创业	事业单位员工	公务员	其他
通过电话或网络	计数	52	442	96	178	73	253
	占职业的百分比	**10.0%**	**11.2%**	10.1%	10.6%	10.9%	10.9%

续表

		农民	公司职员	自主创业	事业单位员工	公务员	其他
家长会或家长学校	计数	83	586	154	234	77	340
	占职业的百分比	**16.0%**	14.9%	**16.1%**	13.9%	**11.5%**	14.6%
家访	计数	48	312	80	127	61	181
	占职业的百分比	**9.2%**	7.9%	8.4%	**7.6%**	9.1%	7.8%
亲子活动	计数	82	652	161	273	110	370
	占职业的百分比	**15.8%**	16.6%	16.9%	16.2%	16.4%	15.9%
家长开放日	计数	67	641	156	280	111	369
	占职业的百分比	**12.9%**	16.3%	16.4%	**16.7%**	16.5%	15.8%
家园联系栏或联系手册	计数	54	393	89	166	66	227
	占职业的百分比	**10.4%**	10.0%	**9.3%**	9.9%	9.8%	9.7%
个别接待	计数	22	172	38	93	47	114
	占职业的百分比	4.2%	4.4%	**4.0%**	5.5%	**7.0%**	4.9%
推送专家讲座视频或家庭教育信息	计数	55	436	99	187	70	239
	占职业的百分比	10.6%	**11.1%**	10.4%	**11.1%**	10.4%	**10.3%**
组建家长学习小组	计数	42	248	67	120	48	167
	占职业的百分比	**8.1%**	**6.3%**	7.0%	7.1%	7.2%	7.2%
其他	计数	14	50	14	23	8	69
	占职业的百分比	2.7%	1.3%	1.5%	1.4%	**1.2%**	**3.0%**

不同学历的幼儿家长对指导形式的偏好差异见表7-14。对偏好差异的卡方检验结果是 $P=0.052$,正好是临界值,可以认为不同学历水平的幼儿家长偏好的指导形式存在显著差异。从表7-14可以看出,家长会或家长学校最受高中及以下和职业中专学历的幼儿家长的偏好,最不受硕士及以上学历的幼儿家长偏好;家访最受高中及以下学历的幼儿家长偏好;亲子活动、家长开放日最不受高中及以下学历的幼儿家长偏好;个别接待最受硕士及以上学历的幼儿家长偏好;本科及以上学历的幼儿家长较偏好推送专家讲座视频或家庭教育信息;组建家长学习小组最受高中及以下学历的幼儿家长偏好。

表 7-14 不同学历幼儿家长指导形式偏好的差异分析（$N=2\ 171$）

		高中及以下	职业中专	大专或同等学力	本科	硕士及以上
通过电话或网络	计数	211	122	241	370	150
	占学历的百分比	**10.5%**	**11.4%**	10.7%	11.0%	10.8%
家长会或家长学校	计数	316	166	335	481	176
	占学历的百分比	**15.7%**	**15.5%**	14.9%	14.3%	**12.7%**
家访	计数	172	88	174	259	116
	占学历的百分比	**8.6%**	8.2%	7.8%	**7.7%**	8.4%
亲子活动	计数	304	173	380	564	227
	占学历的百分比	**15.1%**	16.1%	**16.9%**	16.7%	16.4%
家长开放日	计数	285	165	369	579	226
	占学历的百分比	**14.2%**	15.4%	16.5%	**17.2%**	16.3%
家园联系栏或联系手册	计数	204	105	222	329	135
	占学历的百分比	**10.2%**	9.8%	9.9%	9.7%	9.7%
个别接待	计数	96	49	96	157	88
	占学历的百分比	4.8%	4.6%	**4.3%**	4.7%	**6.3%**
推送专家讲座视频或家庭教育信息	计数	210	113	237	374	152
	占学历的百分比	10.5%	10.5%	10.6%	**11.1%**	**11.0%**
组建家长学习小组	计数	156	69	152	209	106
	占学历的百分比	**7.8%**	6.4%	6.8%	**6.2%**	7.6%
其他	计数	53	23	37	53	12
	占学历的百分比	**2.6%**	2.1%	1.6%	1.6%	0.9%

3. 幼儿园家庭教育指导形式的需要供给契合度分析：幼儿家长偏好的指导形式与幼儿园教师偏好的指导形式之间差异显著

本研究运用多种响应分析结合交叉表卡方检验，解析幼儿园家庭教育指导形式的需要供给契合程度，如果幼儿家长偏好的指导方式与幼儿园教师偏好的指导形式差异不显著，说明指导形式的需要供给契合程度较高，反之，说明指导形式的需要供给契合程度较低，不能很好地满足幼儿家长的指导需要。卡方检验结果是 $P<0.001$，说明幼儿家长偏好的指导形式与幼儿园教师偏好的指导形式之间差异显著，具体差异情况见表 7-15。从表中可知，幼儿家长最偏好的前 4 种指导形式依次是亲子活动、家长开放日、家长会或家长学校、电话或网络方式

（推送专家讲座视频或家庭教育信息与之并列第 4），幼儿园教师最偏好的前 4 种指导形式依次是家长会或家长学校、家长开放日、电话或网络方式（亲子活动与之并列）和推送专家讲座视频或家庭教育信息。另外，幼儿家长和幼儿园教师对家访和个别接待 2 种指导形式的偏好差别特别显著，幼儿园教师比幼儿家长更喜欢家访和个别接待指导形式。

表 7-15 幼儿园家庭教育指导形式需要供给契合度分析

		角色	
		家长	教师
通过电话或网络	计数	1 094	131
	占角色的百分比	**10.8%**	**11.8%**
家长会或家长学校	计数	1 474	145
	占角色的百分比	**14.6%**	**13.1%**
家访	计数	809	113
	占角色的百分比	**8.0%**	**10.2%**
亲子活动	计数	1 648	131
	占角色的百分比	**16.3%**	**11.8%**
家长开放日	计数	1 624	143
	占角色的百分比	**16.1%**	**12.9%**
家园联系栏或联系手册	计数	995	123
	占角色的百分比	9.9%	11.1%
个别接待	计数	486	97
	占角色的百分比	**4.8%**	**8.8%**
推送专家讲座视频或家庭教育信息	计数	1 086	129
	占角色的百分比	**10.8%**	**11.6%**
组建家长学习小组	计数	692	84
	占角色的百分比	6.9%	7.6%
其他	计数	178	12
	占角色的百分比	1.8%	1.1%

(五) 幼儿园家庭教育指导的要求能力契合度低

1. 幼儿园家庭教育指导要求能力契合度分析：实然能力低于应然能力，幼儿园教师对指导能力的提升需要强烈

本研究在参考相关文献的基础上[1][2]，依据对幼儿园家庭教育指导目的、原则、内容和方式的理解，提出幼儿园教师进行家庭教育指导需要具备的 9 种能力：与家长沟通的能力、分析解决儿童发展问题的能力、分析解决家庭教育问题的能力、分析解决家庭矛盾的能力、发现和洞察家长指导需要的能力、为家长提供个性化指导的能力、宣讲和传播家庭教育知识的能力、设计和实施指导活动的能力、为有特殊需要儿童的家长提供指导的能力。幼儿园教师对这 9 种能力的提升需要见表 7-16。从表中可知，幼儿园教师对 9 种指导能力的提升需要程度都非常高，这反映出幼儿园教师自己觉得实然的指导能力与应然的指导能力之间有较大差距，现有的指导能力不足以支撑他们高质量地进行指导工作，不能很好地满足幼儿家长的指导需要。单因素方差分析发现，乡村和城市、不同教龄、不同学历的幼儿园教师对指导能力的提升需要不存在显著的差异。

表 7-16　幼儿园教师指导能力提升需要的描述统计表（$N=178$）

	最小值	最大值	平均值	标准差
与家长沟通的能力	1	5	4.54	0.745
分析解决儿童发展问题的能力	1	5	4.60	0.692
分析解决家庭教育问题的能力	1	5	4.60	0.692
分析解决家庭矛盾的能力	1	5	4.37	0.918
为家长提供个性化指导的能力	1	5	4.41	0.854
发现和洞察家长指导需要的能力	1	5	4.46	0.803
宣讲和传播家庭教育知识的能力	1	5	4.40	0.885
设计和实施指导活动的能力	1	5	4.45	0.877
为有特殊需要儿童的家长提供指导的能力	1	5	4.49	0.859

---

[1] 李洪曾,夏小红.幼儿园教师家庭教育指导专业自觉品质的调查报告[J].上海教育科研,2014(2):60-63.

[2] 晏红.家庭教育指导者的专业素质结构分析[J].江苏教育,2017(16):11-14.

2. 幼儿园教师家庭教育指导经验的主要来源：在指导实践中积累是最主要的来源

幼儿园教师家庭教育指导经验的主要来源详见表 7-17，从表中内容可知，幼儿园教师指导经验的最主要的 5 个来源依次是在指导实践中积累（27.9%）、职后的相关培训（21%）、自学家庭教育和家庭教育指导的知识（18.7%）、职前教育（16.8%）以及从事家庭教育和家庭教育指导的研究（14%）。表 7-18 是幼儿园教师希望的指导能力提升方式的描述统计表，根据表中内容可知，幼儿园教师最希望的提升指导能力的 3 种方式依次是开展家庭教育和家庭教育指导研究（19.8%）、线上专题培训（18.8%）、幼儿园组织家庭教育指导教研（18.7%）。对比两个表格的内容可以发现，幼儿园教师家庭教育指导经验主要依靠自己在实践中积累和自学（46.6%），职前教育和职后培训所占比重不高（37.8%），而幼儿园教师希望的提升指导能力的方式是开展家庭教育和家庭教育指导研究、专题培训与教研。

表 7-17　幼儿园教师指导经验来源的描述统计表（$N=178$）

	响应 个案数	响应 百分比（%）	个案百分比（%）
职前教育	95	16.8	53.4
职后的相关培训	119	21.0	66.9
在指导实践中积累	158	27.9	88.8
自学家庭教育和家庭教育指导的知识	106	18.7	59.6
从事家庭教育和家庭教育指导的研究	79	14.0	44.4
其他	9	1.6	5.1
总计	566	100.0	318.2

表 7-18　幼儿园教师希望的指导能力提升方式的描述统计表（$N=178$）

	响应 个案数	响应 百分比（%）	个案百分比（%）
开展家庭教育和家庭教育指导研究	137	19.8	77.0
线上专题培训	130	18.8	73.0
线下专题培训	108	15.6	60.7

续表

	响应		个案百分比(%)
	个案数	百分比(%)	
幼儿园组织家庭教育指导教研	129	18.7	72.5
自学和实践	90	13.0	50.6
与政府和社区的家庭教育指导人员组成共同体	90	13.0	50.6
其他	7	1.0	3.9
总计	691	100.0	388.3

四、研究结果分析

(一)幼儿家长对家庭教育指导的认知状况

本研究调查发现,几乎全部参与调查的幼儿家长都认同家庭教育对儿童发展的重要作用,但只有一半的幼儿家长对自家的家庭教育现状比较满意。12.9%的调查对象没有听说过家庭教育指导,40.3%的调查对象听说过但只了解一点,只有15.8%的调查对象比较了解家庭教育指导。调查对象的家庭教育经验主要来源于书籍、网络等大众媒介,自己在教育孩子过程中的积累和对自身成长经历的总结反思,来源于专业的家庭教育指导的经验还少于父母传授的经验。调查对象虽然不是很了解家庭教育指导,但有93%的调查对象都表达出对幼儿园家庭教育指导的需要。这些调查结果说明,家庭教育指导非常有必要,而且是幼儿家长迫切需要的。但目前家庭教育指导服务的普及程度还较低,许多幼儿家长不了解甚至都没有听说过,家庭教育指导提供的专业教育知识在幼儿家长的家庭教育经验中所占比重还不到五分之一。

(二)幼儿园家庭教育指导的现状

本研究对幼儿园教师的调查发现,仅有17.4%的调查对象对家庭教育指导非常了解,38.8%的调查对象比较了解,还有调查对象没有听说过;57.3%的调查对象能正确认识家庭教育指导的目的,还有36%的调查对象把家庭教育指导的目的等同于狭义家园合作的目的;调查对象的家庭教育指导经验主要来自自己在指导实践中的积累,经验来自培训的比重刚到21%。调查的幼儿园中,16.9%的幼儿园没有进行家庭教育指导工作安排或让教师自行安排且没有具体工作要求,34.3%的幼儿园已经把家庭教育指导纳入常规工作,但没有建立专门的指导团队,23.6%的幼儿园把家庭教育指导纳入常规工作而且建立了专门的指导团队,25.3%的幼儿园建立了专门的指导团队并且能开展家庭教育指导教研。这些调查结果说明,幼儿园家庭教育指导工作还处在起步阶段,无论是幼儿园教师对家庭教育指导的认知、知识储备,还是幼儿园对家庭教育指导工作的组织安排,都亟待提升。

(三) 幼儿园家庭教育指导的契合度

本研究发现,幼儿园教师和幼儿家长在对"幼儿家长是否需要家庭教育指导""幼儿家长需要什么指导内容"的认知上的契合度非常高,两者都认为幼儿家长非常需要家庭教育指导,对家庭教育内容与方法、教育政策法规宣讲、儿童健康发展与教育、家庭沟通、家庭问题解决、亲职角色调适、家庭社会关系建设7项指导内容的需要程度都很高。但是,幼儿园家庭教育指导的需要供给契合度和要求能力契合度却比较低,不能很好地满足幼儿家长的指导需要。

本研究中,幼儿园家庭教育指导需要供给契合度包括指导内容的需要供给契合度和指导形式的需要供给契合度。指导内容的需要供给契合度低表现为,幼儿园教师虽然精确地认识到幼儿家长需要的指导内容,但并没能很好地把这些内容落实到实际指导工作中,以致不能满足幼儿家长的指导内容需要。这一低契合度反映出了当下幼儿园教师进行家庭教育指导时心有余而力不足的状态。以下两方面可能是造成这一状态的重要原因:一方面,幼儿园教师认识到儿童的发展状态受家庭生活、父母情绪状态、家庭教育等多种家庭因素的综合影响,儿童的健康发展需要一个良好的家庭生态环境,他们想帮助幼儿家长为儿童发展创建一个良好的家庭生态环境;另一方面,职前教育和职后培训中均缺乏相关指导内容的培养和培训,致使他们缺乏相应的指导能力。本研究对幼儿园教师指导能力提升需要、指导经验来源的调查结果就证明了这一点。本研究调查发现,幼儿园家庭教育指导的要求能力契合度比较低,幼儿园教师实然的指导能力与应然的指导能力差异显著,职前教育和职后培训还不能为幼儿园教师提供足够的指导经验。

指导形式的需要供给契合度低表现为,幼儿家长偏好的指导形式与幼儿园教师偏好的指导形式存在显著差异。这可能是因为幼儿园教师没能从幼儿家长的角度思考不同指导形式对幼儿家长的要求和影响,没能细致思考幼儿家长间的个体差异。本研究调查发现,幼儿家长在指导内容需要和指导形式偏好上都存在显著的个体差异,乡村和城市幼儿家长、不同学历、不同职业的幼儿家长对指导内容的需要不同,对指导形式的偏好不同。因此,幼儿园家庭教育指导要提高需要供给的契合度,更好地满足幼儿家长的指导需要,就要既能站在幼儿家长的角度选择指导内容和指导形式,又能做到指导内容丰富、指导形式多样,而且能根据时代发展不断调整和创新[1]。

五、教育建议

(一) 加快推进家庭教育指导服务的宣传和落地落实

家庭教育既是家事又是国事,需要家庭和国家的同心协力。随着教育水平的提升,越来越多的幼儿家长认识到家庭教育的重要性,在家庭教育上投入更多,对家庭教育成果的期望值也更高。儿童教育既是科学又是艺术,家长的家庭教育能力不是家长身份的附属品,不会自然产生和增长。要提升家庭教育质量,家庭需要国家的专业支持。从本研究的调查结果来看,许多幼儿家长还不了解家庭教育指导,一部分幼儿园教师也不了解家庭教育指导,说明家庭教育指导服务工作的宣传还不够,落地、落实情况差。为此,应加大家庭教育指导服务的宣传工作,加快推进家庭教育指导服务的落地落实,特别是大力推进幼儿园的家庭教育指导工作走深走实,因为学校是提供家庭教育指导服务的主要阵地,在建立健全我国家庭教育指导服务体系中发挥着至关重要的作用[2]。

(二) 幼儿园推进家庭教育指导工作的制度化建设

家庭教育指导已然是幼儿园的法定工作内容,幼儿园应该立即开始家庭教育指导工作的制度化建设,保证家庭教育指导工作规范、科学地开展。我们幼儿园有优良的家园合作工作基础,可以依托家园合作的工作制度建设家庭教育指导的工作制度,但是不能完全照搬家园合作工作制度或简单地把家庭教育指导完全纳入家园合作工作制度。家庭教育指导与现行的家园合作是有区别的,现行的家园合作多多少少带有"幼儿园中心主义"的倾向,工作重心是促进幼儿园的工作[3],往往将家长视为幼儿园教育的辅助者和配合者[4]。家庭教育指导工作的重心是提升幼儿父母的家庭教育能力,促进幼儿家庭教育的发展。所以,家庭

---

[1] 王佳佳,陶琦.政府购买家庭教育服务的法律规制及其实现——基于10省市《家庭教育促进条例》的文本分析[J].教育探索,2021(8):7-10.

[2] 边玉芳,袁柯曼,张馨宇.我国学校家庭教育指导服务体系的现状、挑战与对策分析——基于我国9个省(市)的调查结果[J].中国教育学刊,2021(12):22-27+78.

[3] 冯晓霞,王冬梅.让家长成为教师的合作伙伴[J].学前教育,2000(2):4-5.

[4] 侯丽.幼儿园与家庭合作关系的重构[J].学前教育研究,2020(10):89-92.

教育指导工作需要有针对性的管理制度、组织架构、职责要求、工作程序、培训督导等。幼儿园家庭教育指导工作要在规范的基础上推进高质量发展。

(三) 通过职前教育和职后培训提升指导者的家庭教育指导能力

幼儿园家庭教育指导的需要供给契合度和要求能力契合度都反映出,幼儿园教师的家庭教育指导能力薄弱以及幼儿园教师强烈的能力提升需要。这一研究结果建议,在幼儿园教师的职前教育和职后培训中增加家庭教育指导的专项内容,培养和提高幼儿园教师进行家庭教育指导的能力。家庭教育指导是一项专业活动,对指导态度、知识和能力都有特别的要求。家庭教育指导者角色与幼儿教育者角色对幼儿园教师提出了不同行为规范和能力要求。两种角色要求之间虽然有相同部分,但也有许多不同,比如家庭教育指导的能力要求包括与家长沟通的能力、分析解决儿童发展问题的能力、分析解决家庭教育问题的能力、分析解决家庭矛盾的能力、为家长提供个性化指导的能力、发现和洞察家长指导需要的能力、宣讲和传播家庭教育知识的能力、设计和实施指导活动的能力以及为有特殊需要儿童的家长提供指导的能力。这些能力在幼儿园教师的职前教育中没有专门培养,在职后培训中也少有涉及。只有幼儿园教师的家庭教育指导能力提升了,幼儿园家庭教育指导服务才能更契合幼儿家长的指导需要。因此,家庭教育指导的专项教育和培训亟待实施。

六、研究结论

本研究依据个人-环境契合理论分析幼儿园家庭教育指导的需要供给契合度和要求能力契合度。通过对2 171名幼儿家长和178名幼儿园教师的调查发现:幼儿家长和幼儿园教师对家庭教育指导的了解程度都不高,但都非常认同它的重要性;幼儿家长对指导内容的需要、对指导形式的偏好受家庭所在地、职业和学历的显著影响;幼儿园家庭教育指导内容和指导形式的需要供给契合度都比较低,不能有效满足幼儿家长的指导需要;幼儿园家庭教育指导的要求能力契合度也比较低,幼儿园教师的实然指导能力与应然指导能力差异显著。为提高幼儿园家庭教育指导的契合度,幼儿园教师需要站在幼儿家长的角度选择指导内容和形式,职前教育和职后培训中需要增加家庭教育指导的专业性内容。

第八章

乡村幼儿园教师家庭教育指导现状与提升需要研究[①]

一、问题提出

有研究发现,当前我国大部分城市家长并未系统接受家庭教育的学习和训练,缺乏科学的家庭教育理念和相关知识,更多的是凭个人生活经验教育孩子[②]。研究者对幼儿家长家庭教育经验来源途径的调查也发现,社区或幼儿园提供的家庭教育指导途径,在乡村和城市幼儿家长的家庭教育经验来源途径中所占的比重都不高[③]。这些调查结果都说明,当下幼儿家长是非常需要专业的家庭教育指导的。与城市幼儿家长相比,乡村幼儿家长更需要专业的家庭教育指导,因为乡村幼儿家长较低的受教育水平、经济收入水平限制了他们的教育观念和行为,留守现象更是加剧了乡村幼儿家长的教育困难。一项关于乡村学前儿童家庭教育的调查发现,家长对家庭教育职责的认识虽然比较到位,但家庭教育意识和教育效能感较差,亲子关系虽好但处理亲子冲突的能力较低,父亲在家庭教育中缺位较为严重[④]。但是,当下家庭教育指导服务存在城乡发展不均,个体所获得的家庭教育指导机会存在差异[⑤],乡村幼儿家长虽然更需要指导服务但获得的机会却更少。乡村幼儿园是为乡村幼儿家长提供家庭教育指导服务的主要机构,提升乡村幼儿园的家庭教育指导服务能力对满足乡村幼儿家长的指导服务需要至关重要。

目前关于乡村幼儿园家庭教育指导的研究不多且聚焦于幼儿园整体视角,

[①] 本章的研究资料来源于研究者指导的 2020 级乡村定向班张睿同学收集的毕业论文资料。
[②] 刘秀英,孟娜,岳坤.中国城市家庭教育社会支持现状研究[J].少年儿童研究,2020(12):5-28.
[③] 详见第七章内容。
[④] 解会欣,陈丽,杨秀治.农村学前儿童家庭教育现状及影响因素研究——基于保定市 4519 个家庭的数据[J].北京教育学院学报,2023,37(2):52-60.
[⑤] 边玉芳,鞠佳雯,孙水香.家庭教育指导服务体系的区域推进:基本特征、现实困境与实施路径[J].中国电化教育,2022(1):59-65.

基于幼儿园教师视角的研究还没有。幼儿园教师是幼儿园家庭教育指导服务最主要的提供者,他们对家庭教育指导的认知、提供的指导内容和指导形式、指导问题的解决、指导需要的满足等都直接决定着幼儿园家庭教育指导服务的质量,因此有必要对此进行深入的研究。基于此,本研究基于乡村幼儿园教师视角,通过描述他们进行家庭教育指导的现状和遇到的困难,深入分析他们家庭教育指导存在的问题以及提升需要,为帮助他们解决指导困难、满足乡村幼儿园家庭教育指导的提升需要建言献策。

二、研究方法

(一) 研究对象

本研究通过方便取样的方式选择了访谈员家乡 3 所乡村幼儿园的园长、主班和副班教师作为潜在的访谈对象。在正式访谈前,访谈员与潜在的访谈对象进行沟通,向其解释访谈的主题与目的,征询他们的参与意愿,在获得他们的同意后将其列为正式的访谈对象。共有 15 位教师愿意作为访谈对象参与访谈,其中 9 位教师参与集体访谈,6 位教师参与个别访谈。15 位访谈对象的人口统计学信息见表 8-1。

(二) 研究工具

本研究主要通过访谈法进行研究。本研究在参考相关研究的基础上,结合乡村幼儿园和乡村幼儿家庭教育的实际情况编制了《乡村幼儿园教师家庭教育指导访谈提纲》。在访谈对象的同意授权下,访谈员对访谈进行全程录音,保证访谈资料的真实完整。运用 Nvivo11 Plus 质性分析软件对访谈资料进行分析。

表 8-1 访谈对象的人口统计学信息统计表($N=15$)

编号	所在班级	性别	年龄	教龄	职务	学历
A	小班	女	24	2	副班老师	本科
B	大班	女	28	6	主班老师	本科
C	大班	女	30	8	年级组长	专科
D	中班	女	54	36	园长	硕士
E	大班	女	26	4	副班老师	专科
F	中班	女	23	1	副班老师	本科

续表

编号	所在班级	性别	年龄	教龄	职务	学历
G	大班	女	24	2	主班老师	本科
H	小班	女	25	3	主班老师	本科
I	中班	男	23	1	副班老师	本科
J	小班	女	42	20	主班主任	专科
K	小班	女	23	1	副班老师	专科
L	小班	女	32	10	年级组长	专科
M	大班	女	29	9	年级组长	专科
N	中班	女	24	2	副班老师	本科
O	大班	女	35	13	副园长	专科

三、研究结果

(一) 乡村幼儿园教师对家庭教育指导的认知模糊

幼儿园教师如何开展家庭教育指导深受他们对家庭教育指导认知的影响。因此,本次研究首先访谈了乡村幼儿园教师对家庭教育指导的认知状况,主要从对家庭教育指导内涵的理解、对家庭教育指导重要性的认识、对家庭教育指导与家园合作异同的认知、对家庭教育指导工作素养的认知四个方面分析乡村幼儿园教师对家庭教育指导的认知状况,结果发现乡村幼儿园教师对家庭教育指导的认知较模糊。

1. 对家庭教育指导内涵的理解:多数人有了解,但理解不准确

本次访谈中,有2位教师没有明确说出自己对家庭教育指导是什么的理解,5位教师直言对家庭教育指导比较生疏,其余教师都明确表达了对家庭教育指导的理解。如教师E认为:家庭教育指导是引导家长如何正确对待幼儿,了解幼儿年龄特点,科学育儿的过程。教师H认为:家庭教育指导指的是教师通过指导帮助幼儿家长了解幼儿家庭教育,促进幼儿全面发展的过程。教师I表示:家庭教育指导是教师和家长合作的一种形式,其核心是教师通过专业知识对家长、家长所在的家庭以及幼儿进行指导和帮助,同时也是家校联系的重要一环,也是教师在实施课堂以外的重要环节。教师J认为:家庭教育指导是教师针对父母对幼儿教育的过程进行指导,帮助家长提升教育的质量,从而促进幼儿的

成长。

通过访谈可知,大多数的教师能够根据自己的理解说出家庭教育指导的含义。这些含义存在共同之处:他们都认为家庭教育指导是教师对家长的指导,存在家长与幼儿园教师两个主体。

2. 对家庭教育指导重要性的认知:一致认同家庭教育指导的重要性

所有参与访谈的教师都认为家庭教育指导很重要。教师 A 从教师和家长两个角度阐述理由:家庭教育指导能够更加地了解幼儿的实际情况,更好地了解幼儿的个性,从其家庭情况出发,为幼儿园提供一对一成长计划;对于年轻父母,是能够帮助家长了解幼儿,更好地帮助幼儿适应幼儿园集体生活,为幼儿未来进入小学、初中等打下基础。教师 C 从幼儿的角度出发:孩子的第一个教育是家庭教育,家庭教育是主阵地,孩子最初的习惯是由家庭模仿而形成的,可以认为是教育的"水源地",如果家长能够获得很好的家庭教育指导,有利于幼儿最初的发展。教师 D 只明确表达了自己的观点:家庭教育指导肯定是非常重要的。

教师 F 认为:我觉得高质量的家庭教育指导会使幼儿兴趣和习惯的培养更为有效,可以去发现孩子的兴趣,让家长去了解孩子的兴趣,了解他们这个年龄阶段需要什么,对孩子的培养有一个确定的目标,让孩子去更好地成长;最重要的就是帮助家长去学习怎样教育孩子等一些专业知识,让家长在教育时更加合理;对于教师自身,可以帮助教师更多地了解孩子的个性,深入了解孩子有什么样的差异、特征,更好地因材施教;还可以通过家庭教育指导活动提高自己这方面的能力,更好地完善自己。

教师 G 通过比喻的方式表达:家庭教育对幼儿来说是很重要的,家长是第一任老师,我们老师自然要做好家庭教育指导。家庭教育指导就类似于种子站和农户的关系,孩子在学校学习到好习惯、新知识,就相当于农民拿到种子,而种子是否长得好,还需要家庭配合。而家长在这里扮演了一种类似于广袤的土地的角色,给孩子以自由发挥的空间,因为幼儿的理解能力达不到成人的水平,更多地需要亲手做、亲自体验。不仅是幼儿在幼儿园里学了,更多的要家庭配合,给予他们实践的机会和空间。

教师 I 从幼儿、家长和教师三大核心视角说道:家庭教育指导对幼儿来说是非常重要的,幼儿在家庭中的时间也占一大部分。由于家长学历、性格的限制,幼儿在家庭和幼儿园接收到的观念是不一样的,更需要教师和家长进行沟通,用专业化的语言、知识形成再教育;对于家长来说,家庭教育一直是他们烦心的一个点,很多家长由于职业、自身的性格限制,对于怎么教幼儿、怎么在日常生活中与幼儿相处,会遇到各种各样的问题,这时便需要有专业知识的教师对其进行指导;对于幼儿教师而言,家庭教育指导对于拉近师幼之间的关系有着重要意义,通过家庭教育指导的过程,通过家长反馈幼儿在家中的情况,教师可以更加了解幼儿,进一步对幼儿的身心指标有一定的掌握。

通过访谈我们发现,乡村幼儿园教师基本上都认同家庭教育指导的重要性,都能认识到家庭教育指导给幼儿、家长和教师带来的积极作用。

3. 对家庭教育指导与家园合作异同的认知:不能清楚认识两者的异同

访谈教师对"家庭教育指导"与"家园合作"之间异同的认知比较多样。如教师 D 认为:如果家园合作得非常好的话,那必然会对教师开展家庭教育指导有帮助。尤其是在《3~6 岁儿童学习与发展指南》颁布以后,它不仅仅对幼儿园的教育有一定的指导意义,也对家庭教育指导起到了方向性的作用,它对我们的家长,也会有很好的指导作用。教师 J:我认为家庭教育指导的概念小一些。教师 K:两者的侧重点不一样,家庭教育指导倾向于教师给家长的建议,帮助家长获得方法和能力等,而家园合作是双方一起去配合,所涉及的内容就多了。教师 L:家庭教育指导是老师单向指导的过程,而家园合作是双向奔赴。

教师 A:两者是相辅相成的,家庭教育指导就是为了辅助家园合作的。乡村的幼儿家长其实在很大程度上不能做好家园合作的工作,如果能够给家长在家庭教育上提出建设性的建议,或是能够帮助家长解决幼儿的问题,长此以往,家长会与老师建立起信任,愿意相信老师是有能力去帮助幼儿更好地发展。教师 B:两者的共通之处是都需要沟通,都需要合作。幼儿有一半的时间待在幼儿园,一半的时间待在家里,如何权衡好两者的教育,需要老师与家长共同合作完成。教师 G:家庭教育指导是家园合作的基础,两者需要配合,相辅相成。就像种子发芽,需要阳光、雨露和土壤一起努力,总会在孩子心中种下好习惯的种子。

总体来看,教师们的认知是有差异的,大致有两种观念。1/2 的教师认为家庭教育指导隶属于家园合作,他们认为家庭教育指导是单向的,而家园合作则是双向的,家庭教育指导只是家长配合幼儿园教师指导的过程。1/4 的教师认为两者工作的重心是不一样的,他们认为进行家庭教育指导工作的重心是提升家长在家中教育孩子的能力。还有少部分教师在表达时有些含糊,不能具体说出两者的异同。

Nvivo11 Plus 的词语云分析结果见图 8-1,从图中可以看出,"合作""相辅相成""配合""共同"等词被提到的次数很多,大部分教师认为家庭教育指导和家园合作都是围绕着孩子健康发展进行的工作,且两者缺一不可。

图 8-1　家庭教育指导和家园合作关系的词语云

4. 对家庭教育指导工作素养的认知:能初步认识到家庭教育指导需要的知识和心理素养

研究者对访谈内容进行三级编码,梳理乡村幼儿园教师自己理解的开展家庭教育指导需要具备的工作素养,得到了 8 个二级编码,详见表 8-2。

表 8-2　乡村幼儿园教师对家庭教育指导工作素养的认知分析表

一级编码	二级编码	节点数目	原始资料实例
家庭教育指导工作素养	强大的心理素质	2	不内耗;好的心理素养
	专业性	7	专业素质和知识;研究能力;专业引领
	语言表达能力	9	沟通;交流;输出;领会
	观察能力	2	善于观察的眼睛;进行观察分析
	耐心	3	足够的耐心;肯吃苦、下功夫
	共情能力	4	理解;建立情感;尊重;换位思考;互动
	连续性	1	延续;跟踪
	组织与合作能力	1	组织与策划;合作

由编码结果可知,幼儿园教师提出的指导素养中被提及最多的是语言表达能力。如教师 B 认为:所有的家庭教育指导都建立在沟通的基础上。教师 D 表

示:我们要有很好的沟通能力,即使有了专业性,老师没有办法输出,便没有办法让家长理解、领会我们的教育方式、理念和方法等,这样往往会出现一些割裂。

专业化是次要的指导素养。如教师 F 指出:进行家庭教育指导肯定是需要具备一些教育方面、教育心理方面的专业知识的。教师 I 提出:需要教师有专业素质和素养,用专业的知识,包括心理学、家庭关系学等给家长准确地指导。

开展家庭教育指导时能尊重、共情家长也是必要的指导素养。如教师 D 认为:要跟他们有情感的建立,建立这种情感以后才能达到一种相互的信任,如果没有情感建立的话,我觉得一开始效果可能会差一点……先是在情感上要建立联系,对他们有足够的尊重。

强大的心理素质、敏锐的观察能力、充足的耐心、连续性指导以及组织与开展家庭教育指导活动的能力等素养也有被提及。

(二) 乡村幼儿园教师的家庭教育指导形式少且频率低

教师在访谈中共提到了 12 种家庭教育指导形式。以指导平台为划分依据,可分为线上和线下两类。线上的指导形式主要是手机沟通和写信;线下的指导形式包括家访、家长会、家长学校、家长开放日、家长陪餐、接送孩子时的简短交流、家长约谈等。具体的指导形式和指导频率见表 8-3。幼儿园教师使用最多

表 8-3 乡村幼儿园教师家庭教育指导的形式与频率分析表

一级编码	二级编码	节点数目	频率	原始资料实例
乡村幼儿园教师家庭教育指导形式	家访	3	一学期一次	家访
	家长会	5	一周1次/一学期2~3次/一月1次	家长交流会;开家长会
	家长开放日	4	一学期1~2次	家长半日活动;家长开放日
	家长陪餐	2	一周1次	申请家长陪餐
	接送孩子时的简短交流	3	每天	放学时个别交流;接送孩子的时候与家长聊天
	手机沟通	5	每天	QQ 群;手机发信息;微信推送;电话
	家长约谈	1	按需进行	与家长面对面约谈
	家长委员会	1	按需进行	家委会
	家长学校	1	一月1次	家长学校
	写信	1	按需进行	用文字的方式,例如写信
	成长手册	1	一学期1次	幼儿成长手册
	亲子活动	2	按需进行	亲子运动会;读书漂流

的指导形式是手机沟通和接送孩子时的简短交流,基本上每天都会进行。家长学校和写信等形式使用的频率很低。调查的3所幼儿园能保证一学期1次的家访和一学期1~2次的家长开放日。家长会的频率有所不同,有的幼儿园能达到一周1次,有的则以学期为单位,一学期召开1次或2次。综合整体情况可以发现,幼儿园教师使用的指导形式少且开展指导的频率较低。

(三)乡村幼儿园教师的家庭教育指导内容片面且随意

运用Nvivo11 Plus对乡村幼儿园教师家庭教育指导内容的访谈记录进行整理与编码,得出5个二级编码,具体编码结果见表8-4。由表8-4可知,乡村幼儿园教师提供的家庭教育指导内容主要集中在育儿观念和育儿方法、幼儿能力发展、幼儿身心发展状况沟通、幼儿不良行为干预与良好习惯培养以及安全教育等内容。

表8-4 乡村幼儿园教师家庭教育指导内容分析表

一级编码	二级编码	节点数目	原始资料实例
乡村幼儿园教师家庭教育指导内容	育儿观念和育儿方法	26	形成正确的育儿观;学会等待幼儿
	幼儿能力发展	6	劳动意识;培养儿童生活自理能力
	幼儿身心发展状况沟通	9	孩子在家、在幼儿园的情况;孩子的健康
	幼儿不良行为干预与良好习惯培养	4	儿童打人的现象;常规习惯培养
	其他内容	6	远离火、水等;提供材料配合

1. 育儿观念和育儿方法

育儿观念和育儿方法是乡村幼儿园教师家庭教育指导的最主要内容,约占所有指导内容的51%,每位教师在开展家庭教育指导时都会涉及这部分内容。根据分类汇总,这部分内容主要包括三个方面:育儿技巧、家庭教育问题与解决建议、家庭教育理论。

在这三者之中,育儿技巧占比最大,主要表现为教师通过案例的形式向家长传授在家庭中教育幼儿的小妙招。例如教师K分享的"如何让孩子思路敏捷,爱上学习"的乐趣妙招;教师M通过微信分享"七个建立自我价值的技巧,让家长帮助孩子建立更多的自信、自爱和自尊"。

其次是家庭教育问题与解决建议,主要表现为家长向教师提出平时在家庭教育中遇到的困难,希望教师能够给出有效的解决建议。教师I表示:我会根据家长的需要进行指导,根据家长提出的问题重点回答。教师G也表示:家长提出问题,教师针对问题做出回应,并传授家庭教育指导方法。

家庭教育理论所占的比重最少。访谈教师表示,在乡村幼儿园,很少有教师会向家长们提供深奥的理论内容,指导的理论知识主要是家庭教育理念的宣讲和家庭教育责任的讲解。

2. 幼儿身心发展状况沟通

幼儿身心发展状况沟通是乡村幼儿园教师家庭教育指导的第二大内容,约占17.6%。沟通的幼儿身心发展状况主要包括幼儿的身体状况和幼儿在园表现。根据访谈结果,仅有1位教师会经常与家长交流幼儿的身体状况,其他教师与家长交流的都是幼儿在园的情况,以及向家长了解幼儿在家的情况,再针对幼儿的表现,给家长提出在家庭中对幼儿的培养建议。如教师F提到:家访中重点内容一般会放在了解孩子一个假期在家的表现,再结合他们日常在幼儿园中的表现,与家长一起谈一谈我们之间应该怎么对孩子进行指导,怎么对孩子进行培养。

3. 幼儿能力发展

幼儿能力发展占家庭教育指导内容的11.8%,主要包括品质培养和生活能力。如教师D讲到:我会更多地去了解孩子的特点,往往当一个孩子出现一些问题或者一些错误的时候,那我们老师也会沟通或者关注得多一点,老师关注得比较多的是孩子品德的养成。教师H提出:坚决抵制和摒弃让儿童提前学习小学课程和教育内容的错误倾向,并且会培养孩子的劳动意识。教师A关注到幼儿的生活自理能力:对于自理有问题的幼儿,会着重针对幼儿的问题提出指导。例如,起初一个幼儿不会吃饭,我们会理解幼儿之前没有完全自己进食过,可以暂时选择喂幼儿吃饭。但在两三周后,我们便会在家庭教育指导中提出,家长要适当放手,在家里让幼儿尝试自己吃饭,逐步学习这个能力。教师E则表示:会关注到学习能力的发展。

4. 幼儿不良行为干预与良好习惯培养

幼儿不良行为干预与良好习惯培养内容所占的比重是7.8%,是所有内容中占比最少的内容。在幼儿不良行为干预中,提到最多的是暴力行为干预。如教师A描述:针对一位有暴力倾向的幼儿,我们会与家长交流,因为家人与幼儿长年累月地生活在一起,要注意避免让幼儿看到这样的行为。教师J讲到:小班刚入园时,有一位家长告诉我,自家的小朋友有打人的现象。他有事没事就把手放到别人的脸上,或者用手拍一下别的小朋友,时间一长小朋友不愿意和他一起玩了,见到他就会跟老师告状。后来放学后我们对于此事向家长说明情况,专门了解了幼儿在家的表现,通过与家长沟通,我们发现幼儿的攻击性行为大部分是通过电视媒体学习的,家长没有及时地引导。而对于幼儿良好习惯的培养,关注哪些方面的习惯培养,如何具体培养幼儿的行为习惯等问题,教师只是简单带过,并未做出详细回答。

5. 安全教育等其他内容

安全教育、家园合作等内容占指导内容的11.8%。安全教育指导主要体现在家长会和每周的安全教育中,对家长进行安全知识普及,增强幼儿的安全意识。教师B提出:在乡村幼儿园开家长会时内容大多会侧重于安全。例如在放假之前会讲一些安全的问题,远离火、远离水等,会与家长们交接好这些事宜。具体到不能让幼儿接触这些较小的球,会存在隐形的危险。还有穿衣事项,不穿带有绳子的卫衣这类衣服等。家园合作主要是教师在开展活动时,需要每位幼儿和家长的配合,提供相应的材料支持,但由于家长的配合度不是很高,便需要教师在家庭教育指导过程中强调。教师A表示:我所在的幼儿园以美术为特色,会需要很多的材料,涉及如何让家长进行配合。我们会在家访时,向家长说明我们开展了哪些活动,他们提供的材料起到了哪些作用,家长听到便会很开心,知道自己的支持是做出了贡献的,便会更加愿意提供配合。教师K补充到:还有一些注意点需要经常提醒家长,日常的话,会与家长沟通带什么东西。

图 8-2 乡村幼儿园教师家庭教育指导内容的词语云

Nvivo11 Plus 对家庭教育指导内容的词语云分析结果见图 8-2。从图可知,乡村幼儿园教师家庭教育指导内容主要围绕着"孩子"和"家长"两个主体,以及出现的"问题"展开,且涉及的具体内容很琐碎,具体涉及幼儿情绪、饮食习惯、性格发展、规则意识等,但是内容并不全面。例如性教育、卫生教育等方面几乎没有涉及。而且教师在访谈中也提到,指导内容一般是由幼儿园统一计划拟定,并非根据幼儿家庭教育的具体情况设定。可以说,目前幼儿园教师的家庭教育指导内容片面且随意。

(四)乡村幼儿园教师的家庭教育指导缺乏评价督导

通过访谈发现,乡村幼儿园教师主要是通过自评的方式评价家庭教育指导工作的成效,也有幼儿园对教师的指导工作进行园内评价。自评方式主要是自我反思与总结,参与访谈的每位教师都讲到会在家庭教育指导后有意识地进行反思,并且会从不同的角度思考本次指导的不足与进步之处。如教师 A 表示:如何拿捏好与家长接触和交流的尺度是每次都会进行反思的内容。例如有些从事高薪工作的家长不喜欢老师处于高高在上的角度和他进行交流,因此作为一名年轻教师,一般是以一种谦虚的态度进行家庭教育指导。同时,新老师一般不敢对自己说的话打包票,不能保证自己的话是没有纰漏的,会反思每次进行家庭教育指导时的语言表达是否在尺度之内,是否说得过大,是否过于卑微。此外,在进行家访之前充分了解幼儿的家庭情况。例如离异家庭,敏感话题是不适合提出的。

教师 D 讲到:首先,我们教师要反思是否真正地进行了家庭教育指导。在介入之前,我觉得我们作为老师应该有一定的预见性。例如 3~4 岁的孩子,我们对这个年龄阶段应该有一定的预见性,我们要能够超前知道一些事情,在没有发生之前我们能够预测、预见到。如果有这样的能力,我觉得是非常好的事情。其次是我们在家庭教育指导过程当中,我们要设身处地地站在家长的角度去思考,了解家长的心态,然后我们才有可能站在专业思想、专业理念的角度去跟家长沟通。接着再把孩子的状态、心理去分析给家长听,家长才能够很好地去接纳和接受。最后我们老师要持续跟踪,要看到效果,不见到最终的效果,我觉得就不要轻而易举地去放弃。

教师 F 具体指出:肯定是有不足的,例如跟家长沟通的语气方面、技巧方面等。然后对孩子的了解方面,我会在过程中发现不足,比如是否有细心了解孩子在家的表现和观察他们在幼儿园中的表现。还有对我本身的专业能力方面也会进行反思。

教师 G 表示自己会从四个方面反思自己的家庭教育指导活动:第一,我会在指导后几天,观察幼儿是否发生变化,从而评价这次的效果;第二,会反思自己的措辞是否僵硬,言语是否礼貌,家长是否能够听懂;第三,会思考自己的指导是否与家长的需求一致;第四,会反思自己在指导过程中所表达的理论是否正确,对幼儿是否有针对性,在园内的教育是否要进行对应调整。教师 I 指出:会反思自己的措辞是否僵硬,言语是否礼貌,家长是否能够听懂。

由此可知,大部分教师反思的主要内容都是与家长的沟通情况。沟通在家长与教师之间发挥着重要的作用,教师在面对不同的家长需要时有不同的方法,因此教师在家庭教育指导中会注重方式、语气、表达与尺度等,使得家庭教育指导能够顺利地进行。此外,因为开展家庭教育指导的目的是促进幼儿的发展,所以少部分老师会通过持续跟踪、后续观察幼儿发生的变化来评价自己开展家庭教育指导的效果。

访谈发现,幼儿园对家庭教育指导工作评价的重视程度还较低,不注重后续的反馈与指导,评价存在形式主义的问题。如教师 I 这样讲他们幼儿园的评价:在这方面的评价是比较缺失的,基本不会对单次的家庭教育指导有评价。访谈的 3 所幼儿园会通过老师拍摄的活动照片、模拟的对话情景、写的反思总结评价家园联系的成果。但很多时候老师都是完成任务式地上交幼儿园要求的评价材料,而且一般不会收到幼儿园的评价反馈。如教师 B 的表达:像我们这样的乡村幼儿园不存在对家庭教育指导的考核。

但也有幼儿园认识到家庭教育指导的重要性,要求教师上交家庭教育指导的电子记录,并会有效地反馈教师的指导中存在的问题,还将家庭教育指导的效果与考核、绩效联系起来,调动教师的积极性;有些老师能够在指导过程中形成学术性报告、论文、微课等形式来展示成果。此外,也会通过家长的反馈,例如用家长的满意度调查表来评价家庭教育指导。如教师 A 讲述她们幼儿园的做法:幼儿园会要求以表格的形式将家访的内容上传,内容包括幼儿和家庭情况、访谈内容、照片、教师的反馈、家长的疑问,教师不能解决的内容要进行上报,园内共同讨论。还会有中层领导对表格进行审核,上报的问题会有实实在在的反馈。

(五)乡村幼儿园教师的家庭教育指导存在多种困难

访谈发现,乡村幼儿园教师进行家庭教育指导过程中遇到的困难主要有以下四种。

1. 与家长沟通的语言困难

很多乡村幼儿家长特别是祖辈只会讲方言,但外地来的年轻教师听不懂也不会讲他们的方言,于是双方沟通起来就会遇到语言不通的困难。如教师 E 表示:乡村一般都是爷爷奶奶带孩子,他们大都讲方言,我作为一名从外地来的教师,跟爷爷奶奶交流比较费劲。另外,与祖辈沟通存在另一种"语言"困难:很多祖辈因为年龄关系,对电子产品,如手机、电脑等产品不会使用,教师除了当面的指导,其他时间很难联系上。如教师 B 提到:我们有时是在 QQ 群上简单地指导。当然,爷爷奶奶这一辈的人肯定基本上不会看的。如果一定要让爷爷奶奶来与老师沟通教育方式方法的话,必须建立在爷爷奶奶会用手机、会用 QQ 软件的基础上,因此,让老师指导祖辈进行家庭教育不是很现实。

2. 与留守儿童父母联系困难

访谈教师介绍,班级幼儿中有 30%～40%是留守孩子,教师与这些孩子的父母联系非常困难。教师主要通过打电话的方式与留守孩子的父母沟通,打不通电话的情况经常发生,在社交软件上的留言也经常得不到回复。而且这些家长忙于工作,平时对孩子的教育参与少,对孩子的情况不太了解,即使能联系上进行指导,效果也不理想。如教师 J 讲述:部分家长外出打工不能及时沟通,我们会尽量保持一个月沟通一次,但家长不了解孩子的具体情况,对此目前还没找到更加适合的方式方法。

3. 缺少家长、幼儿园和经济上的支持

缺少家长支持的一个表现就是,家长对于教师提出的问题和指导不理睬,甚至质疑。因此,在开展很多活动时,家长主观上不愿意支持,也就导致教师的家庭教育指导难以开展。教师 B 说:有位幼儿中午不吃饭,但回家却告诉奶奶老师不给他饭吃,第二天他奶奶就来质问老师为什么不给孩子饭吃。虽然我们耐心地跟他奶奶解释事实情况,但奶奶仍然愿意相信自己的孩子,在解释完后还是不相信老师。

缺少家长支持的另一个表现是,家长推诿教育责任。部分乡村幼儿家长认为教师才是幼儿教育的主体,将家庭教育与孩子的发展脱离,或者认为自己只要完成好教师布置的任务即可,将孩子送到幼儿园就完成了自己的教育任务。教师在幼儿园注意培养孩子的良好生活习惯,而回到家中便被忽略,以至于造成孩子无所适从的现象,这也造成了教师家庭教育指导的困难。

部分乡村幼儿园对家庭教育指导的重视程度很低,对家庭教育指导的支持不足,幼儿园没有系统的管理机制支持、缺乏对家庭教育指导的培训。访谈发现,大部分乡村幼儿园的家庭教育指导内容是由幼儿园直接布置的,在实施的过程中教师只是形式主义地完成任务。这便导致教师在开展家庭教育指导工作时缺乏统一的规划、管理,同时也无法保证家庭教育指导的质量。另外,有些幼儿园并没有按照政策上的要求开展应有的家庭教育指导。如教师 D 直言:按照我们江苏的规定,每个幼儿园都应该有家长学校,应该是一个月一次。但是并不是所有的幼儿园都能够做到。

访谈的教师都表示他们很需要家庭教育指导的培训。虽然每位教师都能够在指导结束后进行反思,但是他们大多是自我反思,所能提升的空间并不大,自身的能力和理念还需要专业的培训。但大部分教师反映他们的培训方式最多是园内开会交流,即使主观上有进行家庭教育指导和提升质量的意向,也没有机会。另外,通过访谈也得知,乡村幼儿园没有开展家庭教育指导的专项费用,只是将指导任务交给教师,教师想开展家长沙龙形式的家庭教育指导,但缺乏经济支持,不能落实。

4. 教师情绪情感困扰

教师情绪情感的困扰主要体现在工作压力大,负面情绪难以排解。部分教师在访谈中表示自己对于家庭教育指导的热情并不是很高,平时备课、比赛、环境创设制作等活动的任务过多,教师通常是身兼数职,会产生疲倦感,很难会有再多的时间和精力去做好家庭教育指导。而教师的收入却与付出不成正比,容易让教师产生消极的工作情绪,而教师自身面对这种情绪并没有很好的释放方式。如教师 D 指出:很可惜的是,我们现在乡村的一个体系或者是一个系统的问题,比如说一个乡村幼儿园老师的工资待遇还很低的情况之下,可能对工作就没有那么大的热情。当然我们不是说待遇是绝对的指挥棒,但是从某种意义上来说,它能够调动人的积极性。当一个老师他衣食无忧,或者是他对工作满意程度非常高的时候,幸福感非常强的时候,那自然而然地对这个工作投入的精力、热情可能会更大一些。

另一方面,乡村地区的家庭居住相对较远,也很分散,且乡村家庭内各个家长的文化水平不一,每位幼儿园教师在对每个家庭和孩子提出指导的前提是充分的了解,这一定程度上给教师的工作带来了压力。此外,教师在面对一些难以沟通的家长时,容易产生挫折感。例如隔代教育最普遍的现象便是年纪较大的家长对孩子的溺爱,无条件地选择相信孩子,满足孩子的任何需求,在遇到纠纷时会坚持认为自己的孩子没有错,这无形之中提高了乡村幼儿园教师家庭教育指导的难度,让教师感到无力。

四、乡村幼儿园教师家庭教育指导的提升需要

(一) 家庭教育指导认识需要提升精确性和深刻性

通过对15位乡村幼儿园教师的访谈发现,他们大多认识到了家庭教育指导的必要性和重要性,在家庭教育指导工作上也积累了一定的经验,取得了一定的成果,但也存在着许多提升需要。不是所有的教师都能够清晰、精确地理解家庭教育指导的内涵,对"家庭教育指导"与"家园合作"的关系还理不清,没有认识到要激发家长参与家庭教育指导的主动性。乡村幼儿园教师对家庭教育指导工作的素养认识主要集中在语言表达能力和专业知识上,对于其他所应具备的工作素养认识不足,例如重要的观察水平、组织家庭教育指导活动的能力以及与家长的合作意识,他们对家庭教育指导评价的认识还有待提升。乡村幼儿园教师对家庭教育指导的自我评价认识不足。大部分教师的评价认识停留在自己的沟通与表达上,而家庭教育指导的最终目的是幼儿是否在此过程中发生变化,以此呈现出家庭教育指导有无效果。

(二) 家庭教育指导形式需要提升多样性和灵活性

虽然教师们提到了12种家庭教育指导形式,但实际使用的仅有家访、家长会、家长开放日、接送孩子时的简短交流和手机沟通这几种形式。集体指导运用偏多,个别指导相对而言形式较少。集体指导虽然效率高,但不具有针对性,个别指导具有针对性,但实施效率不高。教师需要根据幼儿家长的情况和指导内容,灵活地将两类方式结合起来运用,扬长避短。

(三) 家庭教育指导内容需要提升全面性、深入性和针对性

乡村幼儿园教师进行指导的内容主要集中在育儿观念和育儿技巧、幼儿能力发展、不良行为的干预等方面,还有很多重要的家庭教育内容没有涉及,如亲子沟通、家庭环境的创设等。另外,现有指导内容缺乏针对性。由于大多数家庭教育指导活动的开展形式选用集体指导,教师忽视了每个幼儿家长的独特需要,如教师J指出:家长会其实大同小异,基本上是有模板的,内容包含每个班级不同的注意点,也会根据每个年龄段孩子设置,主要通过集体活动的方式。访谈发现,大部分教师表示他们的指导内容大都是幼儿园指定的内容,并不是每个班级

家长具体需要的内容。有时因为没有足够的时间与家长进行详细的沟通,指导会流于形式主义。教师开展的家庭教育指导内容还过于浅显,停留在向家长了解幼儿在家情况和在园情况,了解过后便没有给出更深入且有效的指导。

(四)家庭教育指导能力需要提升

幼儿园教师的家庭教育指导认知、对家庭教育指导内容和指导形式的选择都是其家庭教育指导专业水平的体现,以上三个方面的提升都依赖于专业水平的提升。访谈发现大部分乡村幼儿园的教师学历为大专或中专,仅有少部分为本科,研究生及以上更是屈指可数,还有部分教师的专业不是学前教育,因此,很多乡村幼儿园教师缺乏家庭教育的系统知识,在分析家庭教育的问题时,感觉束手无策。如教师 E 的困惑:我觉得我们需要更专业的人士指导我们如何开展家庭教育指导,例如如何指导乡村的家长更加关注幼儿的心理健康发展仍需要专业方面的学习,我认为我们目前正处于照猫画虎的状态。此外,还有部分乡村幼儿园教师在面对特殊儿童时,例如唐氏儿等,表示自己面对特殊儿童时,不知道该如何分析该儿童产生的问题,对于其家长所提出来的需求和求助不知如何解决。

乡村幼儿园教师与家长的沟通能力也亟待提升。大部分教师在访谈中表示,乡村幼儿家长很难沟通,但究其实质而言,还是教师的沟通能力弱。如教师 D 的观点:针对不同的家庭、不同个性的家长,我们需要不同的沟通方式。但是我们教师在这方面的能力是比较薄弱的。可能现在的年轻人更多的时候是宅在家里,更多的是人机对话,而缺乏与真实场景当中的人的一种对话实践。所以在待人接物、人情世故这方面,相对来说比较淡薄,有的时候会引起家长的误会。此外,教师对于家庭教育指导的宣传也是通过与家长的沟通而展开的。乡村家庭中隔代教育的现象高达 80%,很多父母选择外出打工,将自己的孩子留在家中由爷爷奶奶、外公外婆照看。这些老人普遍年龄较大,思想大都已经根深蒂固,部分认为每天只要将孩子送到幼儿园玩,幼儿园教师只需要将他们的孩子照看好,吃饱喝足就已足够,部分教育观念仍然停留在希望孩子学习知识,只注重孩子认识、记忆方面的发展。并且大部分年纪较大的家长不能理解教师开展家庭教育指导的意义所在,并不重视幼儿的家庭教育。因此,教师关于家长要重视家庭教育以及接受家庭教育指导意识的宣传交流还不够,导致很多乡村幼儿家长并不是很重视家庭教育指导。

家庭教育指导是系统性工作,涉及儿童教育、家庭教育、人际沟通等多个领域,幼儿园教师进行家庭教育指导需要具备多种素养和能力。访谈的幼儿园教师只意识到部分指导能力,这本身就反映出乡村幼儿园教师家庭教育指导能力的匮乏,亟待提升。

五、满足乡村幼儿园教师家庭教育指导提升需要的建议

(一)通过职前教育和职后培训提升幼儿园教师的家庭教育指导能力

师范院校的学前教育专业在培养方案中增加家庭教育指导的内容,让师范生能接受到系统的家庭教育指导学习,例如乡村家园沟通技巧、学前儿童家庭与社区教育、学前家庭教育指导等,将其设定为必修课程,清楚定位家庭教育指导的地位,重视家庭教育指导的开展,学习分析家庭教育中的问题能力,使其未来成为具有家庭教育专业素养的幼儿园教师。

此外,还应设置家庭教育指导见习实践活动,让学生在学习理论的基础上锻炼实施家庭教育指导活动。在研究者实习期间,幼儿园明确说明"禁止实习教师与家长有直接接触,不得随意与家长聊有关孩子的内容,不得加家长的微信等任何联系方式……"可见,很多教师的家庭教育指导质量还未在进入岗位前得到有效发展。因此倡议各高校将家庭教育指导融入实践课程,将理论方法、内容、形式运用于实践,让未来的幼儿园教师有学习家庭教育指导的机会。

幼儿园应提高对家庭教育指导工作的重视和支持,一是要建立家庭教育指导管理制度,规范家庭教育指导工作。为鼓励乡村幼儿园老师进行家庭教育指导的热情,可设置奖励机制,对在家庭教育指导工作中表现突出的教师进行奖励。二是定期开展家庭教育指导的培训和教研活动。例如邀请专家开讲座,让老师了解如何指导乡村家长更关注幼儿的心理健康发展;对颁布的《家庭教育促进法》等法律政策进行深入学习;请资深幼儿园教师进行案例和经验分享;建立家庭教育指导教研制度,定期进行"金点子分享"和疑难问题共研活动。

(二)组织家庭教育指导共同体为幼儿园教师增能

教师在进行家庭教育指导时会积压很多负面情绪,且会遇到自己解决不了的问题,幼儿园可以牵头组织成立家庭教育指导共同体,把承担家庭教育指导工作的社区工作人员、教师和其他愿意且有资质参与家庭教育指导的社会人员聚合起来。家庭教育指导共同体可能能够帮助幼儿园教师排解负面情绪。在指导过程中,教师遇到负面情绪的困扰,可以在团体中进行倾诉,及时地表达自己的压力与需求,调节消极情绪。对于情绪困扰较为严重的教师,可以提供团建、心理咨询等方式,通过团体的关心和积极干预,能及时排解教师的消极情绪。

家庭教育指导共同体能帮助教师解决在家庭教育指导中遇到的难题。教师在家庭教育指导中难免会遇到超出自己能力范围的困难，因此可以将问题留心记录，并在团体中共同研讨，寻求最优解。例如在语言沟通上，本地教师可以发挥其优势，帮助外地教师学习当地方言，了解更多关于当地的风俗等，便于其更好地与乡村家长沟通。

（三）政府、社会积极支持乡村幼儿园教师的家庭教育指导服务

提升乡村幼儿园教师的家庭教育指导也需要政府和社会的支持。《中华人民共和国家庭教育促进法》第三十八条指出："居民委员会、村民委员会可以依托城乡社区公共服务设施，设立社区家长学校等家庭教育指导服务站点，配合家庭教育指导机构组织面向居民、村民的家庭教育知识宣传，为未成年人的父母或者其他监护人提供家庭教育指导服务。"村委会应加大家庭教育指导的宣传力度，将家庭教育情况作为重要内容加入文明村镇的建设中来，提高乡村家长对家庭教育的重视、对家庭教育指导的了解和需要，为幼儿园教师的家庭教育指导活动提供场地、资源的支持。

幼儿园基于公众号、社会组织或个人通过网络媒介客观宣传乡村儿童健康成长的需要、家庭教育的重要性、乡村家庭教育的现状与改善需要、家庭教育指导的价值，呼吁、引导社会各界对乡村儿童发展的重视和支持，为乡村幼儿园教师提供高质量家庭教育指导服务提供人力、物质、信息、经验等支持，齐心协力为乡村儿童的健康发展创建优良的社会生态环境。

六、研究结论

本研究基于乡村幼儿园教师视角分析幼儿园家庭教育指导服务的现状、困难、问题和提升需要。通过对15名乡村幼儿园教师的深入访谈发现，多数教师能理解家庭教育指导的内涵和作用，但提供的家庭教育指导的内容片面、肤浅且不具有针对性，指导形式少且不灵活，指导过程中面临语言沟通、经济支持、情绪困扰的困境，乡村幼儿园教师的家庭教育指导存在许多提升需要。建议通过加强家庭教育指导的职前教育和职后培训、建立家庭教育指导共同体、政府和社会积极支持帮助乡村幼儿园教师解决指导困难、满足提升需要，从而促进乡村幼儿园的家庭教育指导服务对乡村幼儿家长指导需要的满足。

参考文献

[1] 陈鹤琴.家庭教育[M].武汉:长江文艺出版社,2013.

[2] 赵忠心.家庭教育学[M].北京:人民教育出版社,1994.

[3] 赵忠心.家庭教育学:教育子女的科学与艺术[M].2版.北京:人民教育出版社,2001.

[4] 马镛.中国家庭教育史[M].长沙:湖南教育出版社,1997.

[5] 黄河清.家庭教育学[M].上海:华东师范大学出版社,2014.

[6] 成尚荣.儿童立场[M].上海:华东师范大学出版社,2018.

[7] 刘晓东.发现伟大儿童:从童年哲学到儿童主义[M].北京:生活·读书·新知三联书店,2021.

[8] 埃什尔曼.家庭导论[M].潘允康,张文宏,马志军,等译.北京:中国社会科学出版社,1991.

[9] 马修斯.与儿童对话[M].陈鸿铭,译.北京:生活·读书·新知三联书店,2020.

[10] 埃里克森.童年与社会[M].高丹妮,李妮,译.北京:世界图书出版公司,2018.

[11] 阿德勒.儿童的人格教育[M].彭正梅,彭莉莉,译.上海:上海人民出版社,2011.

[12] 莫里森.当今美国儿童早期教育[M].王全志,等译.北京:北京大学出版社,2004.

[13] 爱德华兹,甘第尼,福尔曼.儿童的一百种语言[M].3版.尹坚勤,王坚红,浓尹婧,译.南京:南京师范大学出版社,2014.

[14] 巴伯 C,巴伯 N H,史高利.家庭、学校与社区:建立儿童教育的合作关系[M].丁安睿,王磊,译.南京:江苏教育出版社,2013.

[15] 谢弗.社会性与人格发展[M].陈会昌,等译.北京:人民邮电出版社,2012.

[16] SHAFFER D R, KIPP K.发展心理学:儿童与青少年[M].9版.邹泓,等译.北京:中国轻工业出版社,2016.

[17] NICHOLS M P, SCHWARTZ R C.家庭治疗:理论与方法[M].王曦影,

胡赤怡,译.上海:华东理工大学出版社,2005.
[18] 周月清.家庭社会工作:理论与方法[M].台北:五南图书出版公司,2001.
[19] GONZALEZ-MENA J.儿童、家庭和社区:家庭中心的早期教育[M].5版.郑福明,冯夏婷,等译.北京:高等教育出版社,2012.
[20] 米纽庆,李维榕,西蒙.掌握家庭治疗:家庭的成长与转变之路[M].高隽,译.北京:世界图书出版公司,2010.
[21] 陶行知.陶行知文集[M].南京:江苏凤凰教育出版社,2008.
[22] 马卡连柯.家庭和儿童教育[M].丽娃,译.上海:上海人民出版社,2005.
[23] 吕达,刘立德,邹海燕.杜威教育文集:第1卷[M].北京:人民教育出版社,2008.
[24] 怀特海.教育的目的[M].庄莲平,王立中,译.上海:文汇出版社,2012.
[25] 晏红.幼儿园家庭教育指导形式与方法[M].北京:中国轻工业出版社,2013.
[26] 李生兰.学前儿童家庭教育与活动指导[M].上海:华东师范大学出版社,2014.
[27] 李生兰.幼儿园与家庭、社区合作共育的研究[M].上海:华东师范大学出版社,2013.
[28] 李生兰.学前儿童家庭教育[M].2版.上海:华东师范大学出版社,2006.
[29] 刘金花.儿童发展心理学[M].3版.上海:华东师范大学出版社,2013.
[30] 周雪艳.学前儿童家庭与社区教育[M].2版.上海:复旦大学出版社,2015.
[31] 邢利娅.幼儿园管理[M].北京:高等教育出版社,2010.
[32] 巴伯 C,巴伯 N H,史高利.家庭、学校与社区:建立儿童教育的合作关系[M].4版.丁安睿,王磊,译.南京:江苏教育出版社,2023.
[33] 罗杰斯.个人形成论:我的心理治疗观[M].杨广学,尤娜,潘福勤,译.北京:中国人民大学出版社,2004.
[34] 费孝通.生育制度[M].天津:天津人民出版社,1981.
[35] 汪向东,王希林,马弘.心理卫生评定量表手册(增订版)[M].北京:中国心理卫生杂志社,1999.
[36] 小野浩,克里斯滕·舒予茨·李.幸福再分配:论社会政策对生活满意度的塑造[M].郑越之,译.北京:中国金融出版社,2020.
[37] 杨玉凤.儿童发育行为心理评定量表[M].北京:人民卫生出版社,2016.
[38] 虞永平.《幼儿园教师专业标准》的专业化理论基础[J].学前教育研究,2012(7):7-11.

[39] 边玉芳.我国家庭教育指导者队伍专业化的现状分析与提升策略[J].南京师大学报(社会科学版),2023(4):5-15.

[40] 李健,薛二勇,张志萍.家庭教育法的立法议程、价值、原理与实施[J].北京师范大学学报(社会科学版),2022(1):62-71.

[41] 刘辰,曾志飞,李晓巍.幼儿园家庭教育指导活动家长参与的现状、评价与需求[J].幼儿教育,2020(30):44-48.

[42] 邵明星,杨晓萍.从"开端计划"到"确保开端计划":美英两国促进幼儿教育家长参与[J].现代中小学教育,2013(8):68-72.

[43] 王娜娜,汪新建.Bowen家庭治疗模式评析[J].医学与哲学,2005(8):61-63.

[44] 汪新建.关系的探究与调整:西方家庭治疗的新视角[J].南京师大学报(社会科学版),2004(1):88-92.

[45] 张志学.家庭系统理论的发展与现状[J].心理学探新,1990(1):31-34+20.

[46] 扶跃辉,李燕.美国"以家庭为中心"的早期教育[J].外国中小学教育,2015(5):22-27.

[47] 郑日昌,李占宏.共情研究的历史与现状[J].中国心理卫生杂志,2006(4):277-279.

[48] 颜志强,苏金龙,苏彦捷.共情与同情:词源、概念和测量[J].心理与行为研究,2018,16(4):433-440.

[49] 徐夫真,张文新,张玲玲.家庭功能对青少年疏离感的影响:有调节的中介效应[J].心理学报,2009,41(12):1165-1174.

[50] 王娟,邹泓,侯珂,等.青少年家庭功能对其主观幸福感的影响:同伴依恋和亲社会行为的序列中介效应[J].心理科学,2016,39(6):1406-1412.

[51] 赖燕群,连榕,杨琪,等.家庭功能与初中生欺负行为:有调节的中介作用[J].心理发展与教育,2021,37(5):727-734.

[52] 陈会昌.儿童社会性发展的特点、影响因素及其测量——《中国3~9岁儿童的社会性发展》课题总报告[J].心理发展与教育,1994(4):1-17.

[53] 贾守梅.学龄前儿童攻击性行为的家庭系统研究[D].上海:复旦大学,2013.

[54] 赵芳.结构式家庭治疗的理论技术及其与中国文化的契合性研究[D]南京:南京师范大学,2006.

[55] 洪秀敏,刘倩倩.父母养育压力的类型及其影响因素——基于一孩父母和

两孩父母的潜在剖面分析[J].中国临床心理学杂志,2020,28(4):766-772.

[56] 洪秀敏,朱文婷,赵思婕.青年父母婴幼儿照护支持与养育压力研究——基于全国13个城市的调研数据[J].中国青年社会科学,2020,39(2):106-114.

[57] 刘婷,王诗尧,张明红.父母养育效能感与家庭教养活动参与对婴幼儿认知发展的影响——基于流动与非流动家庭的对比研究[J].学前教育研究,2018(7):26-37.

[58] 蔡迎旗,刘庆.城市0～6岁婴幼儿父母养育压力差异及影响因素研究——基于一孩家庭与两孩家庭的对比[J].南方人口,2021,36(4):26-36.

[59] 卓彩琴.生态系统理论在社会工作领域的发展脉络及展望[J].江海学刊,2013(3):113-119.

[60] 叶妍,符明弘,陈瑶.国内关于父母教养效能感研究的文献综述[J].青年与社会,2014(1):296-297.

[61] 方杰,温忠麟.基于结构方程模型的有调节的中介效应分析[J].心理科学,2018,41(2):453-458.

[62] 温忠麟,叶宝娟.中介效应分析:方法和模型发展[J].心理科学进展,2014,22(5):731-745.

[63] 孟宪范.家庭:百年来的三次冲击及我们的选择[J].清华大学学报(哲学社会科学版),2008(3):133-145+160.

[64] 徐安琪,张亮.转型期家庭压力特征和社会网络资源的运用[J].社会科学研究,2008(2):112-119.

[65] 边玉芳,袁柯曼,张馨宇.我国学校家庭教育指导服务体系的现状、挑战与对策分析——基于我国9个省(市)的调查结果[J].中国教育学刊,2021(12):22-27+78.

[66] 边玉芳,田微微,梁丽婵.家庭教育指导离《家庭教育促进法》的要求有多远[J].教育发展研究,2022,42(20):26-32.

[67] 边玉芳,鞠佳雯,孙冰香.家庭教育指导服务体系的区域推进:基本特征、现实困境与实施路径[J].中国电化教育,2022(1):59-65.

[68] 冯晓霞,王冬梅.让家长成为教师的合作伙伴[J].学前教育,2000(2):4-5.

[69] 李洪曾,夏小红.幼儿园教师家庭教育指导专业自觉品质的调查报告[J].上海教育科研,2014(2):60-63.

[70] 晏红.家庭教育指导者的专业素质结构分析[J].江苏教育,2017(16):11-

14.

[71] 王佳佳,陶琦.政府购买家庭教育服务的法律规制及其实现——基于10省市《家庭教育促进条例》的文本分析[J].教育探索,2021(8):7-10.

[72] 侯丽.幼儿园与家庭合作关系的重构[J].学前教育研究,2020(10):89-92.

[73] 冯利伟.知识型员工个人-环境契合、自我决定感对敬业度的影响研究[D].北京:中央财经大学,2018.

[74] 刘秀英,孟娜,岳坤.中国城市家庭教育社会支持现状研究[J].少年儿童研究,2020(12):5-28.

[75] 解会欣,陈丽,杨秀治.农村学前儿童家庭教育现状及影响因素研究——基于保定市4519个家庭的数据[J].北京教育学院学报,2023,37(2):52-60.